Fantasy-Schriftsteller werden!

Teil 1: Weltenbau, Charaktere, Spannung und Plot

Wie schreibt man einen spannenden Fantasy-Roman?
Diese Frage beschäftigt eine große Anzahl von begabten Nachwuchsautoren. Der vorliegende Ratgeber liefert zahlreiche praktische Anleitungen, Werkzeuge und Tipps und geht auf alle unterschiedlichen Subgenres ein. Zur Veranschaulichung werden viele Beispiele aus erfolgreichen Fantasy-Büchern zitiert.
Teil 1 des Ratgebers beinhaltet u.a. alles Wissenswerte über den Weltenbau, das Entwerfen der Figuren, den Aufbau von Spannung und das Verfassen des Plots.

Der europäische Schriftsteller Jan Erik Moeller ist Erfinder des Fantasy-Zyklus um Arthilia und Orgard. Seine Hauptwerke sind „Die Legende von Arthilia", „Die Legende der Mucklins" und „Die Legende der Paladine" sowie das Kinderbuch „Die Mucklins" und der Ratgeber „Fantasy-Schriftsteller werden!".

Fantasy-Schriftsteller werden!, Teil 1
2.Auflage, Februar 2024
Copyright © Jan Erik Moeller 2024
Coverabbildung: pixabay.com
Herstellung und Verlag: BoD – Books on Demand, Norderstedt
ISBN: 978-3734706271

Jan Erik Moeller-Verlag
D-66424 Homburg
E-Mail: janerikmoeller@web.de
https://www.facebook.com/Jan-Erik-Moeller-105534838419950

Inhalt

Vorwort 4
1. Welches Fantasy-Genre ist das richtige für Sie? 5
Was gehört zur Fantasy und was nicht? 5
High Fantasy/Low Fantasy/Sword & Sorcery 6
Urban Fantasy/All-Age-Fantasy 7
Dark Fantasy/Vampir-Fantasy 8
Wählen Sie das Genre, das Ihnen am meisten zusagt 9
2. Wie erlangt man die Fähigkeiten zum Romanschriftsteller? 10
Welche Fähigkeiten benötigt man überhaupt? 10
Zwei Dinge sind wichtig: Lesen und Schreiben 11
Warum ist eine gründliche Vorbereitung wichtig? 12
Die Erwartungshaltung des Lesers kennen 13
3. Welche Elemente benötigt man für ein Romanprojekt an und wie fängt man damit an? 13
Welche Elemente benötigt man für ein Romanprojekt ...? 13
… und wie fängt man damit an? 14
4. Ideen und Notizen 16
Woher kommen die Ideen für einen Roman? 16
Werden Sie ein Sammler! 17
Was Sie mit Ihren Notizen weiter anstellen 17
5. Die Prämisse (der Hauptplot) 18
Die Bestandteile der Prämisse 18
Wie geht man an die Prämisse heran? 19
Klassische Beispiele für die Prämisse 20
Warum die Prämisse unverzichtbar ist und worauf Sie bei mehrteiligen Romanen achten müssen 21
6. Erschaffen Sie Helden und Schurken, die keiner wieder vergisst! 21
Was einen packenden Charakter ausmacht 21
Der Grundsatz der Maximalen Kapazität 22
Was einen unvergesslichen Helden ausmacht 23
Der Zauber der Identifikation 25
Wie Sie dem Leser Ihre Figur nahebringen 26
Mehrere Protagonisten, der Antagonist und die Nebenfiguren 27
7. Kapitel: Wie Sie in 5 Schritten eine einzigartige und lebendige Figur erschaffen 29
Wie geht man beim Entwerfen von Figuren praktisch vor? 29
1. Eine Skizze der Figur entwerfen und einen passenden Namen finden 29
2. Das Aussehen Ihrer Figur, ihre körperlichen Fähigkeiten und ihre Wirkung auf andere Figuren 31
3. Die Vergangenheit der Figur und ihre Rolle in der Gesellschaft 34
4. Die Einstellung, das Selbstbewusstsein und die geistigen Eigenschaften Ihrer Figur 36
5. Der Charakterbogen, das Handlungsprinzip und die Beachtung der Charaktermauern 39
Weitere Tipps, wie Sie Ihre Figuren wirklich zum Leben erwecken 42
8. Konflikte 45
Der zentrale Konflikt und Konflikte in Nebenplots 45
Wie entstehen Konflikte und wie werden sie aufgelöst? 46

    Das Oppositionsprinzip..46
    Das schicksalhafte Band oder der Schmelztiegel 47
    Der innere Konflikt..48
    Wie Sie den Konflikt bis zum Höhepunkt steigern 49
9. Wie erzeugt man knisternde Spannung?...50
    Was ist eigentlich Spannung?..50
    Der zentrale Spannungsbogen und andere sich steigernde Konflikte,........................50
    Werfen Sie Fragen über Fragen auf!...52
    Geheimnisse in der Vergangenheit 54
    Finten und falsche Fährten – den Leser kombinieren lassen 55
    Foreshadowing...56
    Den Leser emotional involvieren 56
    Das offene Kapitelende (der Cliffhanger)...57
10. Kapitel: Welche Elemente und Merkmale benötigt ein Fantasy-Werk? 58
    1. Die Weltenschöpfung (das Setting) 59
    2. Phantastische Wesen und Völker..64
    3. Die Bedrohung durch äußere Feinde 66
    4. Die Methoden und Strategien der Helden (Die Queste) 68
    5. Mythopoeia (Schöpfungsmythos) 59
11. Wie Sie Gott spielen und ganze Welten erschaffen 73
    Ein Werkzeug, das nur dem Fantasy-Autor zur Verfügung steht...............................73
    Was eine phantastische Welt alles enthalten sollte 74
    Wie Sie an den Weltenbau herangehen 75
    Erschaffen Sie Ihr eigenes Universum Schritt für Schritt! 76
    1. Schöpfungsmythos..77
    2. Geografie...79
    3. Gesellschaft...80
    4. Wissenschaft 81
    5. Historie..82
    Wie Sie Widersprüche und Fehler vermeiden 83
12. Der (normale) Plot 84
    Was unterscheidet den (normalen) Plot von der Prämisse?..84
    Wie Sie an den Plot herangehen 85
    Der richtige Aufbau eines Fantasy-Romans 87
    Die Entwicklungsstadien der Figuren und der Verlauf einer Geschichte...................90
    Die beiden wichtigsten Plotstrukturen 91
    Klassische Handlungsmuster in Fantasy-Romanen 93
    Was man unter einem Subplot versteht 96
    Kann man den Plot nachträglich verändern? 98
    Kann man auf den Plot verzichten? 98
Übersicht über die Legenden aus Munda..100

Vorwort

Gerade in unserer durchstrukturierten, von Stress geprägten Zeit suchen Menschen nach Zerstreuung, Ablenkung und sinngebendem Zeitvertreib und finden dieselben sehr häufig im Eintauchen in fiktive Welten und der Identifikation mit Figuren, die ihrem Ideal entsprechen oder die besonders anziehend und interessant sind. Dabei spielt das Buch als Medium seit jeher eine zentrale Rolle.

Am 29.07.1954 veröffentlichte der englische Sprachwissenschaftler und Historiker John R.Tolkien einen Roman, der als Standardwerk der High Fantasy-Literatur gilt: *Der Herr der Ringe*. Dabei kann man leicht noch viel weiter in der Zeit zurückgehen, um Publikationen aus dem Bereich der Phantastik zu finden, die über ihre Epoche hinaus Bedeutung gewannen, wie Homers *Ilias* und *Odyssee* (7. oder 8.Jahrhundert v.Chr.), die *Saga um König Artus/Arthur* (6. oder 7.Jahrhundert n.Chr.), die *Nibelungen-Sage* (12.Jahrhundert n.Chr.) oder die Werke von Edgar Allan Poe, Jules Verne, H.P. Lovecraft u.a. aus dem 19./angehenden 20.Jahrhundert.

In den vergangenen Jahrzehnten hat eine Vielzahl von Büchern aus dem Fantasy-Genre weltweite Erfolge erzielt und ganze Generationen in ihren Lesesesseln fasziniert. *Harry Potter* von Joanne K. Rowling, *Game of Thrones* von George R.R. Martin, *The Witcher* von Andrzej Sapkowski, *Twilight* von Stephenie Meyer, *Die Chroniken von Narnia* von C.S. Lewis, *Das Rad der Zeit* von Robert Jordan – um nur einige wenige Beispiele zu nennen. Viele dieser Werke wurden inzwischen filmisch oder in Form einer Serie auf die Leinwand gebracht – die *Herr der Ringe*-Trilogie von Regisseur Peter Jackson und die HBO-Serie zu *Game of Thrones* lassen grüßen. Der Stoff von anderen wiederum wurde im großen Stil zu Videospielen verarbeitet, siehe *The Witcher 3* von CD Project. Auch populäre japanische Mangas, wie *Pokemon* oder *Naruto*, oder die Comics von Marvel und DC sind im Grunde der Fantasy zuzurechnen.

Die Gründe für die Faszination, welche phantastische Welten und Kreaturen auf uns ausüben, liegen auf der Hand: im Gegensatz zu anderen Genres sind hier der Vielfalt keinerlei Grenzen gesetzt. Die Möglichkeiten an Figurendesign, Handlungsvariationen und Weltenschöpfungen sind unbegrenzt und vermitteln dem Leser das Gefühl, dass er etwas erlebt, das erfrischend anders ist und im Gegensatz zu unserer komplett kartographierten, satellitenüberwachten Welt unentdeckte Reichtümer und Geheimnisse enthält.

Mit den erfolgreichen Fantasy-Universen und deren Adaptationen ist auch die Zahl der ambitionierten Nachwuchsautoren angewachsen. Mit dem vorliegenden Werk will ich einen bescheidenen Beitrag dazu leisten, diesen den Einstieg in ihre Karriere zu erleichtern. Zu diesem Zweck habe ich alle schriftstellerischen Werkzeuge, die mir eingefallen sind, Verfahrensweisen, die ich empfehlen kann, und Hintergrundwissen, das man haben sollte, niedergeschrieben. Wie in einem Sachbuch üblich habe ich mich um eine leicht verständliche Sprache bemüht, sodass Sie die Tipps, die Ihnen brauchbar erscheinen, schnell in die Praxis umsetzen können. Manche Kapitel sind länger geraten, andere eher kurz und prägnant, was der unterschiedlichen Thematik geschuldet ist. Aus praktischen Gründen habe ich meinen Ratgeber in zwei Bücher aufgeteilt.

Ich wünsche Ihnen auf alle Fälle gutes Gelingen beim Verfassen Ihrer ureigenen phantastischen Bücher. Sehen Sie diese selbstgewählte Aufgabe als Privileg an, lassen Sie sich nicht von Ihrem Weg abbringen, und bewahren Sie sich stets Ihre Freude, Leichtigkeit und natürliche Neugierde!

Jan Erik Moeller

1. Welches Fantasy-Genre ist das richtige für Sie?

<u>Was gehört zur Fantasy und was nicht?</u>

Gerade da die Fantasy ein unerschöpfliches Betätigungsfeld bietet, ist es wichtig, anfangs eine gewisse Strukturierung vorzunehmen und sich einen Überblick zu verschaffen. So wird dem angehenden Autor dabei geholfen, sich in dem Dschungel der unendlichen Möglichkeiten zurechtzufinden und den für sich passenden Weg zu wählen. Der erste Schritt ist dabei, dass wir feststellen, was zum Genre dazugehört und was eben nicht.

Der romantische Schriftsteller E.T.A. Hoffmann begründete 1814 den Begriff der *Phantastik*, bzw. der *phantastischen Literatur*, unter dem seitdem die Genres Fantasy, Science Fiction und Horror zusammengefasst werden. Dies ergibt Sinn, da im Science Fiction-Genre ebenfalls regelmäßig übernatürliche Wesen auftreten und fiktive Welten erdacht werden. Exemplarisch seien hier die *Star Wars*- und die *Star Trek*-Universen genannt. Und auch das Horror-Genre bedient sich gerne Elementen aus dem Bereich der Phantastik – Graf Dracula und unzählige Ungeheuer lassen grüßen.

Daneben besteht häufig eine enge Beziehung zwischen der Fantasy-Gemeinde und dem Themenkomplex Mittelalter, zu dem u.a. Märke, Brauchtumspflege, Schwertkämpfe und Musik zählen. Mittelalterbands stehen mittlerweile auf den Verkaufslisten ganz weit oben, ebenso wie Vertreter aus dem Bereich des Heavy Metal, die häufig Themen aus beiden Welten vereinen.

Im Kontext der phantastischen Literatur steht die Fantasy eindeutig in der Tradition der Mythen und Märchen, die jedem Volk ureigen sind und praktisch von einer Generation zur nächsten tradiert wurden. Einige dieser Überlieferungen sind vmtl. so alt wie die Menschheit selbst. In Hinblick auf den mitteleuropäischen und angelsächsischen Autorenkreis heißt dies beispielsweise, dass ein Großteil der Inspirationen dem germanischen, keltischen und griechischen Sagenschatz entstammt, wie der Edda, den Nibelungen, der Grallegende, der Ilias und der Odyssee. Allerdings hat sich das Genre in den vergangenen Jahrzehnten enorm weiterentwickelt und beschränkt sich längst nicht mehr auf Variationen der althergebrachten Erzählungen. Denn im Gegensatz zu anderen literarischen Bereichen, bei denen genretypische Konventionen teilweise einen engen Rahmen setzen, ist dem Einfallsreichtum des Autors in der Fantasy keine Grenzen gesetzt.

Wenn die Fantasy einer beliebigen Fülle an Ideen offen steht, wo genau liegen dann die wesentlichen Merkmale und Kriterien, die einen Fantasy-Roman von anderen Bereichen der erzählenden Literatur unterscheidet? Gehen wir sie der Reihe nach durch.

U.a. Johann Wolfgang von Goethe hat erklärt, dass traditionell drei Grundformen der Literatur nebeneinander existieren: Epik, Lyrik und Dramatik. Epik wird auch als *erzählende Literatur* bezeichnet und beinhaltet Texte, in denen ein Erzähler dem Leser einen Ablauf individueller Erlebnisse vermittelt. Dies kann in Versform oder Prosa, d.h. in freier Form, geschehen. Eine Unterform der Epik ist der Roman. Diese Gattung lässt sich wiederum untergliedern, womit wir bei den Spannungsromanen angelangt wären.

Fantasy ist demzufolge zuallererst zur Spannungsliteratur gehörig, d.h. der Autor will eine spannende, unterhaltsame Geschichte erzählen und den Leser auf diese Weise fesseln. Zwischen den Zeilen kann ein Fantasy-Autor durchaus Gesellschaftskritik, moralische Untertöne oder etwas Ähnliches anklingen lassen. Werke, die in erster Linie Wissen oder eine Meinung vermitteln wollen, sind jedoch im Bücherladen unter der Rubrik *Fantasy* eher fehl am Platz. In einem späteren Kapitel werden wir noch auf das Erzeugen von Spannung eingehen.

Darüber hinaus ist für das Fantasy-Genre vor allen Dingen symptomatisch, dass ein Werk Elemente enthält, die über die Wirklichkeit unserer realen Welt hinausgehen. Diese Elemente können zum einen darin bestehen, dass die Handlung in einer fiktiven Welt stattfindet (wie

Mittelerde oder Hogwarts) oder zum anderen darin, dass in der Geschichte Figuren und Motive mitwirken, die über ganz besondere, übernatürliche Fähigkeiten und Eigenschaften verfügen (z. B. Elfen, Zwerge, Drachen, Zauberer, Vampire oder magische Artefakte). Zwar kann innerhalb einer Geschichte durchaus eine Verbindung zwischen realer und fiktiver Welt bestehen – siehe All-Age-Fantasy –, doch werden die übernatürlichen, märchenhaften oder magischen Elemente stets im Vordergrund stehen.

Ein so breites Feld wie die Fantasy-Literatur lässt sich natürlich nicht in ein paar Sätzen beschreiben, denn wie gesagt: inhaltlich sind der Möglichkeiten (unendlich) viele. Aus diesem Grund hat man zur Klassifizierung Subgenres geschaffen, also Schubladen, mit denen man versucht, die verschiedenen Erzähltypen voneinander abzugrenzen und dem Leser eine Orientierungshilfe an die Hand zu geben. Diese Art der Differenzierung könnte man sicherlich bis zum Geht-nicht-mehr ausdehnen, doch würde man auf diese Weise von neuem Unübersichtlichkeit schaffen und doch nicht jedem einzelnen Werk gerecht werden. Wir wollen uns daher im Folgenden auf drei große Kategorien beschränken, die nahezu allen Büchern, die in den letzten Jahrzehnten die Fantasy-Regale füllten und die Herzen der Leser eroberten, Rechnung tragen. Es handelt sich um:

1. High Fantasy/Low Fantasy/Sword & Sorcery,
2. Urban Fantasy/All-Age-Fantasy,
3. Dark Fantasy/Vampir-Fantasy.

High Fantasy/Low Fantasy/Sword & Sorcery

Die *High Fantasy* gilt als die klassische und gleichzeitig bekannteste Form der Fantasy. Ihre literarischen Vertreter spielen in ausgetüftelten Welten, in denen es vor übernatürlichen Geschöpfen, wie Elfen, Zwergen, Drachen, Ogern usw., nur so wimmelt. Ihre Handlung wird in der Regel von der Stufenfolge *Bedrohung-Queste-Schlacht* bestimmt, worauf wir im Kapitel über den Romanaufbau noch näher eingehen werden. Aufgrund des Detailreichtums und der epischen Breite einer High Fantasy-Erzählung fallen diese in der Regel umfangreich aus und verteilen sich über mehrere Bände. Einer ihrer wesentlichen Bestandteile ist die *Magie*, die als Naturphänomen anerkannt ist und von Zaubererkundigen fleißig benutzt wird.

Die Begriffe *Low Fantasy*, *Heroic Fantasy* und *Sword & Sorcery (S&S)* werden mittlerweile in den meisten Fällen als Synonyme gebraucht. Der Unterschied zur High Fantasy besteht darin, dass hier das Augenmerk nicht auf einem weltumspannenden, epischen Konflikt liegt, sondern auf der persönlichen Geschichte der Helden, die in der Regel auch nach dem Ende der Bedrohung noch nicht zu Ende ist. Dabei kann der Protagonist ein mächtiger Krieger sein, der sich mit seinem Schwert den Weg durch die Gefahren seiner Welt pflügen muss, oder der talentierte Novize eines Zauberers, der sich schließlich selbst zum Adepten aufschwingt. Die Grenzen zwischen Gut und Böse können dementsprechend verschwimmen. Weiterhin wird bei der Low Fantasy/Sword & Sorcery von magischen Fähigkeiten und der Existenz von Fabelwesen eher zurückhaltend Gebrauch gemacht.

Beide Subgenres stimmen in einem wesentlichen Punkt überein: sie sind in einer fiktiven Fantasiewelt angesiedelt, die in der Regel mittelalterlich geprägt ist (Feudalgesellschaft, Betonung der Handwerkskunst, entsprechende Waffen, Kleidung, Sprache etc.) und in denen sich fremdartige – wunderbare oder abstoßende – Wesen gegenseitig auf die Füße treten. Ein Fantasy-Autor, der sich für die High Fantasy/Low Fantasy entscheidet, muss daher Freude daran haben, einen eigenen Kosmos zu erarbeiten („Weltenbau") und seine Helden mit weiten Reisen, Abenteuern, magischen Phänomenen, Kämpfen und Schlachten zu konfrontieren. Außerdem sieht er sich einer Reihe von Stereotypen, d.h. einer bestimmten Erwartungshaltung seitens der Fangemeinde, gegenüber. Dies mag ihm einerseits den Einstieg erleichtern, stellt ihn andererseits jedoch vor die Aufgabe, neue Facetten und Nuancen zu ersinnen, um seinem Werk eine eigene Note zu verpassen.

Beispiele für das High Fantasy-Genre sind Tolkiens *Der Herr der Ringe*, Martins *Game of Thrones*, Sapkowskis *The Witcher*, Jordans *Das Rad der Zeit*, Eriksons *Das Spiel der Götter*, Paolinis *Eragon*, Heitz' *Die Zwerge* und Hennens *Die Elfen*.

Bekannte Vertreter der Low Fantasy sind Howards *Conan*-Zyklus und Gemmels *Drenai-Saga*. Auch Rothfuss' *Der Name des Windes*, Bretts *Dämonenzyklus*, Lynchs *Locke Lamora*, Abercrombies *Klingen-Saga* und ähnlichen Werke, die sich einer eindeutigen Schubladisierung entziehen, lassen sich unter dieses Subgenre subsumieren. Weiterhin kann Trudi Canavans *Die Gilde der Schwarzen Magier* als Beispiel für Magie-geprägte S&S herhalten, wobei hier freilich eine Schnittmenge mit der All-Age-Fantasy besteht. Die bekannte Avalon-Saga von Marion Zimmer Bradley wird häufig als *Historische Fantasy* bezeichnet, kann jedoch auch als Sword & Sorcery charakterisiert werden.

Urban Fantasy/All-Age-Fantasy

Bestand das charakteristische Merkmal für die High- und die Low Fantasy darin, dass diese ausschließlich in einer erdachten Weltenschöpfung spielen, so ist bei der sogenannten *Urban Fantasy* das Gegenteil der Fall. Hier besteht nämlich ein ganz klarer Realitätsbezug, beispielsweise indem das Buch in unserer gegenwärtigen Zeit und Gesellschaft seinen Anfang nimmt und es sich bei dem Protagonisten (zumindest auf den ersten Blick) um einen Durchschnittsmenschen handelt. Im weiteren Verlauf der Geschichte verschmilzt dann die reale Welt mit phantastischen, magischen Elemente, indem der Held durch ein Portal von einer Welt in die andere tritt oder aber indem sich fremdartige, übernatürliche Wesen oder Mächte unter die gewöhnlichen Sterblichen mischen.

Der Begriff *All-Age-Fantasy* ist vergleichsweise jüngerer Prägung und steht im Grunde nicht für ein eigenständiges Subgenre, sondern ganz allgemein für Fantasy-Werke, die Leser jenseits aller Altersgrenzen ansprechen. Das Phänomen besteht hierbei darin, dass diese Romane in den meisten Fällen auf ein jüngeres (jugendliches) Publikum als Leserkreis abzielen, sie tatsächlich jedoch auch von Erwachsenen mit Begeisterung verschlungen werden. Dies wiederum kann sich in stattlichen Verkaufszahlen widerspiegeln, wogegen selbstverständlich kein Autor etwas einwenden wird. Was kennzeichnet nun einen solchen Roman, und wie geht man ihn als Autor an?

Die größte und auffälligste Gemeinsamkeit zwischen den einzelnen Werken dieser Spezies besteht darin, dass es sich bei den Protagonisten um vergleichsweise junge Figuren handelt, die den Großteil ihrer persönlichen und beruflichen Entwicklung noch vor sich haben. Infolgedessen werden als Subplot (siehe späteres Kapitel über das Plotten) gerne Themen verwendet, die sich ganz allgemein in Jugendwerken finden, wie das Erwachsenwerden, Freundschaft, Mobbing, die erste Liebe, Generationenkonflikt zwischen Kindern und Eltern, Berufswahl, Schule und Ausbildung u.ä. Darüber hinaus können besondere Fähigkeiten, die sich erst mit Erreichen einer gewissen Reife zeigen (z.B. erkennt Harry Potter irgendwann, dass er die Schlangensprache Parsel sprechen kann), oder die Lern- und Lehrzeit als Magier, Krieger oder Thronerbe (verbunden mit der jugendtypischen Aufsässigkeit und Ungeduld) eine Rolle spielen.

Eine Variante besteht darin, die Rolle des Protagonisten mit einem fremdartigen Geschöpf zu besetzen, dessen körperliche Fähigkeiten, Eigenschaften und Interessen denen eines jungen Menschen nicht unähnlich sind. Beispiele für solche Helden, die naturgemäß als Sympathieträger fungieren, sind die Hobbits/Halblinge in Tolkiens Werk oder die Goblins bei Hines.

Ein allgemeiner literarischer Grundsatz besagt, dass man den Schreibstil auf den jeweiligen Leserkreis ausrichten sollte. In diesem Fall bedeutet das, dass man kurze, leicht verständliche Sätze bevorzugen und sich am zeitgenössischen Sprachgebrauch orientieren sollte. Lange, komplexe Satzkonstruktionen, ausschweifende Beschreibungen und eine mittelalterliche Sprache sind hingegen eher fehl am Platz. Und auch bei der Handlung sollte man bedenken, dass All-Age-Fantasy-Romane sozusagen für Jugendliche gestrickt werden und man daher auf die Schilderung brutaler Kampf-, Folter-, Sex- oder Tötungsszenen verzichten sollte. Deshalb stirbt bei *Harry Potter* auch erst im vierten Band eine der Figuren, und das nicht annähernd so blutig, wie etwa in Abercrombies *Klingen-Saga* (Fantasy für Erwachsene) in schöner Regelmäßigkeit gemeuchelt und gestorben wird.

Das bedeutet mitnichten, dass All-Age-Fantasy-Romane nicht düster und bedrohlich sein können. Gute Autoren kommen jedoch – wenn es erforderlich ist – sehr gut ohne Brutalität und lange Kampfsequenzen aus und machen dies mit Spannungsinhalten, Atmosphäre, Interaktionen zwischen den Figuren, Dialogen, der Einflechtung von Wettkämpfen und anderen Stilmitteln locker wett.

Für ein All-Age-Projekt eignet sich im Grunde jedes Fantasy-Subgenre. Gleichwohl wird gegenwärtig in den meisten Fällen von der Kombination *Urban Fantasy/All-Age-Fantasy* Gebrauch gemacht. Zumeist verhält es sich bei diesen Geschichten dergestalt, dass der noch junge Protagonist das Bindeglied zwischen unserer realen Welt (oder einer, die unserer sehr ähnlich sieht) und einer fiktiven Welt oder aber übernatürlichen Mächten und Kräften darstellt. Beispiele hierfür lassen sich zahlreiche finden: Rowlings *Harry Potter* (Verbindung zwischen realer Welt und Hogwarts und dem geheimen Wirken der Zauberer), Strouds *Bartimäus* (Verbindung zwischen semi-realem Großbritannien und ebenfalls dem Wirkbereich der Zauberer), Pullmans *Der Goldene Kompass* (halbreale Welt des beginnenden 20.Jahrhunderts trifft magische Kräfte, Fabelwesen und schließlich eine komplett fiktive Welt) oder Lewis *Narnia* (die klassische Methode: magisches Portal führt von der realen in eine fiktive Welt).

Dass auch die Kombination High Fantasy/All-Age-Fantasy prächtig funktionieren kann, beweisen unter anderem Paolinis *Eragon* oder Tolkiens *Der Hobbit*. Canavans *Die Gilde der Schwarzen Magier* wurde bereits angesprochen – hierbei handelt es sich um eine Kombination aus *Sword & Sorcery und All-Age-Fantasy*.

Beim Thema *All-Age-Fantasy* sei noch darauf hingewiesen, dass die Abgrenzung zur reinen Erwachsenen-Fantasy oftmals leichter fällt als die Grenzziehung zur anderen Seite hin, nämlich zum reinen *Kinder-, bzw. Jugendbuch*. Phantastische Kinderbücher wie Michael Endes *Momo* und *Die unendliche Geschichte* oder Carrolls *Alice im Wunderland* sind herausragende Werke, die sehr häufig auch von Erwachsenen konsumiert werden, doch eben streng genommen keine Fantasy. Genau an der Schwelle zwischen beiden Genres bewegt sich etwa die *Tintenherz*-Reihe von Cornelia Funke. Eine klare Trennlinie zwischen All-Age-Fantasy und Kinderbuch ist schwierig zu definieren, da beide sich insbesondere in Punkto Schreibstil und der relativen Gewaltfreiheit gleichen. Denn gerade darin, dass sie den Angehörigen *aller* Altersstufen etwas bietet, liegt ja das Phänomen der All-Age-Fantasy begründet. Bei genauer Betrachtung besteht der Unterschied zwischen All-Age-Fantasy- und Kinderbüchern in den meisten Fällen darin, dass bei ersteren ein übergeordneter, zentraler Konflikt besteht, der weit über den Erfahrungshorizont der jugendlichen Helden hinausgeht. Des Weiteren befinden sich immer auch genügend erwachsene Protagonisten auf der Bühne, sodass es nicht von ungefähr kommt, dass sich Leser jedweden Alters mit einer solchen Geschichte identifizieren können.

Die Frage, die sich ein All-Age-Fantasy-Autor stellen muss, lautet auf alle Fälle: wie kann ich das erwachsene Publikum ebenfalls dazu bewegen, sich für mein Werk, das sich an jüngere Leser richtet, zu begeistern?

Dark Fantasy/Vampir-Fantasy

Nicht gerade um Kinderbücher handelt es sich gemeinhin bei der *Dark Fantasy*, bei der sich düstere und unheimliche Elemente mit denjenigen der Fantasy vermischen. Dieses Subgenre weist folglich eine deutliche Schnittmenge mit dem Horror-Genre auf.

Ein Merkmal des Subgenres besteht darin, dass die Handlung in einer realen, semi-realen oder post-apokalyptischen Welt spielt, in der Vampire, Werwölfe, Mutanten oder ähnliche Geschöpfe eine große Gefahr darstellen. In vielen Fällen verhält es sich sogar dergestalt, dass die Protagonisten selbst fremdartiges Blut in sich tragen. Zusätzlich können innerhalb dieser düsteren Kulisse weitere phantastische Elemente, wie Fabelwesen, magische Fähigkeit, übernatürliche Artefakte, archaische Schlachten usw. zum Tragen kommen. Der Unterschied zum Horror-Schmöker besteht darin, dass dort die schockierenden Momente um ihrer selbst willen (zur Erzeugung einer Gänsehaut-Atmosphäre beim Leser) im Vordergrund stehen und das Auftreten der übernatürlichen (Grusel-)Wesen eher sparsam erfolgt. Hingegen bestehen bei der Dark Fantasy größere, epische Zusammenhänge, und das Agieren der phantastischen Wesen ist eher die Regel denn die Ausnahme. Beispiele sind H.P. Lovecrafts *Cthulhu-Mythos*, Stephen Kings *Dunkler Turm*-Zyklus und Gluchowskis *Metro*-Reihe. Als mögliches Szenario könnte man sich auch eine Dystopie vorstellen, z.B. nach dem Motto „Was wäre, wenn Voldemort und die Todesser die Schlacht um Hogwarts gewonnen hätten?"

Nun haben wir soeben bereits den Begriff „Vampire" erwähnt, was die nahe Verwandtschaft zwischen der Dark-Fantasy und der *Vampir-Fantasy* indiziert. Dabei war das nicht immer so – angefangen mit Bram Stokers *Dracula* war die Vampir-Literatur für eine lange Zeit ein fester Bestandteil des Horror-Genres. Der moderne Vampir-Roman kombiniert allerdings scheinbar spielerisch Elemente von Fantasy, Horror, Thriller, Romanze und typischen Jugendthemen und hat damit bereits einige Erfolgsgeschichten geschrieben. Neben Stephenie Meyers *Twilight* könnte man noch J.R. Wards *Black Dagger*-Reihe und einige andere erwähnen.

Ein angehender Autor, der in Erwägung zieht, sich der *Vampir-Fantasy* zu widmen, sollte natürlich wissen, dass er es aufgrund der Flut der jüngsten Veröffentlichungen und der ganz bestimmten Erwartungshaltung der eher jüngeren (und weiblichen) Leser nicht einfach haben wird, sich mit seinem Werk Gehör zu verschaffen und sich aus der Masse herauszuheben. Andererseits bietet der Vampir-Mythos ein geradezu einmaliges Potential an Konflikten, wie z.B. eine beidseits gefahrvolle Liaison zwischen Vampir und Menschen, die Frage des Konsums von Menschen- oder Tierblut durch den Vampir, die Problematik der Vampir-Gemeinde, unerkannt zu bleiben, der Konkurrenzkampf mit den Werwölfen usw., sodass stets ausreichend Handlungsoptionen zur Verfügung stehen.

In der Regel spielen die aktuellen Vampir-Romane vor dem Hintergrund unserer gegenwärtigen Zeit. Es gibt jedoch auch Ausnahmen oder aber parallel verlaufende, geschickt miteinander verflochtene Handlungsstränge (z.B. in Form von Rückblenden oder Zeitsprüngen, die das Geschehen teilweise etwa in das Paris oder London der Vergangenheit verlagern). Allein hinsichtlich der historischen und gesellschaftlichen Kulisse besteht demnach immer Variationsspielraum. Gleiches gilt für den Schreibstil und die durch die Sprache geschaffene Atmosphäre, die sowohl humorvoll, idyllisch und fröhlich als auch düster, melancholisch und schaurig sein kann.

Hervorzuheben ist weiterhin, dass ein guter Roman aus dem Bereich der *Vampir-Fantasy* in erster Linie von seinen ausdrucksstarken, lebendigen Figuren und deren Emotionen lebt. Dies führt dazu, dass beim Leser ein hohes Maß an Identifikation mit den Helden erzeugt wird. Abgesehen davon: wer möchte insgeheim nicht ewig leben und mit einer übermenschlichen Stärke ausgestattet sein?

<u>Wählen Sie das Genre, das Ihnen am meisten zusagt</u>

Ein Roman, der dem Genre der *Fantasy* zugerechnet werden kann, weist in einem größeren Umfang phantastische Elemente auf. Dabei kann es sich z.B. um Wesen handeln, die sich von Mensch und Tier deutlich unterscheiden, Fähigkeiten, wie die Zauberei, die es im realen Leben nicht gibt, magische Artefakte, die ihren Besitzern gewaltige Macht verleihen, oder um physikalische Gesetzmäßigkeiten und Phänomene, die auf der Erde unbekannt sind. Diese phantastischen Elemente können beliebig gepaart und vermischt werden mit der Realität, z.B. indem sich Menschen und Fabelwesen begegnen, besondere Kräfte in die wirklichen Welt Einzug erhalten oder ein Portal reale und non-reale Welten miteinander verbinden. Inhaltlich kann die Geschichte von einer oder wenigen Figuren erzählt werden oder aber ein weltumspannendes Epos, in dem eine universale Bedrohung existiert. Schließlich kann der Schreibstil so sehr variieren, dass er sich entweder an Erwachsene richtet oder aber ein sehr breites Publikum richtet.

Den o.g. Kriterien zufolge sprechen wir dann von einzelnen Subgenres, wie High Fantasy, Low Fantasy, S & S, Urban Fantasy, All-Age-Fantasy, Dark oder Vampir-Fantasy. Diese Einteilung ist jedoch weder abschließend noch als Dogma zu betrachten und soll lediglich verdeutlichen, wie groß der Spielraum ist, in dem sich der Fantasy-Schriftsteller inhaltlich und thematisch bewegen kann.

Kommen wir zu der Frage, welches Fantasy-Genre sich als das richtige für Sie und Ihr künftiges Romanprojekt anbieten könnte. Im Grunde ist diese Frage vergleichsweise einfach zu beantworten: grübeln Sie nicht lange über Erfolgsaussichten, Trends und dergleichen nach, sondern schreiben Sie schlicht und ergreifend das, was Ihnen am besten gefällt!

Kein seriöser Sachbuchautor würde je auf die Idee kommen, eine Niederschrift über ein Thema, an dem er nur wenig Interesse besitzt, zu fertigen. Vielmehr nimmt er sich einer Materie an, zu der er eine Neigung verspürt und über die er zuvor ausgiebig recherchiert hat. Ebenso sollte es ein guter Romanschriftsteller halten und sich fragen: was für Stoffe lese ich selbst besonders gerne, in welchem Bereich habe ich mir bereits ein einschlägiges Wissen, z.B. über Vokabular, Motive und Stereotypen angeeignet, und in welchen Leserkreis kann ich mich am besten hineinversetzen? Oder anders ausgedrückt: in welchem Genre fühle ich mich pudelwohl und wo eher unbehaglich und fremd?

Wenigstens für den Debütroman sollte man diese goldene Regel beherzigen, da einem auf diese Weise der Einstieg bedeutend leichter fällt. Im Verlauf seiner schriftstellerischen Karriere entwickelt sich der Autor ohnehin laufend fort, sodass er mit der Zeit ganz von selbst seinen individuellen Stil und seinen eigenen Schwerpunkt finden wird.

2. Wie erlangt man die Fähigkeiten zum Romanschriftsteller?

<u>Welche Fähigkeiten benötigt man überhaupt?</u>

Kein vernünftiger Mensch würde jemals auf den Gedanken kommen, mit dem Erschaffen eines komplexen Werkes zu beginnen, ohne sich zuvor um eine gewissenhafte Ausbildung und Vorbereitung bemüht zu haben. Schon gar nicht dann, wenn er in Erwägung zieht, sein Produkt einer breiten Öffentlichkeit zu präsentieren und deren gestrengem Urteil auszusetzen. Bei der Schriftstellerei stehen wir nun vor dem Dilemma, dass es im Gegensatz zu anderen Künsten keine anerkannte Ausbildung gibt, die einem abschließend vermittelt, wie man den ultimativen Spannungsroman, bzw. Fantasy-Roman, schreibt. Dazu ist das Spielfeld ganz einfach viel zu groß, und die Geschmäcker der Leser sind zu verschieden.

Das lateinische Alphabet kennt 26 Buchstaben, aus denen man eine unbegrenzte Zahl an Wörtern formen kann. Dazu werden Romane in Prosa verfasst, d.h. in einer nicht durch Reim, Rhythmik und Vers gebundenen Form der Sprache. Was benötigt ein Autor demzufolge, um mit diesen sehr weitläufigen Regeln eine überzeugende Arbeit zu verrichten?

Eine erste Grundüberlegung besteht darin, in welcher Sprache Sie Ihr Buch verfassen möchten. Das sollte im Zweifelsfall die Muttersprache sein, auf jeden Fall eine Sprache, in der Sie sich uneingeschränkt wohl und sicher fühlen. Eine anschließende Übersetzung ist heutzutage keine unüberwindliche Schwierigkeit mehr. In dieser Sprache sollten Sie über gute bis sehr gute orthografische und grammatische Kenntnisse verfügen. Diese Fähigkeit bringen Sie am besten bereits von Hause, bzw. von der Schule mit.

Da es darüber hinaus Ihr Ziel ist, eine spannungsgeladene, unterhaltsame Geschichte zu erzählen und aus der Masse der Romanveröffentlichungen herauszustechen, muss Ihr literarischer Werkzeugkasten reichlich gefüllt sein. Sie müssen wissen, wie man starke Figuren entwirft, verschiedene Handlungsstränge zu einem Plot verarbeitet, Spannung und Emotionen erzeugt und Sätze allgemein so konstruiert, dass sie für einen guten Lesefluss sorgen.

Da Sie sich für ein spezielles Genre entschieden haben, nämlich das Fantasy-Genre, sollten Sie sich diesbezüglich zusätzliches Wissen aneignen. Welche phantastischen Wesen und Völker gibt es in der Literatur bereits, worauf muss man achten, wenn man Gott spielen und eine fiktive Welt erschaffen möchte, und wie sah es im realen Mittelalter aus, wenn Sie sich daran orientieren möchten? Welche damit einhergehenden Wörter und Begriffe sollten Ihnen geläufig sein? Stichwort Vokabular: Romanschriftsteller versuchen stets, Wortwiederholungen zu vermeiden, weshalb man ausreichend Synonyme zu gängigen Themen wie Landschaftsbeschreibungen, Kämpfen usw. im Repertoire haben sollte.

Schließlich sind gewisse Sekundärtugenden bei quasi jedweder Tätigkeit, die man mit Erfolg ausüben möchte, vonnöten. Eine Voraussetzung ist demnach das unbedingte Interesse an der Fantasy-Thematik sowie der Ehrgeiz, der erforderlich ist, um ein Projekt anzugehen und auch durchzuhalten. Was ist schlimmer ein schlechtes Buch? Ein unvollendetes Buch. Ein schlechtes Buch kann man überarbeiten, bis es zuerst durchschnittlichen und schließlich höheren Ansprüchen genügt. Eine endgültig abgebrochene Arbeit ist hingegen non-existent, eine Energieverschwendung par excellence und eine frustrierende Lebenserfahrung.

Wenn die Anfangseuphorie verflogen ist, dann kann sich das Schreibhandwerk an manchen Tagen durchaus als zäh erweisen. Als weiterer belastender Faktor können sich die Ablehnung eines eingereichten Manuskriptes durch einen Verlag oder die Kritik von Testlesern erweisen. Gerade dann heißt es jedoch, aus seinen (vermeintlichen) Fehlern zu lernen und unverzagt weiterzumachen.

Zwei Dinge sind wichtig: Lesen und Schreiben

Was wirklich hilft, um sich im Laufe der Zeit Stück für Stück zu verbessern und zu einem großartigen Schriftsteller zu werden, ist das Schreiben selbst. Frei nach dem alten Leitsatz *Übung macht den Meister*. Sehr hilfreich ist es, wenn Sie jemanden Interessiertes an der Hand haben, der sich Ihre Prosa regelmäßig zu Gemüte führt und Ihnen seinen ehrlichen Eindruck schildert.

Schriftsteller mit professionellen Ambitionen schreiben nahezu tagtäglich, ganz so wie man das auch von anderen Berufen her kennt. Das Tagwerk findet am Schreibtisch statt, indem man sich eine leere Seite vornimmt und diese anschließend mit Wörtern füllt. Nur beim Schreiben werden Sie sich auch möglicher Probleme bewusst, die unwillkürlich auftreten werden. Haben Sie Ihren Plot ausführlich genug ausgearbeitet, oder sitzen Sie nun da und sind sich unschlüssig, wie die Handlung weitergehen soll? Haben Sie Ihre Figuren mit genügend Tiefe entworfen, oder bemerken Sie beim Schreiben, dass sich diese unnatürlich und oberflächlich anfühlen? Verfügen Sie über genügend Wissen und spezifisches Vokabular, um die Einzelheiten Ihrer Welt beschreiben zu können? Und fällt es Ihnen stets leicht, die passenden Formulierungen zu finden, oder lässt sich Ihr schriftstellerisches Rüstzeug noch optimieren? Lesen bildet. Schreiben verrät Ihnen, wo weitere Bildung Not tut.

Da wir gerade das Lesen erwähnt haben: ehe jemand die Schriftstellerei für sich entdeckt, ist er in der Regel bereits seit längerer Zeit als Leser unterwegs und hat zahlreiche einschlägige Romane verschlungen. Womöglich hat sich bei dem einen oder anderen dabei irgendwann der Moment eingestellt, in dem man denkt: So etwas will ich auch einmal schreiben! Aber auch ein aktiver Romanschriftsteller sollte nicht innehalten und weiterhin so ziemlich alles lesen, was ihm unter die Finger kommt. Erst recht dann, wenn es thematisch zu seinem Genre passt und aus der Feder eines bereits erfolgreichen Berufskollegen herrührt.

Das Lesen von phantastischer Literatur und anderen Werken dient mithin der Motivation, Inspiration und Kompetenzgewinnung. Zudem lässt sich auf diese Weise ein Gespür dafür entwickeln, wie man letztlich an das eigene Projekt herangeht, wie es um die Erwartungshaltung des Lesers bestellt ist, welche Elemente und Stilmittel in eine gute Geschichte hineingehören und von welchen man eher die Finger lassen sollte.

Neben dem Lesen von Romanen gibt es außerdem die Möglichkeit, der Sie sich jetzt gerade bedienen, nämlich einen einschlägigen Ratgeber zu studieren. Ob Sie zusätzlich Schreibkurse belegen wollen, bleibt Ihnen überlassen. Tatsächlich haben einige Verfasser von Spannungsliteratur einen germanistischen, linguistischen oder journalistischen Hintergrund. Eine solche Ausbildung bietet natürlich gewisse Vorteile, wenngleich dies keinesfalls eine zwingende Voraussetzung für eine erfolgreiche Autorenkarriere ist.

Lassen Sie mich die beiden wichtigsten Ratschläge in Hinblick auf die Erweiterung Ihrer literarischen Fähigkeiten noch einmal wiederholen: Lesen! Schreiben!

<u>Warum ist eine gründliche Vorbereitung wichtig?</u>

Die Vorbereitung auf Romanprojekt besteht aus *Recherchieren* und *Planen*. Eine Faustregel besagt, dass ein Buchautor ein Viertel für die Vorbereitung, ein Viertel für die eigentliche Schreibarbeit und den Rest für das Überarbeiten und Korrigieren aufwenden sollte.

Tatsache ist, dass eine gründliche Vorbereitung die sich anschließende Arbeit erheblich erleichtert, verbessert und verkürzt. Dies ist umso bedeutsamer, da wir uns auf dem Gebiet der phantastischen Literatur bewegen, die in fiktiven Welten spielt und von ihrem komplexen Hintergrund lebt. Der Fantasy-Autor kann nicht wie sein Kollege, der einen Kriminalroman schreibt, die ihm bekannten Elemente und Mechanismen der realen Welt weitgehend übernehmen. Vielmehr obliegt sein Werk allein seiner Verantwortung, was einerseits großartige Möglichkeiten birgt, andererseits jedoch auch die Gefahr logischer Fehler bedingt.

Eine komplexe, detaillierte und gut durchstrukturierte Welt zu erschaffen, mitsamt den zugehörigen Völkern, Sprachen, Magiesystemen, Historie usw., kann eine sehr lange Zeit in Anspruch nehmen. Auch die Verinnerlichung des genretypischen Sprachgebrauches ist eine Aufgabe, die einem nicht von heute auf morgen gelingt. Hierzu gehört nämlich nicht nur die Sprache, die die handelnden Figuren gebrauchen und die ihrem jeweiligen Hintergrund angepasst sein sollte (Orks drücken sich in der Regel anders aus als etwa Elben), auch das spezifische Vokabular für mittelalterliche Kleidung, Gegenstände, handwerkliche Tätigkeiten sowie die abwechslungsreiche Beschreibung von Kampfhandlungen, magischen Phänomenen und phantastischen Wesen wollen erst einmal erlernt und geübt werden. Und schließlich sollten vor Beginn der Niederschrift die Protagonisten mitsamt ihrer zugehörigen Lebensläufe sowie die Dramaturgie (Prämisse und normaler Plot) der Geschichte entworfen sein.

Möchte sich der Autor etwa auf dem Gebiet der All-Age-Fantasy oder der Sword & Sorcery bewegen, so kann die Weltenschöpfung – im Vergleich zur High-Fantasy – ein wenig zurücktreten, was auch den Zeitansatz für die vorbereitende Arbeit entsprechend reduziert. Spielt die Geschichte vor einem historischen Hintergrund (z. B. dem Mittelalter oder der Antike, was jeweils mit phantastischen Elementen verwoben wird), so ist es unbedingt erforderlich, die geschichtlichen und gesellschaftlichen Fakten zu recherchieren. Auch geografische und andere naturwissenschaftliche Phänomene sollten einer Überprüfung standhalten. Wenn ein in dem Buch genannter Sachverhalt den realen Tatsachen widerspricht, dann sollte der Autor eine nachvollziehbare Erklärung dafür parat haben. Auch in dem Fall, dass die Geschichte in der realen Welt angesiedelt ist, wie etwa bei der Urban- oder der Vampir-Fantasy, sollten die geschilderten Zusammenhänge und Fakten jederzeit stimmig sein.

Man sollte sich als Autor stets darüber bewusst sein, dass der Leser Widersprüche sehr wohl bemerken könnte. Unterschätzten Sie niemals die Aufmerksamkeit des Lesers! Und wenn er erst einmal logische Fehler entdeckt, dann wird er bei der weiteren Lektüre nur schwerlich davon absehen können, diese als negatives Qualitätsmerkmal zu werten.

Will der Autor eine gründliche Recherche betreiben, so bieten sich Sachbücher, Zeitschriftenartikel oder Fernsehberichte zu einschlägigen Themen an. Möglicherweise kennt man auch fachkundige Personen, die einem spezielle Fragen beantworten und einem mit Wissen weiterhelfen können. Werke über das Leben im Mittelalter, Geschichte, Geografie, Kriegstaktiken, Schwertkampf usw. können gute Quellen sein, ebenso wie Sagen, Mythen oder Abhandlungen über phantastische Wesen, die Sie auf dem Markt finden können. Darüber, wie Sie bei der Planung Ihres Fantasy-Romans vorgehen, werden wir noch ausführlich zu sprechen kommen.

Grundsätzlich gilt, dass ein erfahrener Autor weniger Zeit zum Recherchieren und Planen benötigt als ein Nachwuchsautor, der sich gerade mit seinem Erstlingsroman beschäftigt. Dies rührt daher, dass ersterer mit den Mechanismen des Genres bereits vertraut ist, sich die erforderlichen handwerklichen Fertigkeiten längst angeeignet und überdies im Laufe der Zeit genügend Ideen gesammelt hat. Nichtsdestoweniger lässt sich allgemeingültig festhalten: gründliche Vorbereitung ist ein Zeichen für Professionalität und erleichtert Ihnen die weitere Arbeit ungemein!

Die Erwartungshaltung des Lesers kennen

Der angehende Fantasy-Autor sollte sich stets darüber im Klaren sein, dass er in einer ganz bestimmten literarischen Tradition schreibt und daher zwangsläufig auf eine gewisse Erwartungshaltung beim Leser treffen wird. Die beste Methode, sich mit diesen genretypischen Konventionen vertraut zu sein, besteht darin, so viele vergleichbare Bücher wie nur möglich zu lesen und zu studieren. Ein weiterer Tipp: suchen Sie nach seriösen, fachkundigen Rezensionen über diejenigen Bücher, die Sie gerade gelesen haben (z.B. in Literaturzeitschriften und Internetportalen), und versuchen Sie, daraus Ihre Schlüsse zu ziehen. Was hat der Autorenkollege in den Augen der Kritiker besonders gut gemacht, bzw. was hat dem Leser in diesem Fall weniger gut gefallen? Diese Erkenntnisse können Sie anschließend sehr gut für Ihre eigene Arbeit nutzen.

Ein bereits etablierter Schriftsteller kann von den genretypischen Mustern möglicherweise stärker abweichen und seine (Stamm-)Leserschaft trotzdem erreichen. Ein noch unbekannter Autor tut zu Beginn seiner Karriere jedoch gut daran, die allgemein akzeptierten Grenzen seines Genres nicht zu verlassen und sich besondere Experimente für die Zukunft aufzuheben. Dies bedeutet natürlich keineswegs, dass er eine Kopie der bereits auf dem Markt befindlichen Werke fertigen sollte. Vielmehr sollte er versuchen, sich durch Originalität und Qualität von der Konkurrenz abzuheben. Darum gilt es stets, eine gesunde Balance zu finden zwischen dem Beibehalten des Altbewährten, d.h. den gängigen Stereotypen, einerseits und dem Ausloten neuer Facetten, Spielräume und Überraschungen andererseits, um auf diese Weise die Aufmerksamkeit, Neugierde und Faszination des Lesers zu wecken.

Um es auf den Punkt zu bringen: es gilt, innerhalb der bewährten Form kreativ zu sein.

3. Welche Elemente benötigt man für ein Romanprojekt an und wie fängt man damit an?

Welche Elemente benötigt man für ein Romanprojekt ...?

Gute Autoren verwenden immer einen wesentlichen Zeitansatz auf die Vorbereitung, also das Recherchieren und das Planen. Die Faustregel lautet: mindestens ein Viertel der gesamten Arbeit. Es genügt demnach nicht, nur eine vage Idee von der anvisierten Geschichte zu haben, ehe mit dem Schreiben begonnen wird. Zumindest nicht für den Anfänger sowie für denjenigen, der gehobene qualitative Ansprüche an sich und seine Arbeit stellt. Fangen Sie daher mit dem Schreiben erst dann an, wenn Sie die grundlegenden Elemente der Vorbereitung auf Ihr Romanprojekt abgeschlossen haben! Je gründlicher und ausführlicher Ihre Vorarbeit ausfällt, desto einfacher werden Sie sich später bei der Niederschrift tun. Eine besonders wichtige Funktion kommt dabei dem (normalen) Plot zu, denn von den Stichpunkten, die in diesem enthalten sind, bis zu den endgültigen Textformulierungen ist es häufig nur ein kleiner Schritt.

Die wesentlichen Bereiche, die Sie bei der Arbeit an Ihrem Fantasy-Roman beachten sollten und die wir in diesem (zweiteiligen) Buch erläutern wollen, sind die folgenden:

-Das Sammeln von Ideen (Notizen)
-Die Prämisse (der Hauptplot)
-Das Entwerfen der Figuren (Protagonisten, Antagonisten und Nebenfiguren)
-Das Erschaffen von phantastischen Völkern (traditionellen und neu erdachten)
-Die Entwicklung einer phantastischen Welt (inkl. Artefakten, Magiesystemen usw.)
-Der Plot (normaler Plot, inkl. Neben- und Subplots).

Darüber hinaus empfiehlt es sich, wenn Sie bereits im Vorfeld folgende erzähltechnische Fragen für sich beantworten können:

-Welche Erzählperspektive wollen Sie verwenden?
-Wie verhält es sich mit der Erzählzeit? Spielt die Geschichte auf einer Zeitebene oder existieren zeitliche Sprünge?
-Wie soll der Schreibstil gehalten sein? Schlicht und einfach, kompliziert und komplex oder antiquiert und poetisch?
-Wollen Sie atmosphärische Untertöne setzen? Soll Ihre Prosa z.B. einen düsteren, humorvollen, grausamen, sarkastischen, nihilistischen usw. Eindruck vermitteln?
-Sollen Schimpfwörter und explizite Schilderungen von Sex, Gewalt und Tod enthalten sein oder schreiben Sie eher für ein jüngeres Publikum?
-Wollen Sie tendenziell viele Dialoge verwenden? Inwiefern wollen Sie die Gedankenwelt der Protagonisten zum Ausdruck bringen?
-Welchen Umfang soll Ihr Werk haben? Sind mehrere Bände geplant?

… und wie fängt man damit an?

Es ist eine Tatsache, dass nahezu jeder Autor seine ureigene Arbeitsweise hat. Darum kann es auch nicht *die* Schritt-für-Schritt-Anleitung für das Verfassen eines Romans, bzw. eine Blaupause für den Erfolg geben.

Manche Fantasy-Schriftsteller fangen mit der Schöpfung ihres eigenen Kosmos an, einer Weltenschöpfung, in der die noch zu skizzierenden Figuren und die spätere Handlung ihren Platz finden können. Andere beginnen mit den Protagonisten und einem nicht weniger charismatischen Gegenpart und entwickeln das Drumherum im Anschluss daran. Eine weitere Möglichkeit besteht darin, mit dem Plot anzufangen, d.h. mit den wesentlichen Teilen der Handlung, und die dazu passenden Figuren, Völker und Schauplätze nach und nach hinzuzufügen. Tolkien baute sein Werk anhand selbst konstruierter Sprache auf, denn Worte erzeugten in ihm – wie er es selbst formulierte – Geschichten.

Der Grund für diese divergierenden, allesamt erfolgversprechenden Vorgehensweisen liegt auf der Hand: jedes Romanprojekt beginnt mit einer einzelnen, zentralen Idee, die als Inspirationsquelle dient und sich von Fall zu Fall unterscheidet. Es liegt nahe, dass man sich, wenn man sich dazu entschieden hat, auf Basis dieses Gedankens eine Geschichte zu schreiben, erst einmal mit diesem Bereich ausführlich befasst und alles andere hintenan stellt. Hinzu kommt, dass nicht in jedem Fantasy-Buch alle genretypischen Bestandteile in gleichem Umfang vorhanden sind. Manche Romane strotzen nur so vor phantastischen Wesen und Völkern oder enthalten eine Vielzahl von tiefgründigen Charakteren, andere bieten eine detailreiche, ausgeklügelte Welt und wieder andere weisen zahlreiche komplexe Handlungsstränge auf. Umgekehrt können andere Elemente – den Vorlieben des Autors entsprechend – geringer ausfallen.

Wichtig ist demnach, *dass* Sie alle wesentlichen Arbeitsschritte abhandeln, unabhängig von der Reihenfolge. Wenn man dennoch von einer chronologischen Vorgehensweise sprechen wollte, dann bietet es sich unter praktischen Gesichtspunkten an, mit dem Sammeln der Ideen zu beginnen und das Fertigen des Plots ans Ende der Vorbereitungen zu stellen. Erst danach sollten Sie damit beginnen, die einzelnen Elemente zu einem zusammenhängenden Romantext zu verknüpfen.

Für alles im Leben existieren Regeln. Aber keine Regel ohne Ausnahme. Manche Schriftsteller haben die Angewohnheit, ihren Plot weniger detailliert zu halten und lediglich die grundlegenden Ideen und Merkmale der Geschichte darin festzuhalten. In diesem Fall kennt er, während er mit der Niederschrift beginnt, anfänglich selbst nicht alle Hintergründe, Geheimnisse und Details, d.h. er verhält sich ein wenig wie ein neugieriger Leser, der erst nach und nach die Zusammenhänge erfährt. Plot, Weltenschöpfung und Buch wachsen somit mit der Zeit gleichermaßen. Dieses eher spontane Vorgehen birgt jedoch das Risiko, dass man irgendwann feststellt, dass man sich in eine Sackgasse manövriert hat.

Beim Schreiben des Romans sollte man sich schließlich an die im Plot enthaltene Gliederung halten. Auch hier gibt es jedoch Fallkonstruktion, in welchen es sinnvoll erscheinen mag, von der vorgegebenen Ereignisreihenfolge abzuweichen. Der häufigste Fall, der jedem Autor früher oder später einmal begegnet, ist der, dass er beim Schreiben einer Szene festhängt und einfach nicht die richtigen Formulierungen findet. Da sich Einfälle und Worte nun einmal nicht immer zwingen lassen, das verbissene Fixieren auf eine Erzählpassage unweigerlich die Qualität bedroht und sich eine künstlerische Tätigkeit wie das Romanschreiben immer eine gewisse Leichtigkeit bewahren sollte, lautet in solchen Fällen der Rat, die Problemszene vorläufig hintenan zu stellen und zur nächsten zu springen. Auf diese Weise bleibt der Schreibfluss erhalten, und die Geschichte und die Charaktere bleiben lebendig und entwickeln sich fort. Nicht selten erschließt sich aus einer späteren Handlung genau das Stück, das einem etwas weiter vorne fehlt. Da die einzelnen Elemente der Geschichte kausal miteinander verknüpft sind, d.h. in einem Zusammenhang von Ursache und Wirkung stehen, ist es jedoch kaum möglich, ein zeitlich späteres Ereignis vorwegzunehmen, ohne Sinnfehler zu riskieren.

Ein weiterer möglicher Grund, eine Romanstelle bereits vor ihrer Zeit auszuformulieren, besteht darin, dass in einer Szene komplexe Angaben von Bedeutung sind, auf die der Autor an anderer Stelle noch einmal zurückkommen muss. Demzufolge kann es ebenfalls angebracht sein, diese beiden Szenen unmittelbar hintereinander zu verfassen. Man kann dies mit der Dreharbeit an einem Kinofilm vergleichen, wo man auch darauf bedacht ist, alle Szenen, die am gleichen Schauplatz spielen, auf einmal abzudrehen, auch wenn viel Zeit dazwischen liegt. Aus ähnlichen Gründen kann dies auch beim Romanschreiben ratsam sein, denn wenn man für eine Szene ein sehr komplexes Setting entwirft und mit diesem eben in diesem Moment auf vertrautem Fuße steht, so wäre es nicht ökonomisch, etwa ein paar Monate später zu der gleichen Thematik zurückzukehren und sich wieder alle Einzelheiten ins Gedächtnis rufen zu müssen. Manche Schriftsteller gehen daher hin und schreiben alle Szenen, die z.B. vor der gleichen außergewöhnlichen Kulisse spielen oder in denen die gleichen Figuren auftreten (und die damit die gleiche Erzählperspektive aufweisen) nacheinander nieder.

Wenn Sie Ihr erstes Projekt als Fantasy-Schriftsteller angehen, dann sind Sie gut beraten, wenn Sie sich hinsichtlich Ihrer Vorgehensweise an den Ideen, die Sie antreiben, und an Ihrem Bauchgefühl zu orientieren. Mit der Zeit wird Ihre Erfahrung sprunghaft steigen, sodass Sie diejenige Systematik, die Ihnen wie auf den Leib gespeichert ist, identifizieren und anschließend noch verfeinern werden.

4. Ideen und Notizen

<ins>Woher kommen die Ideen für einen Roman?</ins>

Ideen sind für einen Schriftsteller das wichtigste überhaupt. Sie kommen ganz am Anfang, noch bevor die Protagonisten das Licht der Welt erblicken und lange vor dem Plot. Man könnte sagen, dass sie die Essenz und den Baustoff eines jeden Buchprojektes darstellen. Während das Entstehen einer guten Geschichte ohne zündende Ideen schlichtweg ein Ding der Unmöglichkeit ist, so geht dem Autor in dem Fall, da er über ein gut bestücktes Arsenal an Ideen und Einfällen verfügt, die restliche Arbeit leicht von der Hand. Wie aber kommen wir zu guten Ideen, die sich für unser nächstes Fantasy-Werk eignen?

Eine mögliche Quelle der Inspiration haben wir bereits angesprochen, nämlich das Stöbern in anderen Büchern. Damit aber bei weitem nicht genug, denn für einen passionierten Schriftsteller bieten sich alle möglichen Lebenssituationen an, um daraus Anregungen zu finden und Anleihen zu nehmen. Gute Geschichten lassen sich überall finden, man muss lediglich mit der Zeit einen Riecher dafür entwickeln und Augen und Ohren offen halten.

Bereits ein Satz oder ein einzelnes Wort, das ein Romanautor irgendwo aufschnappt, kann das Potential entfalten, ihm einen wichtigen Gedankenanstoß zu verpassen, ebenso wie ein Bild, ein Musikstück, der Anblick einer Landschaft, Zeitungs- und Zeitschriftenartikel, Filme, Hörspiele, eine Unterhaltung, die man zufällig mit anhört, eine reale Begebenheit, deren Zeuge man wird, oder die fragmentarischen Erinnerungen an einen Traum. Ebenso können Theater-, Konzert- oder Museumsbesuche als Quelle fungieren. Die Liste lässt sich beliebig fortsetzen.

Der springende Punkt an der Sache ist, dass sich das Erscheinen einer famosen Idee in den seltensten Fällen erzwingen lässt. Ideen sind eher heimtückische Wesen, die sich zu einem unvorhersehbaren Zeitpunkt an einen heranschleichen. Oftmals ist das gerade dann der Fall, wenn man mit etwas ganz anderem beschäftigt ist oder keine Zeit hat, sich mit ihnen zu befassen. Nichtsdestotrotz wird der Autor im Laufe der Zeit ein Gespür für die passenden Inspirationen entwickeln.

Ideen sind höchst unterschiedlicher Natur. Manchmal stellt eine Idee nur einen winzigen Gedankenschnipsel, den Ansatz eines verwendbaren Motivs dar, deren Wert man noch nicht so recht greifen kann, obwohl man ahnt, dass etwas Größeres daraus erwachsen könnte. In anderen Fällen führt eine einzige Idee gleich zu einer ganzen Kette weiterer Gedanken, d.h. zu einem regelrechten Pläneschmieden. Z.B. kann der bloße Klang eines Namens, der einem irgendwo begegnet, dem Autor die Inspiration für eine ganz bestimmte Figur vermitteln, die sich auf Anhieb lebendig anfühlt, auch wenn man ihre Lebensgeschichte erst noch erfahren, bzw. ersinnen muss. Alternativ kann die Idee eine neue fiktive Rasse, ein Land mit einem bestimmten politischen oder gesellschaftlichen System, einen Schauplatz, ein magisches Artefakt oder einen Handlungsstrang betreffen. Gar nicht so selten ist die Möglichkeit, dass sich die Idee binnen kurzer Zeit zu einer fast vollständig ausgereiften Geschichte auswächst.

Im Idealfall kann man sich, gerade wenn man sich über die Prämisse und den grundlegenden Inhalt seines nächsten Buchprojektes erst einmal im Klaren ist, manchmal kaum noch vor neuen Ideen retten, da einem diese überall begegnen. Und da eine Idee, wie erwähnt, für den Romanschriftsteller das kostbarste Gut überhaupt darstellt, besteht seine größte Sorge anschließend darin, dass sich der Gedanke ebenso schnell, wie er gekommen ist, wieder aus dem Staub machen und wie ein Nebelphantom verflüchtigen könnte. Was uns wiederum zum nächsten Stichwort führt.

Werden Sie ein Sammler!

Nehmen wir die Situation, dass sich eine Idee in Ihre Gedanken schiebt, nach Aufmerksamkeit verlangt und damit droht, andernfalls die Koffer zu packen und für immer zu verschwinden. In diesem Fall heißt die Devise: Schreiben Sie die Idee auf – egal worauf, aber von Bedeutung ist, *dass* Sie sie aufschreiben! Ein kleines Notizbuch, ein Zettel, ein Bierdeckel oder die Rückseite einer Rechnung tun allesamt ihren Zweck. Auch die moderne Technik – Handy, Diktiergerät usw. – kann hier eine gute Hilfe leisten.

Eine der Eigenheiten unwillkürlich aufgestiegener Ideen besteht darin, dass sich diese nur in den seltensten Fällen für dasjenige Kapitel eignen, mit dem der Autor gerade beschäftigt ist. Dies liegt darin begründet, dass die Handlungsskizze für die gegenwärtige Arbeit bereits abgeschlossen ist und der Autor seine Antenne daher sozusagen auf zukünftige Projekte ausrichtet. Aus diesem Grund sollte man sich zunächst einmal nicht lange damit aufhalten, jeden Gedanken, von dem man glaubt, dass er einem zu einem späteren Zeitpunkt von Nutzen sein könnte, exakt zu katalogisieren oder bewusst weiterzuspinnen. Vielmehr sollte man es bei einem *Brainstorming* belassen, d.h. man sollte sich damit begnügen, die neuen Ideen festzuhalten, aufzuschreiben und das Blatt oder das Dokument anschließend erst einmal beiseitezulegen. Will sagen: raus aus dem Kopf mit der Zukunftsmusik, denn der Fokus sollte in erster Linie immer auf dem gegenwärtigen, aktuellen Projekt liegen!

Fassen wir noch einmal zusammen:

1. Ideen sind das Lebenselixier des Romanschriftstellers. Wenn dieser erst einmal eine entsprechende Sensibilität entwickelt hat, können die hilfreichen Gedanken ihn wahrlich immer und überall, d.h. bei jeder passenden oder weniger passenden Gelegenheit, ereilen.

2. Jede dieser Ideen hat das Potential, ein Baustein zu einem wirklich großartigen Werk zu sein und sollte vom Autor daher wie eine Kostbarkeit behandelt werden. Da die Ideen in der Regel für künftige Projekte in Frage kommen, gilt es, sie zunächst einmal in eine *Notiz* umzuwandeln. Dies sollte so schnell wie möglich geschehen, da Ideen sich rasch wieder verflüchtigen können.

3. Diese Notizen können fürs Erste ungeordnet bleiben. Wesentlich ist nur, dass ihr Urheber sie jederzeit wieder hervorholen und für seine Zwecke verwenden und bearbeiten kann – ganz wie ein Bildhauer, der in einem Lagerraum ausgewählte Rohlinge hortet und sie zu gegebener Zeit in sein Atelier mitnimmt, um mit ihrem Feinschliff zu beginnen.

Mit anderen Worten: betätigen Sie sich als *Sammler*, als Sammler Ihrer Ideen und Notizen! Je mehr Sie davon besitzen, desto besser.

Was Sie mit Ihren Notizen weiter anstellen

Was das Verwalten der besagten Notizen angeht, so muss jeder Schriftsteller mit der Zeit seinen eigenen Weg und seine eigene Methodik finden. Denn schließlich genügt es ja, wenn allein *er* mit der Aufzeichnung seiner Ideen vertraut ist und in der Lage ist, sie irgendwann zur weiteren Verwendung hervorzuholen und in etwas Nützliches zu verwandeln.

Viele aktive Autoren beschäftigen sich gedanklich immer mit mehreren Projekten gleichzeitig. Allerdings gilt es zu differenzieren: bei der eigentlichen *Schreibarbeit* darf die Konzentration ausschließlich auf dem aktuellen Roman liegen, da alles andere die Arbeit unnötig erschweren und unweigerlich zu Lasten der Qualität gehen würde. Eine einmal angefangene Arbeit sollte man konsequent zu Ende führen und keinesfalls ohne Not unterbrechen! Neben der Niederschrift existieren jedoch die Arbeitsbereiche *Vorbereitung* (auf das nächste Projekt) und *Korrektur* (eines bereits zu Ende getexteten Werkes).

Wenn man sich als Romanschriftsteller in der Situation befindet, dass man konkrete Projekte anvisiert hat, dann gilt die Grundregel, dass man neue Ideen erst einmal völlig ungeordnet und zusammenhanglos notieren sollte, nicht mehr uneingeschränkt. Vielmehr empfiehlt sich nunmehr folgende Optimierung, bzw. Effizienzsteigerung: der Autor kann die neuen Ideen sogleich unter seine geplanten Projekte, Überschriften, Themenfelder, Ereignisse, Schauplätze oder Kapitel subsumieren. Dies spart einem das spätere Sortieren und Katalogisieren der Notizen und trägt erheblich zur Arbeitserleichterung bei. Im Idealfall verfügt der Autor, wenn er sich dem entsprechenden Projekt irgendwann widmet, bereits über so viel Notizen, dass sich dieses sozusagen von alleine schreibt, da er die verschiedenen Stichpunkte lediglich noch auszuformulieren braucht.

Gehen wir zur Veranschaulichung dieser Systematik einmal davon aus, dass Ihnen eine gute Idee bezüglich der Ausgestaltung einer Kampf- oder Schlachtenszene einfällt. Wenn Sie sich den Plot Ihres nächsten Projektes, eines High Fantasy-Romans, vor Augen führen, dann wissen Sie, dass dort die Schilderung einiger Schlachten vorgesehen ist. Also begeben Sie sich in Ihrem Notizbereich zu dem entsprechenden Punkt der bereits bestehenden Handlungsskizze und ordnen diesem die neue Idee stichwortartig unter.

Nehmen wir weiter an, dass Ihr nächster Gedanke einen ausgesprochen witzigen Einfall, eine humoristische Szene oder einen originellen Streich oder Schabernack beinhaltet. Solcherlei ist einer Ihrer anvisierten Figuren wie auf den Leib geschneidert. Da das zugehörige Romanprojekt noch über keine detaillierte Gliederung verfügt, ordnen Sie die Szene vorläufig keinem bestimmten Kapitel oder Ereignis zu. Stattdessen machen Sie sich einfach bei der Figur die entsprechenden Notizen.

Drittes Beispiel: eine Ihrer Ideen beinhaltet einen vollständigen Handlungsstrang oder einen Subplot. Sagen wir, es geht in dem Konflikt um Verrat, die Flucht des Protagonisten und dessen spätere Rache mithilfe von Magie. Jetzt stellt sich die Frage: wo bringen Sie diesen Gedanken unter? Da die Dramaturgie Ihres nächsten Werkes bereits weitgehend feststeht, erkennen Sie näherer Betrachtung, dass die Idee nicht so recht dazu passen will. Allerdings besitzen Sie bereits eine vage Vorstellung davon, in absehbarer Zeit ein Urban Fantasy-Projekt anzugehen, das noch über ausreichend vakante Stellen verfügt. Folglich bringen Sie Ihre Gedanken erst einmal ausführlich zu Papier, legen Sie unter der Überschrift „Zukünftiges" ab und versehen sie zusätzlich mit dem Klammervermerk „Urban Fantasy-Buch?". Auf jeden Fall sind sie jetzt gesichert, vorsortiert und gehen garantiert nicht wieder verloren.

Gleich welcher Systematik Sie sich zur Ablage und weiteten Verwendung Ihrer Notizen Sie sich auch bedienen – Sie sollten eine haben, mit der Sie sich zurechtfinden können. Halten Sie Ihre Ideen in schriftlicher Form fest und ordnen Sie diese, wenn die Zeit dafür reif ist, einzelnen Projekten, Kapiteln und Szenen unter – frei nach dem Motto *Vom Abstrakten zum Konkreten*.

5. Die Prämisse (der Hauptplot)

<u>Die Bestandteile der Prämisse</u>

Nehmen wir an, dass Sie sich darüber im Klaren sind, in welchem Subgenre der Fantasy Ihr Werk angesiedelt sein soll, und dass Sie mittlerweile über genügend Ideen und vielleicht sogar komplett ausgearbeitete Handlungsstränge verfügen. Somit ist es an der Zeit, Ihrer Geschichte erste Konturen zu verpassen. Diesen Prozess beginnt der Romanautor damit, dass er die sogenannte *Prämisse* – die auch als *Hauptplot* bezeichnet wird – verfasst. Diesem allerersten Schritt kommt größte Bedeutung zu, denn die Prämisse stellt fortan die Basis, bzw. der rote Faden dar, an dem sich der Autor beim Weltenbau, der Erfindung der Charaktere, der Chronologie der Handlung und allen anderen Bereichen seiner späteren Arbeit orientieren und entlanghangeln wird. Was genau verstehen wir nun unter einem *Plot* im Allgemeinen, und welche Arten gilt es zu unterscheiden?

Generell ist der Plot eine stichwortartige, chronologische Aufzählung aller Ereignisse, die der Autor für seine Geschichte plant. Diese Definition trifft insbesondere auf den *normalen Plot* zu, der möglichst detailliert und ausführlich gehalten ist und mit dem wir uns in einem späteren Kapitel beschäftigen werden. Zu diesem frühen Zeitpunkt des Arbeitsprozesses, da noch nicht alle notwendigen Informationen über Figuren und Hintergrund vorhanden sind, legen wir unsere Konzentration zunächst auf den Hauptplot.

Die Prämisse/der Hauptplot ist quasi die Grundidee, über die der Autor in Hinblick auf sein Buchprojekt verfügt. Sie ist die grobe Zusammenfassung all dessen, was geschehen soll, in einem Satz oder in sehr wenigen Stichpunkten. In der Regel besteht sie aus drei Teilen:

1. Die Bezeichnung der Ausgangssituation der Geschichte und des zentralen Konfliktes
2. Die Beschreibung der wesentlichen Bemühungen der Protagonisten, den Konflikt aufzulösen
3. Der Höhepunkt und die Auflösung des zentralen Konfliktes.

Wichtig ist bei der Erarbeitung dieser einzelnen Punkte, bzw. Handlungsschritte, dass diese nach dem Prinzip von Ursache und Wirkung in einem kausalen Zusammenhang zueinander stehen, d.h. das Ende der Geschichte muss die logische Folge dessen sein, was zuvor passiert ist.

Jeder Spannungsroman verfügt über eine einzige Prämisse, d.h. ein einziges, herausragendes Handlungsgerüst und eine vorherrschende Intention. Mehrere, gleichberechtigt nebeneinander existierende Prämissen sind zwar theoretisch denkbar, in der Praxis jedoch nur schwerlich umsetzbar und dem Leser zu vermitteln. Stattdessen ist das Verwenden von *Neben-* oder *Subplots* eindeutig vorzuziehen (siehe dazu Kapitel über den normalen Plot).

<u>Wie geht man an die Prämisse heran?</u>

Das Thema *Konflikt* werden wir später noch aus verschiedenen Blickwinkeln betrachten. Da wir jedoch bei der Prämisse den Wert des sogenannten *zentralen Konflikts* betont haben, wollen wir hierzu vorab einige Erläuterungen geben.

Konflikte treten in einer literarischen Geschichte dann auf, wenn die agierenden Figuren vor Probleme und Hindernisse gestellt werden. Das größte und umfassendste dieser Hindernisse, anhand dessen sich beispielsweise entscheidet, ob die Welt unter eine Schreckensherrschaft fällt oder aber sich dagegen erwehren kann, bezeichnet man als den zentralen Konflikt. Ein solcher – sowie dessen letztendliche Auflösung – bildet den Kern eines jeden guten Romans und so auch eines jeden Werkes, das dem Fantasy-Genre angehört.

Der erste Schritt zu Ihrer Prämisse besteht nunmehr darin, dass Sie sich über die Ausgangssituation Ihrer Geschichte (Einzelheiten der Welt und der darin lebenden Völker, persönliche Situation der Protagonisten usw.) sowie den zentralen Konflikt, der die Welt und die darin lebenden Figuren erschüttert, bewusst werden. Wie wir beim Thema Ideen weiterhin festgestellt haben, kann der ursprüngliche Anstoß für einen Roman ein einziger Gedanke, ein Name, ein Szenario, das so noch niemand zu Papier gebracht hat, oder eine bestimmte Intention, die der Autor dem Leser vermitteln möchte, sein. Diese Kernidee kann zusätzlich ein integraler Bestandteil der Prämisse sein.

Der zweite Schritt besteht anschließend darin, dass Sie sich darüber Gedanken machen, auf welche Weise die Protagonisten den ihnen gestellten Aufgaben begegnen wollen. Welches zielgerichtete Handeln ist erforderlich, um letzten Endes erfolgreich zu sein?

Der dritte Schritt beinhaltet die Überlegung, wo die Geschichte letzten Endes hinführen und wie der Höhepunkt, bzw. die Auflösung des Dilemmas (des zentralen Konflikts) aussehen soll.

Wenn Sie erst einmal so weit gekommen sind, dann haben Sie bereits alle Zutaten, die Sie für Ihre Prämisse/Ihren Hauptplot benötigen. Alles weitere, was Ihnen an Ideen, Konflikten,

Handlungsinhalten und Facetten zu diesem frühen Zeitpunkt einfällt, verbannen Sie fürs Erste in Ihren Notizbereich. Diese Elemente dienen später dazu, den normalen Plot auszufüllen und Ihr Buch mit Leben und Spannung zu füllen.

Fassen wir zusammen. Die Prämisse besteht aus einer prägnanten Skizze, sozusagen einem groben Gerüst, auf der die Romanhandlung basieren soll. Darin enthalten sind zunächst einmal die Ausgangssituation, der zentrale Konflikt und die Grundidee, also in der Regel diejenigen Elemente, die Sie zu Ihrer Geschichte bewogen haben. Darüber hinaus sollte der Autor bereits eine grobe Ahnung besitzen, in welche Richtung sich die Geschichte entwickeln soll und welche Protagonisten darin eine wesentliche Rolle spielen. Besteht der Schwerpunkt der Geschichte beispielsweise in abenteuerlichen Reisen, mysteriösen Rätseln, großen Schlachten, politischen Intrigen oder dem Erlernen eines magischen Systems? Der abschließende Teil der Prämisse besteht schließlich in dem Höhepunkt und der Auflösung des zentralen Konflikts. Dabei kann es sich um eine finale Schlacht handeln, das Ergebnis einer Suche, eine überraschende Wendung gleich welcher Art, die Lösung eines geheimnisvollen Rätsels, einen Zweikampf usw.

Ein weiterer Bestandteil der Prämisse kann ferner die persönliche Entwicklung der Protagonisten sein, sofern diese für die gesamte Geschichte und den zentralen Konflikt von hoher Bedeutung ist. Letzten Endes sollten Sie in Ihre Prämisse alle diejenigen Ideen, Elemente und Aussagen aufnehmen, die Ihnen besonders am Herzen liegen und die Sie für Ihre Geschichte, bzw. Ihr Romanprojekt, als grundlegend und unverrückbar erachten.

Man könnte die Prämisse eines Spannungsromans auch als eine Art mathematischen Dreisatz begreifen, etwa nach der Formel:

Prämisse = Welt, bzw. Hauptfigur, die in Schwierigkeiten gerät (zentraler Konflikt) + Suche der Protagonisten nach einer Überwindung dieser Schwierigkeiten mithilfe aller Mittel, die ihnen zur Verfügung stehen + Höhepunkt und (erfolgreiche) Auflösung des zentralen Konflikts. Man spricht auch von den drei Schritten *Exposition* (Beschreibung des Konfliktes), *Eskalation* (Versuch, den Konflikt zu überwinden), *Resolution* (Auflösung des Konfliktes).

<u>Klassische Beispiele für die Prämisse</u>

Die Prämisse eines High Fantasy-Romans könnte dergestalt aussehen:
1. Ein kriegerisches Volk bedroht mit einer gigantischen Armee den Frieden in der Welt und will eine Tyrannei errichten.
2. Die Helden der Geschichte gehen auf eine Reise, um magische Artefakte oder andere starke Waffen in die Hände zu bekommen und nach Verbündeten zu suchen.
3. Gemeinsam besiegen die freien Völker die Aggressoren in einer großen Schlacht.

Die Prämisse eines All-Age-Fantasy-Romans könnte auf folgende Weise gestrickt sein:
1. Ein Bösewicht, der über besondere Fähigkeiten verfügt, schmiedet insgeheim üble Pläne und will die Weltherrschaft an sich reißen.
2. Der jugendliche Held, der als einer von wenigen die Gefahr erkennt, lässt sich von einer geheimen Gesellschaft oder in einer Parallelwelt zu einem Magier, Kämpfer, Drachenreiter o.ä. ausbilden.
3. Mithilfe seiner neuen Fähigkeiten bezwingt der Held den Übeltäter in einem Duell.

Ein Vampir-Fantasy-Roman könnte eine Prämisse der folgenden Bauart aufweisen:
1. Eine junge Frau und ein Vampir erkennen ihre Zuneigung zueinander. Die Beziehung wird von allen Seiten abgelehnt, und die Liebenden werden zu Jagdobjekten. Gleichzeitig tritt eine externe Bedrohung auf, z.B. Werwölfe, Monster, faschistoide Menschen usw.
2. Die Helden sind einerseits auf der Flucht und suchen andererseits nach Unterstützung für den Kampf gegen die bösen Mächte.

3. Die Helden können die Gefahr für die Welt anhand ihrer verschiedenen Fähigkeiten aufhalten. Der Vampir verwandelt die Protagonistin ebenfalls in seinesgleichen/die beiden bleiben trotz aller Widrigkeiten so, wie sie sind/das ungleiche Paar muss sich tragischerweise trennen.

Die o.g. Ausführungen sind prägnant gehalten und rein exemplarischer Natur. Sie können von Ihnen demnach selbstverständlich beliebig erweitert und für andere Fantasy-Subgenres angepasst werden. Wichtig ist, dass Sie die Grundidee, d.h. den grundlegenden Aufbau der Prämisse verinnerlicht haben: 1.Exposition, 2.Eskalation, 3.Resolution. Wenn dies der Fall ist, dann werden Sie keine Schwierigkeiten damit haben, eine entsprechende Gliederung für Ihr eigenes Werk aufzustellen.

<u>Warum die Prämisse unverzichtbar ist und worauf Sie bei mehrteiligen Romanen achten müssen</u>

Das stichwortartige Grundgerüst, das die Prämisse darstellt, mag auf den ersten Blick knapp bemessen oder sogar banal erscheinen, stellt für den Autor tatsächlich jedoch eine unverzichtbare Orientierungshilfe dar. Während die einzelnen Handlungen und Geschehnisse, die innerhalb des (normalen) Plots ausgearbeitet werden, flexibel und austauschbar sind, so bleibt die Prämisse vom Anfang bis zum Ende des Arbeitsprozesses an einem Roman bestehen. Somit ist sie im Zweifelsfall immer in der Lage, dem Autor den Weg zu weisen, d.h. sie macht ihn stets darauf aufmerksam, wo der Schwerpunkt seiner Geschichte liegt und wohin sich diese bewegen soll.

Wie bereits erwähnt, ist die Prämisse deshalb unverzichtbar, da Sie im Verlauf Ihrer Arbeit immer wissen müssen, wohin Ihre Geschichte steuert. Nur so können Sie nach passenden Ideen suchen und nach und nach diejenigen Figuren, Konflikte, Handlungsabläufe und Hintergrunddetails ersinnen, die Sie für den Aufbau und den Feinausbau ihres Romans benötigen. Wer sein Ziel stets vor Augen hat, der wird mit Gewissheit auch einen Weg dorthin finden! Verfügt ein Autor hingegen über keine Prämisse, schreibt wahllos drauflos und reiht einzelne Handlungsschnipsel beliebig aneinander, so läuft er fortwährend Gefahr, sich zu verzetteln, und wird sich äußerst schwertun, Handlungsdichte zu erzeugen und eine packende Dramaturgie zu entwickeln.

Stellen Sie am Ende Ihrer Prämisse fest, dass diese höchstwahrscheinlich einen zu umfangreichen Stoff für nur ein einziges Buch bieten dürfte, so können Sie sich jetzt schon darüber Gedanken machen, ob Sie mehrere Bände verfassen möchten. In diesem Fall haben Sie zwei Möglichkeiten: entweder Sie belassen es bei einer einzigen Prämisse für das Gesamtwerk, schreiben Ihre Geschichte entsprechend nieder und teilen diese dann in mehrere gleichlange Teile, sodass jedes der einzelnen Bücher über eine sinnvolle Seitenzahl verfügt. In diesem Fall haben Sie einen klassischen Mehrteiler erschaffen (z.B. eine Trilogie), in der jeder Band für sich allein genommen unvollständig bleibt und nur in Gemeinschaft mit den anderen Büchern eine abgerundete und abgeschlossene Geschichte ergibt.

Alternativ haben Sie die Möglichkeit, für jeden der anvisierten Bände eine eigene Prämisse zu verfassen. Dies hat in der Regel zur Folge, dass jeder einzelne Teil des Gesamtprojektes über ein schlüssiges Ende, bzw. eine in sich abgeschlossene Geschichte verfügt und nicht unbedingt in Zusammenhang mit den anderen Büchern gelesen werden muss. Hier spricht man von *Fortsetzungsromanen*, was mitunter zur Erschaffung ganzer Zyklen führt.

6.Erschaffen Sie Helden und Schurken, die keiner wieder vergisst!

<u>Was einen packenden Charakter ausmacht</u>

Figuren, die in der Fantasie des Lesers lebendig werden, sind der wahre Stoff, aus dem ein Roman gemacht wird. Dabei liegt der Fokus des Lesers naturgemäß in erster Linie auf den Hauptfiguren, d.h. den Protagonisten, da er diese die meiste Zeit über begleitet, die Geschichte aus deren Perspektive wahrnimmt und auf diese Weise eine enge Bindung mit ihnen eingeht. Was die Volkszugehörigkeit der Figuren anbelangt, so spielt diese eine untergeordnete Rolle, denn letztendlich verfügen sämtliche phantastischen Wesen, die eine Fantasy-Welt gemeinhin bevölkern, über ähnlich gestrickte Verstandes- und Charaktereigenschaften wie ein realer Mensch. Folglich kann sich der Leser potentiell ebenso mit einem Elben, einem Hobbit oder einem Vampir identifizieren.

Was ist es nun, was einen starken Protagonisten, also die Figur, um die sich die Romanhandlung rankt, vor allen Dingen auszeichnet? Hierzu gilt es zuallererst zu wissen, dass Leser das Außergewöhnliche anstatt das Alltägliche lieben und mit den Helden, deren Weg sie begleiten, Dinge erleben wollen, die ihnen ihr wirkliches Leben wohl auf ewig vorenthalten wird. Kurzum: der Leser will, während er in die Romanwelt abtaucht, in seiner Vorstellung über Eigenschaften verfügen, Erfahrungen machen und Taten vollbringen, die ihm in der realen Welt unmöglich sind. Aus diesem Grund lautet die erste Regel, dass eine Romanfigur in jeder Hinsicht extremer als eine wirkliche Person sein muss. Nur auf diese Weise ragt sie unter all den realen und fiktiven Charakteren hervor, die dem Leser in seinem Leben begegnen, und schafft es, sich in seinem Gedächtnis zu verankern.

Eine Elbin muss daher weitaus schöner als jeder erdenkliche Mensch sein, und ein Ork oder ein anderes Ungeheuer so hässlich und abstoßend, dass dies jegliche Vorstellungskraft sprengt. Eine andere Figur mag überaus stark oder schwach, mutig oder ängstlich, vornehm oder rüde, barmherzig oder rachsüchtig, gierig oder faul sein – auf alle Fälle müssen ihre dominierenden Eigenschaften unübersehbar, ja fast schon übertrieben ausfallen. Der Autor sollte sich nämlich darüber bewusst sein, dass der Leser dazu neigt, jede Figur auf wenige herausragende Eigenschaft zu reduzieren. Dies ist dem menschlichen Naturell geschuldet, Sachverhalte und Dinge zu vereinfachen, zu klassifizieren und zu kategorisieren und geschieht ganz zwangsläufig. Geralt von Riva ist ein schwertschwingender Hexer mit weißem Haar, Harry Potter ein talentierter Zauberer mit einer Narbe im Gesicht, Frodo ein kleiner Hobbit mit einem Zauberring, der ihn unsichtbar machen kann usw.

Ein weiterer ganz wesentlicher Punkt ist die (intrinsische) Motivation der Protagonisten. Großartige Figuren müssen kontrastreich und vielseitig beschaffen sein und keinesfalls stereotyp und vorhersehbar. Sie müssen zu jedem Zeitpunkt der Geschichte für Überraschungen gut sein und stets die Vor- und Nachteile ihrer Handlungsmöglichkeiten abwägen. Nichtsdestotrotz verfolgt sie ein bestimmtes Ziel, das sie beseelt und in ihnen ein brennendes Verlangen erzeugt. Diese Leidenschaft stellt sozusagen die Triebfeder ihrer Handlungen dar. Reale Menschen sind zuweilen wankelmütig und neigen dazu, ihre Meinungen, Absichten, Neigungen und Gefühle hin und wieder zu wechseln. Eine starke Romanfigur hingegen kann sich im Verlauf der Geschichte anhand ihrer zugewonnenen Informationen und Erfahrungen sehr wohl entwickeln und einige ihrer Ansichten überdenken. Ihr Wesenskern wird jedoch unverändert bleiben, ebenso wie sie an ihren Wünschen und Absichten bis zuletzt festhalten wird.

Stellen Sie sich daher bzgl. Ihrer Protagonisten zunächst folgende beiden Fragen:
-Über welche auffälligen Eigenschaften (Aussehen, Wesenszüge, Fähigkeiten usw.) verfügt die Figur?
-Was treibt sie an, was will sie unbedingt erreichen (Leidenschaften, Ziele, Motivationen)?

<u>Der Grundsatz der Maximalen Kapazität</u>

Hauptfiguren zeichnen sich in der Regel durch ein hohes Maß an Aktivität aus, d.h. sie brauchen so gut wie keine Erholung, Ruhezeit oder Schlaf. Stattdessen sind sie fortwährend damit beschäftigt, zu agieren, zu kommunizieren, zu planen, zu denken und zu fühlen. Demgemäß sollten Sie sich als nächstes ein ganz wesentliches Prinzip einprägen, das da lautet: *Maximale Kapazität.*

Der Grundsatz, dass ein Charakter immer am Rande (und niemals unterhalb) seiner Maximalen Kapazität agieren sollte, bedeutet

1. dass er die Verfolgung seiner Ziele und Ideale unter keinen Umständen jemals aufgeben wird und
2. dass er zu diesem Zweck alle ihm zur Verfügung stehenden Mittel aufbieten wird und zwar ohne Rücksicht auf eigene Verluste.

Es mag im Verlauf der Geschichte vorkommen, dass die Figur vorgibt, sich in ihr Schicksal zu fügen und sich mit einer Niederlage abzufinden, doch wird sie in ihrem Eifer und ihren Bemühungen in Wahrheit niemals innehalten. Ganz gleich, wie viel Entmutigendes dem Helden auch widerfährt, wie viele Opfer er bringen muss oder wie aussichtslos sein Unterfangen erscheinen mag – entweder er gelangt schlussendlich zum Erfolg oder er geht bei dem Versuch, den Sieg zu erlangen, zugrunde. Frei nach dem Zitat von Bertold Brecht. „Wer kämpft, kann verlieren. Wer nicht kämpft, hat schon verloren!" Insofern sind die Protagonisten in einem deterministischen Gefüge gefangen. Solche starken Charaktere üben auf den Leser eine große Faszination aus und garantieren dafür, dass die Spannung bis ans Ende der Geschichte anhält.

In einem Fantasy-Roman geraten die heldenhaften Charaktere von einer prekären Gefahrensituation in die andere, nehmen strapaziöse Reisen auf sich, sehen Freunde und Gefährten sterben und stehen in ihrem Kampf gegen die Mächte der Dunkelheit dennoch scheinbar auf verlorenem Posten. Aber denken sie deshalb daran, ihren Widerstand aufzugeben, die Waffen zu strecken und sich in das Unvermeidliche zu fügen? Keine Chance! Weder drohender Tod, schwer ertragbare Verluste, Bestechungen, Verlockungen, Krankheiten, Verletzungen oder andere negative Dinge können ihre Meinung ändern und sie ihres Mutes berauben.

Die Regel, dass eine Figur immer an der Grenze ihrer Maximalen Kapazität agieren sollte, bedeutet mitnichten, dass sie in jeder Situation zwangsläufig am stärksten, schnellsten oder intelligentesten sein muss. Das würde einem der Leser nicht abnehmen. Vielmehr ist damit gemeint, dass sie stets bestrebt sein sollte, ihr individuelles Potential voll auszuschöpfen. Wird beispielsweise ein Held mit überragenden körperlichen Fähigkeiten von ein paar Feinden in die Enge getrieben, so kann der Leser mit Fug und Recht erwarten, dass die Figur sich ihren Weg unter Einsatz von Muskelschmalz freiräumt. Geraten jedoch körperlich unterlegene Wesen, wie z.B. Kinder, Hobbits oder ein weiblicher Charakter, in eine ähnliche Lage, so wären wohl eher listenreiches Vorgehen, Geschicklichkeit oder ein findiger Zauber angebracht. Ausnahmen sind immer denkbar – gleichwohl ist es wesentlich, dass die Figur mit ihrem Handeln stets im Rahmen der Möglichkeiten bleibt, die ihr gegeben sind und die der Leser als glaubhaft und angemessen empfindet.

Wenn Sie sich an einem bestimmten Punkt nicht ganz sicher sein sollten, wie Ihr Protagonist sich verhalten sollte, um dem Prinzip der Maximalen Kapazität zu genügen und sich den Beifall des Lesers zu verdienen, dann empfiehlt es sich, alle denkbaren Handlungsalternativen der Reihe nach durchzuspielen. Was könnte er theoretisch tun, und welches Ergebnis hätte das jeweils zur Folge? Anschließend entscheiden Sie sich für diejenige Alternative, die Ihnen am besten gefällt und die Ihrer Meinung nach am eindrucksvollsten ist. Dabei können Sie sich an folgenden Fragen orientieren: Was könnte die Figur unternehmen, was noch einfallsreicher, packender und überraschender wäre? Und welche der verschiedenen Varianten charakterisiert die Figur als besonders aktiv, dynamisch und handlungsfreudig? Im Zweifel sollte der Autor um Abwechslung bemüht sein, sodass nicht jede Situation auf die identische Weise bewältigt wird.

<u>Was einen unvergesslichen Helden ausmacht</u>

Figuren erfüllen einen Roman mit Leben, und dies gelingt ihnen besonders gut, wenn sie selbst möglichst *lebendig* beschaffen sind. Damit ist gemeint, dass der Leser die Protagonisten – ganz gleich, ob es sich dabei um Menschen oder beliebige phantastische Wesen handelt – im Verlauf der Geschichte so gut kennen lernen muss, dass er das Gefühl bekommt, sie schon ihr ganzes Leben lang begleitet zu haben. Der Leser muss die Motive der Hauptfiguren verstehen, über ihre Stärken und Schwächen Bescheid wissen und ihr Handeln, Fühlen und den Prozess Ihrer Entscheidungsfindung nachvollziehen können. Eine lebendige Figur zeichnet sich dadurch aus, dass sie nicht stereotyp, sondern dreidimensional beschaffen ist und neben ihren Stärken auch menschliche Schwächen aufweist. Auf diese Weise kann sie beim Leser einen hohen Grad an Identifikation und Sympathie erzielen.

Stereotype Figuren kommen in jedem Roman zuhauf vor, doch handelt es sich bei ihnen lediglich um Neben- oder Randfiguren. Sie fallen dadurch auf, dass sie nur über eine einzige bemerkenswerte Eigenschaft verfügen und ihr Agieren gänzlich darauf beschränken. Außerdem hat der Leser niemals an ihren inneren Konflikten teil. Sie sind eindimensionale Charaktere, die über wenig Tiefe verfügen, kaum einmal überraschendes Handeln an den Tag legen und bei denen der Leser daher stets im Voraus weiß, wie sie sich verhalten werden.

Die Aufgabe des Autors ist es demnach, möglichst lebendige, tiefgründige und facettenreiche Figuren zu erschaffen, die den Leser dazu anregen, mit ihrem Schicksal mitzufiebern, und die dem Roman durch ihr Mitwirken eine einzigartige Note verleihen. Der wichtigste Schritt, um dieses Ziel zu erreichen, besteht darin, dass der Autor selbst seine Protagonisten so gut wie möglich kennen lernt, indem er für jeden von ihnen eine lückenlose Biografie verfasst. In diesem Lebenslauf sollten alle Aspekte enthalten sein, die für das Verständnis der späteren Anschauungen, Emotionen und Handlungen der Figur von Bedeutung sind. Ist die Figur innerhalb der Geschichte besonders ehrgeizig, verantwortungsvoll, misstrauisch, miesepetrig, hilfsbereit, gerecht oder was auch immer, so sollte es in ihrer Vergangenheit eine vernünftige Erklärung dafür geben. Handelt es sich bei ihr um einen herausragenden Schwertkämpfer, so wurde ihr sicherlich irgendwann ein ausführliches Training zuteil oder aber sie war aufgrund schwieriger Lebensumstände gezwungen, sich den Umgang mit Waffen selbst beizubringen und entsprechende Erfahrungen zu sammeln. Ein begnadeter Magier mag entweder jahrelangen Unterricht in der Materie erhalten haben oder aber durch eine besondere Begabung gesegnet sein. In letzterem Fall wäre es für den Leser interessant zu erfahren, wann und wie sich dieses Talent erstmals offenbart hat.

Auf diese Weise sollte der Autor zu jeder seiner Hauptfiguren eine detaillierte Lebensgeschichte verfassen mit dem Ziel, jede vernünftige Frage beantworten zu können, die einem zu der Figur einfallen könnte, insbesondere in Hinblick auf ihr mögliches Handeln in einer bestimmten Situation. Stellen Sie sich z.B. vor, dass eine ihrer Figuren eine wehrlose Person sieht, die von einem Ungetüm oder ein paar marodierenden Soldaten angegriffen wird. Wird die Figur daraufhin selbstlos in die Auseinandersetzung eingreifen oder wird sie eher wegschauen und sich um ihre eigenen Geschäfte kümmern, um ihr höheres Ziel nicht zu gefährden? Oder nehmen wir einen Zauberer, der zur Verwendung Schwarzer Magie verführt wird. Wird die Figur der Versuchung höchstwahrscheinlich erliegen oder nicht? Und in letzterem Fall: wird sie ihren Prinzipien immer noch die Treue halten, wenn sie mithilfe dieser verbotenen Künste die Rettung ihrer Freunde oder ihres Volkes bewerkstelligen könnte? Die Grundlage für solcherlei Gewissensentscheidungen liegt in ihrem Charakter und ihrer Lebensgeschichte begründet.

Das Erforschen Ihrer eigenen Figuren sollte des Weiteren dreidimensional, also auf drei Ebenen erfolgen: auf der physiologischen, der soziologischen und der psychologischen. Die physiologische Komponente umfasst Rasse, Alter, Größe, Aussehen, körperliche Merkmale, Gesundheitszustand usw. Hierbei sollte man sich darüber bewusst sein, dass jede einzelne dieser Eigenschaften von großer Bedeutung ist und das Potential hat, das spätere Handeln und Erleben der Romanfigur zu beeinflussen. Auch die Wahrnehmung des Protagonisten durch andere Figuren ist davon abhängig. Die soziologische Ebene beinhaltet, unter welchen Umständen die Figur aufgewachsen ist, welche äußeren (z. B. politischen, religiösen oder gesellschaftlichen) Bedingungen sie geprägt haben, welcher Art ihre Familie und Freunde waren usw. Der Charakter einer Person wird maßgeblich durch das soziale Klima und das Milieu, in dem sie aufwächst, geformt. Es gilt: erst wenn Autor und Leser die Entwicklung einer Figur von Grund auf kennen sind die Beweggründe für deren Handeln und Empfinden gänzlich zu verstehen. Die psychologische Dimension schließlich ist die Synthese, bzw. das Resultat der beiden anderen Bereiche. Hierzu gehört die Auflistung von möglichen Angewohnheiten, Emotionen, Motivationen, Ängsten, Sehnsüchten, Empfindlichkeiten und überdies von besonderen Fähigkeiten und Talenten.

Selbstverständlich kann sich eine Figur im Verlauf der Geschichte aufgrund ihrer darin gemachten Erfahrungen und möglicherweise neu hinzugewonnenen Eigenschaften und Fähigkeiten entwickeln. Da der Leser an diesem Prozess jedoch teilhat, bleiben für ihn die Handlungsmotive und Entscheidungsgrundlagen der Figur auch in diesem Fall stets nachvollziehbar.

<u>Der Zauber der Identifikation</u>

Wenn Sie darüber nachdenken, welche Art von Protagonist sich für Ihre Geschichte eignet, so hängt dies auch von der Zielgruppe ab, die Sie mit Ihrem Roman erreichen wollen, sowie dem Subgenre, in dem Sie sich bewegen. Planen Sie einen High Fantasy-Roman oder eine kampfbetonte Low Fantasy-Saga für Erwachsene, so könnte es sich bei dem Helden beispielsweise um einen großen Krieger, einen mit allen Wassern gewaschenen Abenteurer oder einen erfahrenen Zauberer handeln. Haben Sie sich hingegen für die All Age-Fantasy entschieden und möchten ein jüngeres Publikum bedienen, so bietet sich als Held eher eine jüngere Person an, bzw. eine solche, mit der sich jüngere Leser leichter identifizieren können.

Auch auf das Finden eines geeigneten Namens für die Figur sollten Sie eine ausreichende Sorgfalt aufwenden. Die Namenssuche ist ein ganz wichtiger Punkt und spielt für späteren Erfolg eines Romans eine keineswegs zu unterschätzende Rolle. Nicht wenige Romane oder Sagas sind schließlich sogar nach der Hauptfigur benannt. Der Name sollte auf alle Fälle gut auszusprechen und einprägsam sein, sodass ihn der Leser so schnell nicht wieder vergisst. Außerdem sollte er zu dem Charakter passen, denn wie jedes Wort besitzt er das Potential, beim Leser ein bestimmtes Bild, bzw. eine Erwartungshaltung zu wecken. So wird der Name einer Elfe in der Regel einen anderen Klang besitzen wie derjenige eines Zwergs oder Orks.

Der Name einer Figur kann aus einem einzelnen Wort oder aber aus Vor- und Nachname bestehen. Dies hängt vom Hintergrund der Erzählung ab. Womöglich wird die Figur auch überwiegend mit ihrem Spitznamen angeredet. Oder aber sie verfügt über einen Titel als Bestandteil ihres Namens oder ihrer Anrede. Lassen Sie sich bei der Suche nach einem Namen für Ihre Protagonisten solange Zeit, bis Sie welche gefunden haben, mit denen Sie rundum zufrieden sind! Sie können kreativ sein und sich selbst etwas Geeignetes suchen, oder aber Sie lassen sich von bestehenden Namen und Begriffen inspirieren. So benannte Tolkien seine Zwerge nach einer Aufzählung in der nordischen Lieder-Edda.

Wir alle sind Voyeure, da jeder Mensch über eine angeborene Neugierde verfügt. Auf diese Weise erklärt sich der besondere Reiz eines Romans, denn eine literarische Geschichte gibt wie kein anderes Medium Einblick in andere Menschen, bzw. fiktive Wesen. Dies liegt daran, dass der Leser an dem inneren Erleben der Figuren teilnimmt, ihre Art, zu denken, zu fühlen und zu handeln kennen lernt und sie mit der Zeit zwangsläufig als enge Vertraute wahrnimmt. Leser interessieren sich daher häufig für die agierenden Figuren mehr noch als für die Handlung oder den Hintergrund einer Geschichte. Darum sind diejenigen Romane am erfolgreichsten, denen es gelingt, eine möglichst hohe Identifikation des Lesers mit den Protagonisten herzustellen.

Die Aufgabe des Autors ist es mithin, seine Figuren so interessant zu gestalten, dass der Leser es jederzeit als lohnend empfindet, ihre Erlebnisse zu teilen und ihre Emotionen nachzuempffinden. Zu diesem Zweck benötigen Ihre Charaktere eine Lebensgeschichte, die Aufschluss über ihre Handlungsmotive gibt. Diese verfolgen sie wiederum mit großer Zielstrebigkeit und Aktivität. Die Figuren dürfen nicht stereotyp sein, sondern vielschichtig und komplex, mit Ecken und Kanten versehen. Am besten sollten sie starke Emotionen aufweisen und innere Konflikte ausfechten, an denen der Leser teilhat. Innere Konflikte lassen sich sehr gut aufwerfen, indem Sie die Figur vor schwierige Entscheidungen stellen. Identifikation wird nämlich unter anderem dadurch befördert, dass der Leser sich fortwährend Sorgen macht, ob die Figur die richtigen Entscheidungen trifft, um die Konflikte, denen sie ausgesetzt ist, zu bewältigen. Die getroffenen Entscheidungen müssen zwar unter logischen und emotionalen Aspekten erklärbar sein, können jedoch den Leser durchaus auch überraschen.

Es ist auch von Vorteil, wenn die Protagonisten über besondere, einmalige Eigenschaften verfügen, die man mit ihnen in Verbindung bringt und um die ihn der Leser beneidet, wie z.B. große Stärke, Magie, die Verbindung mit gefährlichen Wesen, Anziehungskraft usw. Wer möchte nicht das magische Talent eines Harry Potter, den Mut eines Aragorn, die körperliche Kraft eines Conan oder die Gunst von Drachen, wie bei Eragon oder Daenerys Tagaryen der Fall, sein Eigen nennen?

Eine weitere Möglichkeit, die lebendige Wirkung einer Figur zu erhöhen, besteht darin, dass sie einige Widersprüche und Überraschungen aufweisen, sodass sie sich von anderen literarischen Figuren in origineller Weise abhebt. Z.B. ein scheinbar knallharter Kopfgeldjäger, Inquisitor oder Barbar, der in Wahrheit ein wachsweiches Herz besitzt. Oder ein magerer Junge, der über beängstigende magische Fähigkeiten gebietet. Oder ein ruhmreicher Zauberer, der in sich als riesengroßer Schussel entpuppt. Das Geheimnis der Originalität liegt demnach darin, dass eine Figur Eigenschaften in sich vereint, die der Leser so nicht in ein und demselben Charakter erwarten würde. Gleichwohl muss jedes dieser Merkmale glaubwürdig und schlüssig in die Biografie der Figur integriert sein. Man nennt dieses Stilmittel, zwei Dinge miteinander zu kombinieren, die scheinbar nicht zueinander passen, *ironische Juxtaposition*.

Ein Protagonist darf durchaus seine kleinen Fehler und Makel aufweisen. Dennoch sollte er charakterlich dergestalt beschaffen sein, dass seine Taten und Gedanken beim Leser überwiegend Sympathie und Zustimmung hervorrufen. Eine Figur, die nach allgemeinen Maßstäben durchweg abstoßende Handlungen unternimmt, wird hingegen nur bei wenigen Lesern Anklang finden und taugt allenfalls als Antagonist der Geschichte. Beispielsweise scheut sich Oberst Glokta aus Abercrombies *Klingen-Saga* nicht davor, als Inquisitor von Folter, Körperverletzung bis hin zur Tötung anderer Personen Gebrauch zu machen und sich im Allgemeinen reichlich gehässig zu zeigen. Tatsächlich richten sich seine Taten jedoch überwiegend gegen verabscheuungswürdige Schufte, wohingegen er gegenüber Unschuldigen Gnade und Milde walten lässt. Folgerichtig entwickelt der Leser im Laufe der Geschichte ein immer höheres Maß an Identifikation mit dieser interessanten Figur.

Wesentlich ist demnach nicht, dass der Protagonist unfehlbar und allen anderen überlegen ist, sondern dass er leidet, kämpft, das Für und Wider seiner Möglichkeiten abwägt, mit unumstößlichen Willen seine Ziele verfolgt und dass der Leser seine Emotionen, Beweggründe, Entscheidungen und Handlungen miterleben und nachvollziehen kann.

<u>Wie Sie dem Leser Ihre Figur nahebringen</u>

Von elementarer Bedeutung ist, dass der Leser die Figur nicht anhand einer umständlichen, lieblosen Aufzählung ihrer vermeintlichen Eigenschaften kennen lernt, sondern anhand ihrer Taten. Ein vorbildlicher Held erhält seinen Status beim Leser nicht deshalb, da der Autor immer wieder lehrerhaft darauf hinweist. Vielmehr will sich der Leser selbst ein Urteil bilden, und zwar indem er die Handlungen der Figur miterlebt und verfolgt. Beschreibende Adjektive, wie mutig, selbstlos, mitfühlend, freundlich, starrköpfig, stark, liebevoll, gelassen usw., sind häufig abstrakter und subjektiver Natur und beeindrucken den Leser nur mäßig. Viel besser ist es, wenn er dafür Beispiele und Belege im Rahmen bestimmter Szenen erhält.

Aus diesem Grund empfiehlt es sich, den Protagonisten gleich am Anfang der Geschichte mit einer Konfliktsituation zu konfrontieren, die ein wie auch immer geartetes Agieren erfordert. Anhand der jeweiligen Entscheidung und der Art der Handlung tritt das Wesen der Figur klarer hervor. In *Game of Thrones* lernt man zu Beginn Eddard Stark kennen, der als Herr von Winterfell einen Deserteur zum Tode verurteilen muss. Im Folgenden führt er die Exekution selbst aus, denn seiner Ansicht nach muss ein Mann, der ein Urteil fällt, das Richtschwert selbst führen und damit die volle Verantwortung für seine Tat übernehmen. Durch diese Szene erhält der Leser schon nach kurzer Zeit ein gutes Bild von der Figur.

Auf den Wert von Konflikten werden wir noch ausführlich zu sprechen kommen. Dadurch, dass die Helden mit Konflikten konfrontiert werden, lernt der Leser sie kennen und fühlt sich mit ihnen und ihrem Schicksal verbunden.

Es gibt zwei weitere erzählerische Möglichkeiten, mit deren Hilfe Sie dem Leser etwas über die Intention und die Fähigkeiten einer Figur glaubhaft machen können. Zum einen können Sie einen Einblick in die Gedankenwelt des Charakters gewähren. Dies kann in direkter (wörtlicher) oder indirekter Rede erfolgen. Wenn man weiß, wie jemand denkt, dann kennt man bereits ein gutes Stück besser. Die andere Option besteht darin, dass Sie Dritte ihre Meinung über den Protagonisten artikulieren lassen. Beispielsweise kann eine beliebige Figur im Rahmen eines Dialoges von ihren Erfahrungen mit dem Protagonisten, den Sie dem Leser näher bringen wollen, berichten. Auf diese Weise drücken Sie das Handeln der Figur, um die es sich dreht, sozusagen indirekt aus. Auch dies wirkt auf den Leser authentisch und plausibel.

<u>Mehrere Protagonisten, der Antagonist und die Nebenfiguren</u>

Neben den Hauptfiguren wimmelt es in jedem Roman von Nebenfiguren und Statisten, die den Weg der Protagonisten hier und da kreuzen und alle eine bestimmte Aufgabe erfüllen. Der Unterschied zwischen einer Haupt- und einer Nebenfigur wird uns am einfachsten bewusst, wenn wir uns noch einmal in Erinnerung rufen, was einen Protagonisten ausmacht. Ein solcher ist nämlich dreidimensional und komplex beschaffen, verfügt über klar erkennbare Motive, Ziele und Probleme und legt eine große Zielstrebigkeit an den Tag. Dies wiederum führt dazu, dass der Leser an allen möglichen Einzelheiten, die diese Figuren betreffen, ebenso brennend interessiert ist wie an ihrem künftigen Schicksal.

Das Wesen einer typischen Nebenfigur ergibt sich hingegen aus einer negativen Abgrenzung zu den oben genannten Merkmalen. Nebenfiguren sind häufig schablonenhaft, eindimensional, oberflächlich und haben deutlich hervortretende Wesenszüge, sodass sie stets eine bestimmte Erwartungshaltung bedienen. Sie wirken daher beliebig austauschbar und ihre Auftritte sind darum eher kurz bemessen. Sie können für einen Augenblick belehren, amüsieren, erschrecken, Emotionen erwecken, etwas verdeutlichen oder dem Helden die Gelegenheit geben, eine bestimmte Handlung zu begehen. Ist ihre Rolle jedoch gespielt, so verliert der Leser rasch das Interesse an ihnen, da sie über keine Tiefe verfügen, wenig Kraft und Energie ausstrahlen, ihre inneren Konflikte nicht erläutert werden und ihre Handlungen wenig Einfluss auf die weitere Erzählung haben.

Es ist zusätzlich möglich, zwischen *Neben-* und *Randfiguren* zu differenzieren. Demzufolge werden Nebenfiguren dadurch definiert, dass sie eine gewisse Kontinuität und Wertigkeit besitzen, indem sie z.B. Namen erhalten oder in mehreren Szenen auftreten. Randfiguren haben hingegen nur einen einzigen, wenig erinnerungswürdigen Auftritt.

Ganz anders sieht es da beim *Antagonisten* aus. Bei diesem handelt es sich um den Gegenspieler des Protagonisten, in den meisten Fällen demnach um den Schurken. Diesen zu vernachlässigen, wäre geradezu eine Torheit, denn schließlich hat der zentrale Konflikt in den meisten

Fällen seinen Ursprung in den Machenschaften des Bösewichtes. So gesehen ist der Antagonist der Drehbuchautor des Romans. Aus diesem Grund sollten Sie die gleiche akribische Sorgfalt, die Sie für die Erschaffung der Helden aufgewendet haben, ebenso dem Antagonisten zukommen lassen!

Nehmen wir z.B. klassische Antagonisten wie Darth Vader oder Voldemort. Hätten diese durch ihre Bestrebungen nicht bestimmte Vorgänge in Gang gesetzt, so hätte es auch keine Geschichten gegeben, die zu erzählen es sich lohnen würde. Weiterhin handelt es sich bei diesen ebenfalls um dreidimensionale Charaktere mit komplexen Biografien, in denen die Beweggründe für ihre späteren Taten zu finden sind. Z.B. wurde Tom Riddle lediglich als Halbmagier geboren, entwickelte einen Hass auf seine Eltern, wuchs in einem Waisenhaus auf, was seinen Zorn weiter vergrößerte usw. Ähnlich übel erging es Anakin, der später zu Darth Vader mutierte: er war ein Sklave, seine Mutter wird ermordet, seine großen Talente werden von den Jedi in seinen Augen nicht ausreichend gewürdigt, er empfindet Hass und Verlustängste. Dies hat zur Folge, dass der Leser an dem Schicksal der Antagonisten ähnlich brennend interessiert ist wie an demjenigen der Helden der Geschichte. Die verabscheuungswürdigen Handlungen und Pläne der Antagonisten erwecken auf den Leser zudem Emotionen, sodass er erfahren will, ob und wie der Schurke letztendlich zur Strecke gebracht wird.

Beachten sollte der Autor das sogenannte *Oppositionsprinzip*, das besagt, dass dem Helden ein mindestens ebenso starker Gegenspieler gegenüber stehen soll. Der Schurke sollte in seinem Streben nach dem Sieg daher ebenso findig und unnachgiebig sein wie der Protagonist, da nur auf diese Weise ein möglichst hohes Spannungsniveau gewährleistet wird. Der Antagonist hat demnach die Aufgabe, den Helden bis zum Äußersten zu treiben, ihm alles abzuverlangen, ihn bis an seine Grenzen zu bringen und diese überwinden zu lassen. Die Literaturgeschichte ist voller Beispielen für solche grandiosen Rivalitäten zwischen den Hauptfiguren: Merlin und Morgana, Holmes und Moriarty, Ahab und Moby Dick, Gandalf und Sauron, Justus Jonas und Hugenay, Aloysius und Diogenes Pendergast, Harry und Voldemort usw.

Ein Wort zur Verwendung von mehreren, gleichwertigen Protagonisten. Hier gilt die Grundregel, dass eine Erzählung bei mehr als drei Hauptfiguren unübersichtlich zu werden droht. Wie wir im Kapitel über die verschiedenen Erzählperspektiven noch sehen werden, bietet es sich auf jeden Fall an, den einzelnen Protagonisten jeweils eine eigene Szene oder sogar ein eigenes Kapitel zu widmen. Die Szenen-, bzw. Perspektivwechsel sollten dann in einer festen, für den Leser leicht verständlichen Reihenfolge geschehen. Diese auf eine Vielzahl von Protagonisten zugeschnittene Arbeitsweise hat den Vorteil, dass der Leser sich immer nur auf einige wenige Figuren zur gleichen Zeit zu konzentrieren braucht.

Wenn ein Romanschriftsteller eine Vielzahl von Figuren meistern möchte, dann verlangt dies eine virtuose Erzähltechnik und ein hohes Maß an Planung. Ein gutes Beispiel ist Martins *Game of Thrones*, das es auf gut ein Dutzend Protagonisten bringt und doch niemals unübersichtlich oder umständlich wirkt. Auch Abercrombies *Klingen-Saga* gelingt dieses Kunststück sehr gut. Auch Stephen King ist für seine Vorliebe für große Figurenpopulationen bekannt, wobei er jeder seiner Figuren eine detaillierte Lebensgeschichte verpasst, sodass sich seine Welten besonders lebendig und glaubhaft anfühlen.

Gleich, für wie viele Protagonisten Sie sich auch entscheiden: wichtig ist, dass Sie sich stets darüber im Klaren ist, *wessen* Geschichte Sie tatsächlich erzählen wollen, d.h. welche Ihrer Figuren den primären Handlungsstrang vorantreibt. Sie sollten sich demnach die Frage stellen, welche Ihrer Figuren am meisten leidet, welche am meisten zu verlieren hat und welche für die Handlung und die Auflösung des zentralen Konfliktes absolut unentbehrlich ist. Auf dieser wichtigsten Ihrer Hauptfiguren sollte im Zweifelsfall stets der Fokus liegen.

Bei der Auswahl und Zusammenstellung seiner Figuren sollte der Autor um eine *gute Orchestrierung* bemüht sein. Damit ist gemeint, dass die agierenden Figuren in ihrem Wesen und ihren Eigenschaften möglichst unterschiedlich und kontrastierend sein und sich perfekt ergänzen sollten. Dementsprechend empfiehlt es sich, einer draufgängerischen Figur eine zögerliche an die Seite zu stellen, einer optimistischen eine skeptische, einer lautstarken eine schweigsame, einer fleißigen eine träge usw. Alles andere wäre nicht nur für den Leser zu langweilig, sondern würde auch wenig Raum für Konflikte bieten und damit erzählerisches Potential verschenken.

7.Kapitel: Wie Sie in 5 Schritten eine einzigartige und lebendige Figur erschaffen

<u>Wie geht man beim Entwerfen von Figuren praktisch vor?</u>

Zu den wesentlichen Bestandteilen einer Fantasy-Geschichte gehören eine möglichst originelle Weltenschöpfung, eine Fülle von phantastischen Wesen und Völkern, die diese mit Leben erfüllen, eine spannende Handlung, die in irgendeiner Weise den klassischen Konflikt zwischen Gut und Böse thematisiert, sowie einige herausragende Protagonisten. Diese Hauptfiguren sind es, als deren unsichtbarer Begleiter der Leser an der Geschichte teilnimmt, mit denen er sich identifiziert und deren Schicksal sich im Idealfall in seinem Gedächtnis einprägt. Auch die Antagonisten können eine gewisse Faszination ausüben oder aber sind so abstoßend konzipiert, dass der Leser es kaum erwarten kann, dass der Held ihnen die Rechnung für ihre Missetaten präsentiert. Dem Entwerfen dieser Figuren kommt innerhalb eines Romanprojektes demnach eine sehr hohe Bedeutung zu.

Grundsätzlich ist es ratsam, die Hauptfiguren am Anfang des Romanprojektes zu entwickeln. da sich viele Einzelheiten der Handlung in diesem Fall daran orientieren können. Allerdings existiert gerade in der Fantasy eine Einschränkung für diese Regel. Besteht die grundlegende Idee des Autors für sein Werk nämlich nicht in bestimmten Charakteren und deren individuellen Hintergründen, sondern im Entwerfen einer ganz eigenen phantastischen Welt oder von neuartigen Wesen und Völkern und deren Gesellschaften oder von einem alles überragenden, spannenden Handlungsansatz (Prämisse) usw., dann sollte er seiner Inspiration folgen und damit beginnen.

Ein Fantasy-Schriftsteller, der sein Hauptaugenmerk z.B. auf die Weltenschöpfung richtet, konzentriert sich in erster Linie darauf, den Leser durch die phantastische Welt zu führen und ihm quasi aus der ersten Reihe einen Blick auf wundersame Orte, übernatürliche Wesen, großartige Abenteuer usw. zu gewähren. Nichtsdestotrotz sollte er stets darauf bedacht sein, seinen Figuren die nötige Tiefe und Substanz zu verleihen und sich nicht nur mit Klischees zu begnügen, da er ansonsten viel erzählerisches Potential verschenken würde. Bei einer charakterorientierten Arbeitsweise hingegen diktieren die Eigenschaften der Figuren die Umstände und den Verlauf der Geschichte. Ein Autor, der sein Romanprojekt um seine Figuren herum aufbaut, sollte darauf achten, dass der Plot nicht zu trivial wird, die Weltenschöpfung einige faszinierende Besonderheiten aufweist und die Geschichte sich nicht in Nebenhandlungen, die der Darstellung der Figur dienen, erschöpft.

Ganz gleich, wie Sie auch vorgehen: alles, was geschieht und was eine Figur tut, unterlässt, sich wünscht oder äußert, muss in der von Ihnen erschaffenen, fiktionalen Welt ganz natürlich und glaubhaft erscheinen. Im Folgenden wollen wir fünf Arbeitsschritte mit ausführlichen Informationen und Hinweisen betrachten, die Ihnen dabei helfen sollen, Ihre Figuren auf eine fundierte, lebendige und nachhaltige Weise zu entwickeln.

<u>1.Eine Skizze der Figur entwerfen und einen passenden Namen finden</u>

Der erste Schritt, einen großartigen Charakter zu erschaffen, besteht darin, dass Sie vor Ihren Augen ein ungefähres Bild der Figur entstehen lassen und diese zusätzlich mit einem oder wenigen Worten beschreiben. Dies ist die Basis, von der aus wir anschließend weitere Details herausarbeiten wollen.

In der Fantasy funktioniert dies vergleichsweise einfach, indem wir unsere Figur einem der traditionellen phantastischen Völker zuordnen. Soll es sich bei Ihrem Helden um einen Elfen handeln, dann stellen wir uns eine eher filigrane, feingliedrige Gestalt mit spitzen Ohren vor. Sie bevorzugen einen Halbling, Zwerg, Ork oder einen Hybriden aus den bekannten Rassen? Dann gehen Sie auf die gleiche Weise vor, indem sie sich den bekannten Stereotypen bedienen. Um bei Menschen für eine Konkretisierung zu sorgen, können Sie sich einen typischen Vertreter bestimmter Berufsgruppen vor Augen führen, z.B. Krieger, Handwerker, König, Prinzessin, Zauberer, Mönch usw. Auf jeden Fall sollte für den durchschnittlichen Betrachter bereits auf den ersten Blick erkennbar sein, was für einer Art von Wesen ihre Figur angehörig ist.

Als Ausgangspunkt ist es durchaus möglich, dass Sie ihre Figur an einem realen Menschen, den Sie kennen, oder einer Figur, die Ihnen in einem Buch oder Film usw. besonders gefallen hat, orientieren. Dies ist ein Trick, den sich zahlreiche Autoren zueigen machen, zumindest bei ihren ersten Werken. Später, wenn man bereits einige Erfahrungen gesammelt hat, fällt es einem im Allgemeinen leichter, gänzlich eigene Charaktere ins Leben zu rufen. Wichtig ist, dass Sie sich Ihre Figur möglichst plastisch vorstellen können, und das fällt nun einmal leichter, wenn für diese eine Schablone existiert, die man sich zur Inspiration „ausleiht". Da Sie sich noch in der Phase des groben Entwurfes Ihrer Figur befinden, ist dies nicht weiter tragisch, da Sie später noch genügend Gelegenheit haben werden, an den Einzelheiten zu feilen und diese ganz individuell zu gestalten.

Eine Variante dieser Vorgehensweise besteht darin, dass Sie die Eigenschaften verschiedener Personen, bzw. Figuren mixen und neu zusammenfügen. Sie gebrauchen demnach mehrere Charaktere als „Ersatzteillager", indem Sie sich lediglich diejenigen Eigenschaften aneignen, die Ihnen zusagen und die Sie für die Figur, die Ihnen vorschwebt, als sinnvoll und nützlich erachten. So können Sie beispielsweise von einem Ihrer Vorbilder das Aussehen, von einem anderen die Fähigkeiten und von weiteren Persönlichkeit, Charakter und Eigenarten übernehmen.

Wenn Sie das Bild einer bestimmten Figur oder Person im Kopf haben und diese unbedingt als alleinige Inspirationsquelle verwenden möchten, dann besteht außerdem die Möglichkeit, diese in eine gänzlich andere Umgebung zu versetzen. Dabei sind der Fantasie des Autors keine Grenzen gesetzt, und das Lesepublikum ist für neue Ideen immer dankbar. So können u.a. berühmte literarische Figuren, wie Sherlock Holmes, Indiana Jones, Lara Croft, James Bond, Miss Marple, Merlin, Käpt'n Ahab, Lolita, Jeanne D'Arc usw. in ein ungewohntes Fantasy-Setting eingebettet werden.

Alternativ können Sie sich damit begnügen, lediglich einige Attribute des Vorbildes zu verwenden und andere stark zu modifizieren oder sogar ins Gegenteil zu verkehren. Dies kann z.B. bedeuten, dass Sie die Fähigkeiten und Eigenarten des ursprünglichen Charakters erhalten, das Aussehen jedoch völlig anders gestalten – oder umgekehrt.

Eine nicht zu unterschätzende Bedeutung kommt dem Namen einer Figur zu, da dieser eine unmittelbare Auswirkung auf die Vorstellung des Lesers hat. Daher gilt es, zumindest für die Hauptfiguren möglichst einfache Namen zu wählen, sodass der Leser sie sich bereits beim ersten Lesen gut einprägen kann. Wie soll er nämlich eine Bindung zu einer Figur aufbauen, wenn deren Name aus schwer auszusprechenden Wörtern besteht, die man jedes Mal nachschlagen muss? Wenn allerdings ein triftiger Grund dafür besteht, dass der Name komplex beschaffen sein muss (z.B. weil Sie für ein Volk eine eigene Sprache konzipiert haben, die für Menschen eben nur schwer verständlich ist), dann sollte für die Figur von Anfang an eine griffige Abkürzung zur Verfügung stehen. Sollten Sie demnach beabsichtigen, dass eine der Hauptfiguren von den Lesern gemocht wird, dann suchen Sie nach einem eingängigen, sympathisch klingenden

Namen, wie es z.B. bei Harry, Bella oder Frodo der Fall ist. Außerdem sollte er zeitlos sein, was bei Namen, die der Fantasie entspringen, in der Regel keine Schwierigkeiten darstellen sollte.

Namen lösen unbestreitbar Assoziationen über Geschlecht, Volkszugehörigkeit, Beruf, Wesen, die Zugehörigkeit zu einer gesellschaftlichen Schicht usw. aus. Gerade bei phantastischen Weltenschöpfungen sollten Sie sich diese Mechanismen zunutze machen und anhand von deutlich unterschiedlich klingenden Namen herausstellen, welcher Art, Rasse oder Stand die Figur angehört. Bartimäus ist ein sehr passender Name für einen Jahrtausende alten Dämon, wohingegen er für einen Menschen eindeutig zu lang und umständlich wäre. Beispiele für die Namen von Elfen/Elben in populären Romanen sind Legolas, Galadriel und Nuramon, Orks heißen Orgrim, Grom oder Lurtz, menschliche Helden Conan, Lothar oder Aragorn, und bei Gimli, Tungdil und Boindil lässt sich sogleich erahnen, dass es sich bei diesen um bärtige Axtschwinger handeln dürfte. Ein sanftmütiger Elb mit einem harten oder abstoßend klingenden Namen geht ebenso wenig wie ein orkischer Söldner, der einen anmutigen und lieblichen Namen trägt. Es sei denn, der Fantasy-Autor möchte mithilfe von Kontrasten arbeiten und eine ironische Wirkung erzielen.

Das gleiche, was für die Protagonisten gilt, sollten Sie ebenso bei den Antagonisten beachten. Wenn es Ihnen gelingt, für die Schurken düster, machtvoll oder unheilvoll klingende Namen zu finden, wie z.B. Sauron, Morgoth, Voldemort, Darth Vader, Mordred, Gothmog, Gul'dan usw., dann steigert dies Ausstrahlung und Wirkung der Bösewichte zusätzlich.

<u>2.Das Aussehen Ihrer Figur, ihre körperlichen Fähigkeiten und ihre Wirkung auf andere Figuren</u>

Als nächstes wollen wir uns den physischen Eigenschaften der Figur zuwenden. Um die Wertigkeit dessen zu verstehen, hilft uns ein Blick auf die Psychologie des Menschen: wenn ein Mensch einen anderen kennen lernt, dann fällt er sein erstes Urteil innerhalb der ersten Sekunden, wobei sein wesentliches Beurteilungskriterium das Äußere seines Gegenübers darstellt. Dies gründet auf der Tatsache, dass das Aussehen in den meisten Fällen bereits einiges über die Person, bzw. die Figur aussagt und somit als Mittel der Klassifizierung taugt. Auf jeden Fall zieht ein Betrachter aus dem äußeren Erscheinungsbild eines Individuums, d.h. aus dessen Größe, Statur, Mimik, die Art, Kleidung, Frisur, mitgeführten Gegenständen usw., Rückschlüsse auf dessen Persönlichkeit.

Für einen Romanschriftsteller ist dieser Mechanismus sogar von zweierlei Bedeutung: zum einen müssen wir dem Äußeren unserer Figur insofern Rechnung tragen, als dass die anderen Figuren in unserer Geschichte folgerichtig darauf reagieren müssen, und zum anderen müssen wir uns über die damit verbundene Wahrnehmung des Lesers bewusst sein. Dieser wird nämlich die Figur auch aufgrund ihres Erscheinungsbildes mehr oder weniger sympathisch, interessant und charismatisch finden. Gerade Fantasy-Autoren sollten aufgrund der Vielzahl unterschiedlicher Wesen, Völker und Rollen, die in einer phantastischen Welt existieren, in die äußere Darstellung der Charaktere einige Mühe investieren.

Bisher hatten Sie bereits eine grobe Skizze Ihrer Figur entworfen und das unscharfe Bild z.B. eines Kriegers, einer Königin, eines Zauberers oder eines Vampir-Mädchens vor Augen. Nun ist es an der Zeit, Ihre Linse schärfer zu drehen, sozusagen auf Zoom zu stellen und sich das Bild näher heranzuholen. Schließen Sie Ihre Augen, wenn Sie möchten, und nehmen Sie sich so lange Zeit, wie Sie benötigen, um jedes einzelne Detail der Figur genau zu erkennen. Wie groß ist Ihre Figur genau? Ist ihr Körperbau eher muskulös oder dünn, oder hat sie einen Bauchansatz? Verfügt sie über breite oder schmale Schultern und Hüften? Welche Kleidung trägt sie am liebsten, und welche Utensilien schleppt sie regelmäßig mit sich herum? Wie ist es um Kopf, Gesichtsform, Haare, Frisur, Bart oder Brille bestellt? Was ist zu ihrer Gangart und Körperhaltung zu sagen? Geht sie eher flott oder gemächlich, federnd oder möglicherweise hinkend? Hält sie den Kopf eher gesenkt oder streckt sie stets ihren Rücken durch und blickt ihrem Gegenüber fest in die Augen? Wie riecht Ihre Figur? Legt Sie großen oder mäßigen Wert auf Körperpflege? Ist ihre Haut hell oder dunkel, zart oder rau? Und dann: gibt es bestimmte körperliche Merkmale, die besonders auffällig sind? Das können Dinge sein, die von der Kleidung verhüllt sind und von der lediglich die Figur und Sie als Autor wissen oder aber solche, die jedermann sogleich ins Auge springen. Die Narbe, die Harry Potters Wange ziert, ist ein gutes Beispiel für ein solches Erkennungsmerkmal. Sie werden sicherlich noch eine ganze Reihe weiterer Fragen, Kriterien und Parameter finden, mit denen Sie das Aussehen und das Erscheinungsbild Ihrer Figur definieren und ganz individuell gestalten können.

Ebenfalls sollten Sie sich bei diesem Schritt über die Konstitution und etwaige besondere körperliche Fähigkeiten Ihrer Figur Gedanken machen. Demnach sollten Sie festlegen, über welche besonderen Kräfte und Eigenschaften (Stärke, Schnelligkeit, Kondition, Gelenkigkeit usw.) Ihre Figur verfügt, ob sie von gesundheitlichen Problemen oder Verletzungen geplagt wird, wie es um ihre Lebenserwartung bestellt ist und ob sie irgendwelche herausragenden, bzw. phantastischen Fähigkeiten besitzt. Ein Troll ist gemeinhin sehr stark, ein Krieger ist kundig im Umgang mit allen möglichen Waffen, ein Magier beherrscht unsichtbare Energien oder aber hat Kontakt zu übernatürlichen Wesen, ein Zwerg ist robust und mit handwerklichem Geschick gesegnet, ein Elb ist schnell auf den Beinen und ein treffsicherer Bogenschütze, ein Drachen ist verschlagen und klug und manche Figuren können den Vampir oder den Werwolf in sich entfesseln. Diese Aufzählung ist lediglich exemplarisch und kann beliebig variiert und ergänzt werden.

Mit diesem Arbeitsschritt benennen Sie einerseits die Eigenschaften Ihrer Figur und können diese im Plot zu einem beliebigen Zeitpunkt gezielt einsetzen. Darüber hinaus legen Sie andererseits unwillkürlich fest, was Ihr Charakter *nicht* kann. In der literarischen Fachsprache nennt man dies das Festlegen von *Charaktermauern*. Diese Charaktermauern machen das Verhalten eines Protagonisten in einer Geschichte erst richtig spannend, denn dieser muss stets den Spagat meistern, sich einerseits innerhalb dieser Begrenzungen zu bewegen und andererseits, sein Potential nach dem Gesetz der Maximalen Kapazität bestmöglich auszunutzen und alle Hindernisse dennoch auf eine glaubhafte Weise zu beseitigen. Beispielsweise sind den körperlichen Fähigkeiten eines Kindes, eines femininen Charakters, eines ältlichen Zauberers oder eines Halblings im Normalfall – begründete Ausnahmen sind immer möglich – nun einmal Grenzen gesetzt, sodass die Figuren andere Wege zur Problemlösung ersinnen müssen.

Ein weiterer Bereich, den es festzulegen gilt, sind die sprachlichen Fähigkeiten der Figur. Welche Sprachen spricht sie? Drückt sie sich eher gehoben und vornehm oder in einfachen Worten aus? Kommuniziert sie im Allgemeinen viel verbal, oder tritt sie eher lakonisch in Erscheinung? Neigt sie zu eher leisen Tönen oder erreicht sie des Öfteren die Lautstärke eines Orkans?

Stellen Sie sich Ihre Figur als nächstes ein weiteres Mal vor. Achten Sie dieses Mal darauf, an welchen Örtlichkeiten sie sich befindet, mit welchen anderen Figuren sie sich umgibt und wie diese auf sie reagieren. Nehmen Sie sich für diese Übung etwas Zeit und verfolgen Sie Ihre Figur von einem Schauplatz, an dem sie sich gemeinhin aufhält, zu dem nächsten. Eine Prinzessin könnte sich im Palast ihrer Eltern bewegen und dort auf allerlei Diener, Zofen und Wachleute treffen, die sie mit höchstem Respekt behandeln. Bei einer anderen Gelegenheit könnte sie allerdings auf andere Frauen aus adligem Geschlecht treffen, die ihr mit Neid, Missgunst und Doppelzüngigkeit begegnen. Ein Elb oder Ork oder ein anderes phantastisches Wesen könnte, wenn es sich in einer menschlichen Stadt aufhält, eventuell neugierige, ängstliche oder ablehnende Blicke auf sich ziehen. Hält die Figur sich jedoch in der Gesellschaft seiner Artgenossen auf, dürfte die Reaktion eine ganz andere sein.

Auf eine Besonderheit sollte noch hingewiesen werden. Einer Figur, die aussieht wie ein Krieger, kommt in einem Roman in den allermeisten Fällen auch die Rolle eines Kriegers zu. Es sei denn, es handelt sich um eine Satire. Eine weitere Divergenz zwischen Aussehen und Rolle könnte sich jedoch dann ergeben, wenn die Figur entweder zu Selbstüberschätzung neigt oder aber gezielt mit Illusionen und falschen Signalen arbeitet, um die anderen Figuren über ihr wahres Wesen und ihre wahren Absichten zu täuschen. So könnte eine Figur, die während des Großteils der Geschichte einen körperlich sehr schwachen Eindruck erweckt, später ihre Maske fallen lassen und sich als überaus agiler und starker Gegner entpuppen. Oder eine Figur gibt sich fortwährend naiv und ahnungslos, trägt aber in Wahrheit eine hohe Intelligenz und ein großes Wissen in sich.

Sollten Sie in Erwägung ziehen, dass eine Figur in dieser Weise Teil eines Mysteriums sein könnte, müssen Sie den Gegensatz zwischen der vorgeschobenen Erscheinung auf der einen Seite und dem wahren Selbst der Figur auf der anderen Seite von Anfang an erklären können und dürfen sich vor allen Dingen nicht in Widersprüche verstricken. Da Leser gemeinhin gern rätseln und raten, bauen erfahrene Schriftsteller so genannte *Vorahnungen* oder *Vorankündigungen* (engl. *foreshadowing*) ein, was bedeutet, dass die betreffenden Figuren in bestimmten Szenen oder Dialogen Hinweise auf ihre Geheimnisse geben oder zumindest andeuten, dass an ihrer sorgsam konstruierten Fassade etwas nicht stimmen und wie es um ihre wahren Absichten bestellt sein könnte. Dabei dürfen Sie es Ihren Lesern keinesfalls zu einfach machen (es sei denn, Sie schreiben ein Kinderbuch).

Wenn Sie all diesen Übungsschritten gefolgt sind, dann wissen Sie jetzt, wie Ihr Charakter aussieht, wie er sich bewegt, was er mit sich herumträgt, wie es um seine körperliche Verfassung bestellt ist, was für besondere Fähigkeiten er sein eigen nennt, wie er mit anderen Figuren interagiert und wo seine Grenzen liegen.

Als Autor müssen Sie Ihre Figuren so gut wie möglich kennen lernen, denn einzig auf diese Weise wird es Ihnen gelingen, eine tiefe Bindung zu ihnen zu entwickeln und sie dem Leser glaubhaft und lebendig zu vermitteln. Es sind häufig Kleinigkeiten, die dazu führen, ob eine Figur als aufgesetzt, plastisch und stereotyp oder aber als interessantes, sympathisches Abbild einer möglichen realen Person wahrgenommen wird. Und diese Einzelheiten und Facetten kann gemeinhin nur derjenige Romanschriftsteller in seine Erzählung transportieren, der sich zuvor hinreichend Gedanken über den Entwurf seiner Figuren gemacht hat.

Eine gründliche Vorgehensweise ist auch deshalb notwendig, da eine Geschichte nach Konsequenz und Stringenz verlangt. Dies bedeutet, dass sich die physiologischen Merkmale einer Figur im Verlauf der Geschichte nicht ohne triftigen Grund oder ohne eine gute Erklärung für diese Entwicklung ändern dürfen. Wird eine Figur zunächst als dunkelhaarig beschrieben und ist bei späterer Erwähnung plötzlich blond, so wird dies dem aufmerksamen Leser garantiert nicht verborgen bleiben. Allein aus diesem Grund sollten Sie für all Ihre wichtigen Charaktere sogenannte *Charakterbögen* anlegen, auf denen Sie alle Daten, die Sie für die Figur gesammelt haben, vermerken können.

Das Wissen, die Sie über Ihre Figur sammeln, ist demnach als durchweg nützlich zu erachten. Dennoch sollten Sie viele dieser Informationen für sich behalten und in Ihrem Buch *nicht* erwähnen. Eine treffende Personenbeschreibung, mit der Sie Ihre Figur eingangs vorstellen, ist quasi unerlässlich. Eine Aufzählung aller Details in Bezug auf eine Figur würde jedoch den Rahmen sprengen und den Leser überfordern und wäre der Handlungsdynamik abträglich. Stattdessen sollten Sie Selektion betreiben und nur diejenigen Fakten zu Papier bringen, die für die Vorstellung des Lesers und den Verlauf der Geschichte wirklich wichtig sind. Ein weiterer Vorteil dieser Vorgehensweise besteht darin, dass Sie dem Leser damit Freiräume lassen, die er mit seiner eigenen Fantasie ausfüllen kann. Auf diese Weise wird der Leser seinen Interpretationsspielraum nutzen und sich diejenigen Merkmale, die nicht näher bezeichnet wurden, stets so vorstellen, wie er sie für richtig hält. Weniger ist in diesem Fall eindeutig mehr.

3. Die Vergangenheit der Figur und ihre Rolle in der Gesellschaft

Wo kommt Ihre Figur her? Was hat sie schon alles erlebt? Welche Ausbildung hat sie genossen, und was hat sie besonders geprägt?

Das Denken, Empfinden und die Fähigkeiten einer realen Person – und somit ihr gesamtes Verhalten – werden ihr zwar in einem gewissen Umfang mit ihren Genen in die Wiege gelegt, basieren jedoch zu einem großen Teil auf ihrer Vergangenheit, d.h. von der Erfahrungen, die sie darin gemacht hat. Dies ist ebenso für eine fiktive Geschichte relevant und sollte daher beachtet werden. Man spricht hierbei von *Vektoren*, d.h. Kräften, die eine Figur in dem Maße beeinflussen, dass sich dies zu einem späteren Zeitpunkt in einem bestimmten Denken oder Handeln manifestiert.

Ein Autor muss über die Vergangenheit seiner Hauptfiguren somit genauestens Bescheid wissen, da er nur auf diese Weise ihr Innenleben, ihre Perspektiven, ihre Motive, ihre Vorlieben und ihre Fähigkeiten und Grenzen erforschen und verstehen kann. Ein Krieger, der in seiner Vergangenheit ein braver Handwerker, Kaufmann, Arzt oder Priester war und nur durch unglückliche Umstände zum Kämpfen gezwungen wurde, hat z.B. sicherlich eine andere Einstellung zum Töten als ein Berufssoldat, ein langjähriger Söldner oder ein Barbar, die sozusagen auf dem Schlachtfeld groß wurden. Bei diesen in der Vergangenheit liegenden Ereignissen spielt es auch keine Rolle, ob sie im Roman thematisiert werden, z.B. indem sie ein zu enthüllendes Geheimnis beinhalten oder einen sonstigen Bezug zum zentralen Konflikt der Geschichte aufweisen, oder ob sie lediglich für die charakterlichen Entwicklung oder den sozialen Status der Figur von Bedeutung sind und der Autor sie deshalb kennen muss.

Bei diesem Schritt des Entwerfens Ihrer Figur geht es somit um diejenigen Fakten, die auch in einer Biografie Platz finden würden. So sollten Sie zunächst die Frage beantworten können, in welchem Dorf oder welcher Stadt Ihre Figur geboren wurde, unter welchem Umständen sie aufgewachsen ist, ob sie in einem Palast oder einer einfachen Hütte gelebt hat, ob sie einen beständigen Wohnsitz hatte oder aber viel herumgezogen ist, vielleicht da ihre Eltern stets auf Arbeitssuche oder der Flucht waren, usw. Nach dem Festlegen des Lebensmittelpunktes können sie als nächstes eine Übersicht über alle Verwandten und sonstigen Figuren, die auf Ihre Hauptfigur einen größeren Einfluss ausgeübt haben, anfertigen. Machen Sie sich demnach Gedanken über Eltern, Stiefeltern, Geschwister, Onkeln, Tanten, Mentoren, Lehrer, Ausbilder, Schulfreunde, beste Freunde, Arbeitskollegen, Partner/-innen, Rivalen, Erzfeinde usw. und legen Sie fest, welche Art von Beziehung zwischen der Hauptfigur und der jeweiligen Bezugspersonen bestand.

Für die Arbeit an der Verfilmung von *Harry Potter und der Orden des Phönix* benötigten die Produzenten noch einige Namen aus dem Stammbaum von Harry, um diese auf einem im Film sichtbaren Familienwappen zu vermerken. Als sie Joanne K. Rowling darum baten, sich zusätzlich zu den in den Büchern erwähnten Namen noch einige weiter einfallen zu lassen, zückte diese kurzerhand ihr Notizbuch und übergab den Filmemachern die benötigten Informationen. Sie hatte die Namen nämlich schon vor langer Zeit ersonnen und säuberlich notiert, auch wenn sie in den Romanen letztendlich keinen Niederschlag gefunden hatten. Gründlichkeit macht sich letzten Endes eben bezahlt.

Ein weiterer Bereich aus der Vergangenheit der Figur, der sehr bedeutungsvoll ist, sind die Erziehung und die Ausbildung, die sie erfahren hat. Die Erziehung – gerade innerhalb der ersten Lebensjahre – hat bekanntlich einen prägenden Einfluss auf das Wesen einer realen Person, weshalb es für einen Autor unverzichtbar ist, sich hierüber Gedanken zu machen. Wer war vorwiegend für die Erziehung verantwortlich, wie streng oder liberal war sie, an welchen Werten und Normen war sie orientiert, welche Vorbilder wurden herangezogen usw.? Die Ausbildung wiederum stellt in aller Regel den Grundstein für den weiteren Werdegang einer Figur dar.

Ein herausragender Schwertkämpfer muss sein Handwerk irgendwo erlernt haben, ebenso wie ein Zauberer oder ein Gelehrter in den seltensten Fällen schon mit seinem späteren Wissen zur Welt gekommen sein dürfte. Auch einem Herrscher oder einer Prinzessin bleibt es in aller Regel nicht erspart, eine strenge Erziehung über sich ergehen lassen, bis sie den höfischen und staatlichen Pflichten gewachsen sind, und selbst ein Vampir muss erst einmal erlernen, seine besonderen Fähigkeiten zu verstehen, zu gebrauchen, zu kontrollieren und bei Bedarf zu verbergen.

Voldemort will mit seinen Todessern die Welt der Zauberer vernichten und schreckt dabei vor nichts zurück. Aber wir konnte es soweit kommen, dass ein talentierter Zauberschüler so sehr auf Abwege geriet? Ein Blick in seine Vergangenheit gibt Aufschluss darüber. Ebenso wie die Motivation der Schurken häufig in der Vergangenheit wurzelt, kann dies ebenso bei den Protagonisten der Fall sein. In *Der Name des Windes* begegnet Kvothe in seiner Kindheit einem Zauberer und sieht mit an, wie dieser Kraft eines Wortes eine stürmische Brise verursacht, was den Jungen ungemein fasziniert. Als er später mitansehen muss, wie seine Eltern von den Chandrian, einer Gemeinschaft dunkler Zauberer, getötet werden, beschließt er, selbst ein Zauberer zu werden und für den Rest seines Lebens nach den Mördern zu suchen. Oder sehen wir uns die Ausbildung von Aragorn an, den wir im *Herrn der Ringe* zunächst als Waldläufer kennen lernen und der sich dann als rechtmäßiger König von Gondor entpuppt. Seine Fähigkeiten entspringen keineswegs dem Zufall, denn Aragorn wurde nach dem Tod seines Vaters bereits als Kleinkind nach Bruchtal gebracht, wo er von dem Elbenfürsten Elrond großgezogen und in der Sprache, der Heilkunst und dem anderen Wissen der Elben unterrichtet wurde. Als junger Mann verdingt er sich als Söldner im Dienste Gondors und schließt sich den Dúnedain an, den Erben der einst mächtigen Menschen von Numenor, wo seine Ausbildung vervollständigt wird.

Im nächsten Schritt bietet es sich an, den sozialen Status der Figur zu definieren. Mit dem Wissen, wie es um die Vergangenheit und den Hintergrund der Figur bestellt ist, bereitet es in der Regel wenige Schwierigkeiten, das Hier und Jetzt zu beleuchten.

In diesem Zusammenhang ist zunächst einmal die berufliche Situation von Bedeutung. Welcher Art von Arbeit geht die Figur nach? Wer ist ihr Arbeit- oder Auftragsgeber, oder agiert sie selbstständig und auf eigene Rechnung? Ist sie in gehobener oder in einer untergeordneten Position? Zu welchen Zeiten geht sie ihrer Erwerbstätigkeit nach? Welche Einstellung hat sie zu ihrer Arbeit? Ist sie rundweg zufrieden oder strebt sie eine Veränderung an? Wie ist ihr Verhältnis zu ihren Arbeits- und Berufskollegen? Wie angesehen ist ihre Tätigkeit? Und: resultieren aus ihrem Beruf bestimmte Rechte und Pflichten?

Der Lebenserwerb einer Figur steht in den meisten Fällen mit ihrem persönlichen Vermögen in Einklang. Wohnt sie in einem prunkvollen Anwesen, einer einsamen Hütte oder vielleicht in einem Baumhaus oder einer Wohnhöhle? Wie sieht ihre Wohnung aus? Was verraten die Einrichtungsgegenstände über ihren Geschmack? Hat sie große Mengen an Zahlungsmitteln auf der hohen Kante, oder kann sie ihren Lebensunterhalt kaum bestreiten, weshalb sie eventuell zwielichtige Arbeiten annehmen muss? Wie wichtig sind ihr Vermögen und Wertgegenstände? Hat sie einen exponierten Lebensstil oder ist sie mit wenig zufrieden? Hat sie Verbindlichkeiten?

Viele Protagonisten nehmen in ihrer jeweiligen Gesellschaft einen besonderen Status ein, z.B. indem sie irgendeine wichtige Fähigkeit überaus gut beherrschen oder indem sie sogar zu den Anführern der Gemeinschaft gehören. In diesem Fall gilt es, sich Gedanken über ihre Reputation zumachen. Sind sie innerhalb ihres Umfeldes beliebt oder verhasst, gelten sie als fähig oder inkompetent, wirken sie auf die Vertreter des anderen Geschlechts anziehend oder abstoßend, benehmen sie sich anderen gegenüber respektvoll oder eher arrogant, integrieren sie sich gut in ihre Umgebung oder neigen sie dazu, sich abzusondern?

Schließlich ist es von Bedeutung, die gegenwärtig wichtigsten sozialen Beziehungen – nämlich diejenigen zu Freunden, Feinden und Verwandten – einzeln zu beleuchten. Hier sollten die einzelnen Familienmitglieder der Figur und die Art und der Umfang der jeweiligen Kontakte miteinander festgehalten werden. Des Weiteren erhebt sich die Frage, ob die Figur viele Freunde hat oder eher ein Einzelgänger ist. Innerhalb des Freundeskreis ist zu differenzieren, ob es sich dabei um enge Freunde, die keine Geheimnisse voreinander haben, die gleichen Interessen teilen und miteinander durch dick und dünn gehen würden, oder eher um eine Art Zweckgemeinschaft handelt. Was verbindet die Figur mit ihren Verwandten, Freunden und anderen Bezugspersonen, und was unterscheidet und trennt sie? Ebenfalls von Interesse sind besondere Rivalen und Individuen, mit denen die Figur in Konkurrenz steht oder denen sie zumindest lieber aus dem Weg gehen möchte. Skizzieren Sie die Gründe für diese Abneigung und legen Sie fest, wie tief und bis zu welchen möglichen Konsequenzen diese reicht.

Am Ende dieses Arbeitsschrittes sollten Sie die Frage: „Wer ist die Figur?" schlüssig beantworten können. Sie sollten jetzt genau wissen, wie Ihre Figur aussieht, wo sie herkommt, was sie tut, wem sie begegnet und wie sie auf andere wirkt.

4. Die Einstellung, das Selbstbewusstsein und die geistigen Eigenschaften Ihrer Figur

Neben der physischen und der sozialen Dimension Ihrer Figur kommt nun die mentale und emotionale an die Reihe. In dieser Hinsicht sind zunächst einmal die verschiedenen Aspekte von Einstellung, Weltbild und moralischem Empfinden von Belang.

Die beruflichen Tätigkeit der Figur ist Ihnen mittlerweile bekannt, doch benötigen wir noch weitere Informationen über ihre Gewohnheiten, Vorlieben und Neigungen, damit wir sie als wirklich einmalig wahrnehmen können. Betrachtet Ihre Figur ihren Beruf als ihre wahre und einzige Berufung, oder hat sie noch andere Pläne? Was tut sie wirklich gerne? Strebt sie ein bestimmtes Ziel an? Hat sie geheime Sehnsüchte oder einen intimen Traum? Welche Charaktereigenschaften und Werte schätzt sie bei anderen? Was macht sie wirklich zu etwas Besonderem? Wie sieht es mit bestimmten Eigenheiten und Marotten aus? Bayaz, der Magier in der *Klingen-Saga*, lässt sich andauernd ein Schaumbad ein, während andere Figuren ständig ihre Frisur richten oder gerne schlemmen, Pfeife rauchen, morgens immer mit dem rechten Fuß aufstehen, bei Problemen ihre Oma um Rat fragen usw. Gerade diese kleinen Schwächen und Macken üben auf den Leser eine anziehende und gegebenenfalls erheiternde Wirkung aus, da sie die Figuren liebenswert erscheinen lassen. Dabei sollten Sie durchweg originelle, unverbrauchte Ideen verwenden und abgedroschene Klischees vermeiden.

Umgekehrt müssen Sie sich fragen, was Ihre Figur verabscheut und unter keinen Umständen tun würde. So wie beispielsweise Bilbo Beutlin in *Der Hobbit* Abenteuer anfänglich für etwas höchst Unziemliches hält, das nur die regelmäßigen Mahlzeiten stört, und darum sein Heim niemals verlassen möchte. Überlegen Sie sich, was Ihrer Figur große Freude bereitet, was ihr völlig gleichgültig ist, was sie ängstigt und was ihr Blut so richtig in Wallung bringt. Auf diese Weise lernen Sie die Emotionen Ihrer Figur kennen. Machen Sie sich in diesem Zusammenhang auch Gedanken über ihr Temperament im Allgemeinen. Ist die Figur eher gleichmütig und unterkühlt oder gilt sie als heißblütig und gleicht einem brodelnden Vulkan, der jederzeit explodieren kann? Trifft Sie Entscheidungen eher spontan oder wägt sie eine Zeitlang ab?

Von großer Bedeutung für den Inhalt einer Fantasy-Geschichte dürften außerdem die Ideologie und die Einstellung der Figur zu den geltenden Regeln und Normen sowie den sonstigen Machtfaktoren innerhalb der Welt, in der sie lebt, sein. Ist die Figur den Anführern ihrer Gesellschaft wohlgesonnen oder steht sie ihnen ablehnend gegenüber? Ist sie eher loyaler oder opportunistischer Natur, ist sie unpolitisch und kümmert sich nur um ihre eigenen Angelegenheiten oder vertritt sie vielleicht sogar revolutionäres Gedankengut? Wie steht sie zu dem gesellschaftlichen Wertesystem, der politischen, religiösen und wirtschaftlichen Struktur sowie der herrschenden Klasse im Allgemeinen? Wenn sie selbst der herrschenden Klasse angehört, wie denkt sie dann über die ihr Untergebenen und Unterprivilegierten? Ist sie ein Verfechter von Gleichheitsgrundsätzen oder tritt sie für das Recht des Stärkeren ein? Ist sie religiös?

Im Hinblick auf die moralischen Prinzipien der Figur müssen Sie sich fragen, ob die Figur sich den Normen der Gesellschaft unterwirft oder zuweilen Gesetze übertritt. Falls ja, tut sie dies lediglich in seltenen, begründeten Einzelfällen oder andauernd? Und weiter: verfolgt sie damit eigennützige Ziele oder handelt sie vielmehr selbstlos, rational und zum Nutzen anderer? Wie ist es um ihre Gesinnung du ihren moralischen Kompass bestellt, wie sieht ihr Standpunkt hinsichtlich der Unterscheidung zwischen „Gut" und „Böse" aus? Bei der Beantwortung dieser Frage ist es wichtig, sie stets vor dem Hintergrund der allgemeinen Gepflogenheiten innerhalb der Gemeinschaft, in der sie lebt, zu betrachten und dazu in Relation zu setzen. In einer kriegerischen, dekadenten, moralisch verkommenen Welt kann selbst ein harter Söldner, ein Dieb oder ein gerissener Betrüger im Vergleich zu seinen Zeitgenossen moralisch und gutherzig daherkommen, wohingegen in einer gänzlich harmonischen Gemeinschaft (die z.B. in einem Kinderbuch angesiedelt sein könnte) bereits ein geringfügig verwerfliches Handeln das Prädikat „schlecht" oder „böse" erhalten könnte. Hat die Figur darüber hinaus Vorurteile gegen andere Gruppen? Hat sie feste Prinzipien, und bleibt sie diesen stets treu? Ist sie bescheiden oder arrogant? Hat sie ein ausgeprägtes Gerechtigkeitsempfinden oder ist sie egoistisch und ignoriert die Nöte anderer?

Es ist für den Autor unerlässlich, sich auch die Abstufungen innerhalb des Wertesystems der Figur vor Augen zu führen. Ein Hauptmann der königlichen Wache nimmt den Eid, den er geleistet hat, möglicherweise mit vorbildlichem Ernst, sodass er für den Monarchen, dem er treu ergeben ist, im Zweifelsfall sein Leben geben würde. Was aber, wenn sich sein Herr als despotisches oder mörderisches Scheusal erweist oder der Figur einen Befehl erteilt, der mit deren moralischen Prinzipien unvereinbar ist? Wird die Figur in einem solchen Fall weiterhin Gehorsam leisten oder persönliche Konsequenzen ziehen? Wenn Sie mit exakter Genauigkeit wissen, welche Werte und Dinge der Figur tatsächlich am Wichtigsten sind und welche sie unter Umständen zurückstellen würde, dann wissen Sie auch, wie die Figur sich im Fall eines Zwiespaltes in der Geschichte entscheiden wird.

Die Hauptfiguren in phantastischen Geschichten sind traditionell klar strukturiert, d.h. sie nehmen extreme moralische Positionen ein. Der Held ist tugendhaft, sympathisch und „gut", und der Schurke ist lasterhaft, abstoßend und „böse". In Reinkultur ist dies in Märchen zu finden. In modernen Romanen neigen Autoren dazu, ihre Figuren differenziert und ambivalent zu gestalten. So hat der Protagonist auch Schattenseiten, und der Antagonist ist mitunter auch zu guten Taten fähig oder hat zumindest Gründe für sein verwerfliches Handeln. Dies regt den Leser einerseits zum Nachdenken an und macht die Figuren und die Geschichte interessanter. Anderseits kann dies dazu führen, dass die Bösewichter weniger verachtenswert, eindrucksvoll und gewaltig wirken und an Schrecken verlieren.

Zu den geistigen Eigenschaften einer Figur gehören außerdem die Bereiche des Selbstbewusstseins, der Zufriedenheit, der Willensstärke und des Intellekts. Über die Bildung und Ausbildung der Figur haben Sie sich bereits Gedanken gemacht, doch wie clever und intelligent ist sie wirklich? Gelingt es ihr, komplexe Sachverhalte sowie andere Figuren zu durchschauen, diese für sich und ihre Ziele zu gewinnen oder sogar zu manipulieren? Verfügt sie über gute psychologische Kenntnisse und Einfühlungsvermögen und wird daher als Ratgeber und Vermittler geschätzt? Ist sie kreativ und besitzt logisches Denkvermögen, z.B. als Stratege auf dem Schlachtfeld? Hinsichtlich der Zufriedenheit gilt es, die Frage schlüssig zu beantworten, wie die Figur sich selbst reflektiert. Was hält sie von ihrem Namen, ihrem Aussehen, ihrem Beruf, ihrer Vermögenssituation, ihrer Vergangenheit, ihrer Bildung, ihrer Position in der Gesellschaft, ihrer Familie, ihren Freunden? Zieht die Figur mit einem Lächeln auf den Lippen durch die Landschaft und gibt damit zu verstehen, dass sie mit sich selbst bedingungslos im Reinen ist und genau so sein möchte, wie sie sich sieht, oder hält sie es mit sich selbst kaum aus und träumt von einer Veränderung ihrer Situation?

Eng verbunden mit Zufriedenheit und Selbstwertgefühl ist die Erörterung von Selbstbewusstsein und Willensstärke. Verhält sich die Figur dann, wenn sie etwas tut, zielstrebig oder eher zaudernd? Behält sie in schwierigen Situationen die Nerven oder verliert sie den Überblick und schickt lieber andere vor? Lässt sie sich leicht beeinflussen oder schert sie sich herzlich wenig um die Meinung anderer? Lässt sie sich einschüchtern oder ist sie vielmehr furchtlos? Erliegt sie leicht Versuchungen oder verfügt sie über eine beispielhafte Selbstbeherrschung? Ist sie stets bemüht, Dinge bis zu deren Ende zu betreiben oder neigt sie zu Sprunghaftigkeit? Und schließlich: Wie stark ist es um ihren Willen, die Ziele zu verfolgen, die ihr am Herzen liegen, bestellt?

Es zeichnet den Protagonisten eines Spannungsromans mehr als alles andere aus, dass er das Ziel, das ihn beseelt, bis zur Auflösung des zentralen Konfliktes mit einem unbändigen Willen verfolgt. Dabei spielt es keine Rolle, wie groß die Hindernisse sind, die Sie als Autor ihm in den Weg legen. Eine der Grundregeln des Figurendesigns lautet entsprechend: gestalten Sie die Figur danach, was sie bewegt! Eine starke Hauptfigur wird nicht eher aufgeben, bis sie entweder den Sieg davonträgt oder aber zugrunde geht. So ist Harry Potter bereit, sich für das Überleben seiner Freunde und die gute Sache selbst zu opfern, Bella Swan lässt ihr gesamtes menschliches Leben hinter sich und setzt sich für ihre große Liebe tödlichen Gefahren aus, Meggie verlässt für ihre Überzeugung die reale Welt und liest sich in die Tintenwelt, Kriegernaturen wie Aragorn oder Conan nehmen alle möglichen Strapazen auf sich, um ihre Ziele zu erreichen, und Arlen zieht als tätowierter, dämonenfressender Eremit durch die Nacht, um seine Erzfeinde zu bestrafen.

Ein wahrer Held wird bis zur Selbstaufgabe kämpfen – gleich wie das Ende für ihn persönlich aussehen mag. Demzufolge müssen sowohl der Protagonist als auch der Antagonist in Bezug auf den zentralen Konflikt um eine an Fanatismus grenzende Willensstärke verfügen. Nichts anderes darf ihnen wichtiger sein, nicht einmal ihr eigenes Leben. Für Nebenfiguren gilt dieser Grundsatz hingegen nicht zwangsläufig, und auch die Protagonisten können in anderer Beziehung – in Feldern, die mit dem zentralen Konflikt in keinem Zusammenhang stehen – durchaus antriebslos, gleichgültig, durchsetzungsschwach usw. sein. Manchmal entwickelt die Figur ihren bedingungslosen Ehrgeiz für eine Sache ja auch erst im Verlauf der Geschichte, vielleicht da sie ab einem gewissen Punkt persönlich in den Konflikt involviert wird.

Zu den mentalen Aspekten einer Figur gehören außerdem besondere Fähigkeiten und Begabungen, sofern Sie diese noch nicht bei den physischen Fertigkeiten aufgezählt haben. Die magischen Kunststücke eines Zauberers gehören ebenso in diesen Bereich wie viele andere einzigartige Talente. Harry Potter spricht Parsel, Bella Swan kann als einzige ihre Gedanken vor den Vampiren verschließen, Lyra Bellaqua ist in der Lage, den Goldenen Kompass zu bedienen, Artus vermag Excalibur aus dem Stein zu ziehen, Daenerys Targaryen und Eragon sind als Drachenbändiger unterwegs usw. Wenn Ihnen für ihre Hauptfigur eine in der Literatur noch nicht dagewesene Fähigkeit einfällt, wird das zweifelsohne das Interesse des Publikums an Ihrer Figur erheblich steigern. Ein Beispiel dafür ist die Allomantie (das Hervorrufen magischer Wirkungen durch die Verwendung von Metallen) in Brandon Sandersons *Kinder des Nebels*.

Bei diesem Teil des Entwerfens Ihrer Figur geht es letztendlich um die übergeordnete Frage: Was ist der Figur wirklich wichtig, und was treibt sie an? Im Verlauf des Schreibprozesses an Ihrem Roman werden Sie sich zahlreiche Male mit der Frage auseinander setzen müssen, wie die Figur in einer bestimmten Situation handeln, bzw. sich verhalten könnte. Um als Autor in diesen Fällen zu wissen, was die Figur denkt, was sie sagt, was sie tut, was sie dabei fühlt usw., ist es unerlässlich, die psychischen und mentalen Komponenten Ihrer Figur genau zu kennen. Auf diese Weise wird es Ihnen anschließend gelingen, das Verhalten der Figur für den Leser nachvollziehbar und plausibel zu gestalten.

5. Der Charakterbogen, das Handlungsprinzip und die Beachtung der Charaktermauern

An diesem Punkt der Arbeit an Ihrer Figur ist es an der Zeit, sich Gedanken darüber zu machen, wie Sie die gesammelten Informationen sinnvoll strukturieren und in der Weise in den Schreibprozess einfließen lassen, dass die Figur vor den Augen des Lesers lebendig wird.

Um auf die spezifischen Eigenschaften einer Figur jederzeit zurückgreifen können, nutzen Fantasy-Autoren einen sogenannten *Charakterbogen*. Ein Charakterbogen ist ein Begriff, der aus dem Bereich der Pen & Paper-Rollenspiele entlehnt wurde und einen Zettel bezeichnet, auf dem die wichtigsten Eigenschaften eines Spielcharakters aufgeführt werden. Im Bereich der Rollenspiele wird nicht nur die Art einer Eigenschaft, die in bestimmten Situationen zum Einsatz kommen kann, sondern auch deren Wertigkeit, bzw. Stärke festgehalten. Für die Romanschriftstellerei genügt jedoch die einfache Variante, nämlich ein Blatt Papier, eine Karteikarte oder ein Textdokument, auf dem Sie die wesentlichen Fakten, die eine Figur charakterisieren, notieren. Jeder Autor hat hier seine eigene Vorgehensweise. Unerlässlich ist jedoch, dass alle erforderlichen Daten, die eine Figur betreffen, in irgendeiner übersichtlichen Form aufgelistet sind und jederzeit abgerufen, eingesehen und zurate gezogen werden können.

Der Grund für diese Arbeit ist simpel: Sie werden während des gesamten Schreibprozesses und Korrigierens mit einer Vielzahl von unterschiedlichen Figuren arbeiten, sodass sie deren individuellen Merkmale genauestens kennen und voneinander differenzieren müssen. Darüber hinaus dürfen sich diese Eigenschaften im Verlauf der Geschichte nicht ohne triftigen Grund ändern. Und kaum etwas ist beim Schreiben lästiger als die Notwendigkeit, an eine unbestimmte Stelle zurückblättern oder mühevoll in seinem Gedächtnis kramen zu müssen, ob die Figur jetzt groß oder klein, blond oder rothaarig, mit einer Axt oder einem Bogen bewaffnet, auf die eine oder die andere Weise angezogen war usw.

Eine einfache und empfehlenswerte Methode, einen Charakterbogen zu entwerfen, ist es, zunächst eine allgemeine Textvorlage zu gestalten, auf dem die wichtigsten Größen aufgelistet und mit reichlich Freiraum dahinter versehen sind. Dieses Dokument können Sie beliebig häufig kopieren und für verschiedene Charaktere verwenden. Den ausgefüllten Fragebogen sollten sie bei Ihrer anschließenden Arbeit stets griffbereit halten. Bei Nebenfiguren oder gar Figuren, die lediglich an verschiedenen Stellen Erwähnung finden, jedoch nicht aktiv auftreten, kann im Vergleich zu den Protagonisten der Umfang in manchen Bereichen reduziert werden.

Ein etwaiger Entwurf für einen Charakterbogen enthält folgende Punkte:

1. Physische Eigenschaften und Auftreten der Figur
- Körperbau und Haare
- Kleidung
- Stimme
- Haltung
- besondere Merkmale und Fähigkeiten
- Wirkung auf andere Figuren

2. Vergangenheit
- Eltern und Verwandte
- Erziehung
- Bisherige Wohnorte
- Ausbildung
- Lehrmeister, Freunde und andere Bezugspersonen

3. Gesellschaftlicher Status
- Beruf und Arbeitsplatz
- sonstige Rollen und Aufgaben in der Gesellschaft

- Ansehen in der Gesellschaft
- familiäre Situation
- Berufskollegen, Freunde und Feinde

4. Geistige Eigenschaften
- Selbstwertgefühl und Moral
- Vorlieben und Abneigungen
- Weltbild und Meinung bzgl. der herrschenden Strukturen
- Interessen, Ziele und Wünsche
- Marotten
- besondere Fähigkeiten.

Die Liste lässt sich ganz nach den Bedürfnissen des Autors beliebig erweitern oder modifizieren. Wenn Sie die einzelnen Punkte sorgfältig abarbeiten, werden Sie auf jeden Fall feststellen, dass Sie dabei viel über Ihre Figur lernen, was Ihnen später helfen wird, diese lebendiger zu gestalten. Sollte sich während des Romanschreibens etwas an den genannten Merkmalen verändern oder sollte eine Ergänzung angebracht sein, dann sollten Sie das vermerken und den Charakterbogen folglich stets aktuell halten.

Es ist ferner möglich, sich neben den Charakterbögen ein sogenanntes *Beziehungs- oder Interaktionsdiagramm* zu zeichnen. Dieses Instrument findet z.B. in Videospielen, die dem Rollenspiel-Genre (RPG) angehören, Verwendung. Bei dieser Methode nehmen Sie sich ein großes Blatt Papier (z.B. DIN A 3) oder ein entsprechendes Textdokument und notieren darauf an verschiedenen Stellen die Namen der Hauptfiguren sowie der Nebenfiguren. Lassen Sie zwischen den einzelnen Namen genügend Platz, um Linien und Kommentare einzufügen. Der nächste Schritt besteht darin, dass Sie diejenigen Figuren, die miteinander in Kontakt stehen, mit Linien verbinden. Sie können diese mit Anmerkungen versehen, welche Art von Beziehung hier besteht, oder aber Sie nutzen Farbcodes. So besteht z.B. die Möglichkeit, dass grüne Linien für freundschaftliche Bande stehen, rote Linien für Konkurrenz und Antipathie verwendet werden, blaue Linien eine geschäftliche Beziehung zwischen den Figuren (z.B. A gibt B einen Auftrag) bezeichnen usw. Sollte noch keine Verbindung zwischen zwei Figuren stehen, aber im Verlauf der Geschichte, bzw. des Plots, angedacht sein, dann können Sie es einstweilen bei schwarzen Linien oder Bleistiftstrichen belassen. Beschriften Sie die Linien auf jeden Fall mit den Informationen, die für Sie von Bedeutung sein können, wobei kurze Schlagwörter in aller Regel genügen.

Das Ziel ist, dass Sie gerade bei der Arbeit an Romanen, in denen viele Figuren auftreten, mithilfe des Beziehungsdiagramms jederzeit auf den ersten Blick sehen können, wer zu wem in welcher Art von Kontakt steht. Auch diese Skizze sollten Sie während Ihres Projektes jederzeit auf dem neuesten Stand halten. Damit die Übersichtlichkeit gewahrt bleibt, ist es ferner ratsam, sich auf die wichtigsten Formen der Interaktion zu beschränken.

Wie wir bereits konstatiert haben, ist es keineswegs ratsam, *alle* Einzelheiten und Informationen, die Sie über eine Figur gesammelt und festgehalten haben, in der Geschichte zu platzieren. Schon gar nicht in Form einer trockenen Aufzählung, denn schließlich erwartet er einen Spannungsroman und kein Lehrbuch.

Man sagt gemeinhin, dass sich Menschen über ihre Taten definieren. Analog dazu sind auch Romanfiguren eben das, was sie in der Geschichte *tun*. Dieses *Handlungsprinzip* korrespondiert mit dem Grundsatz, dass Romanfiguren ohnehin tendenziell aktiv, d.h. handlungsorientiert sein sollen. Die Aufgabe des Schriftstellers ist es demnach, seine Figuren dem Leser nahe zu bringen, indem er sie aktiv Dinge verrichten, d.h. handeln lässt. Denn wenn der Leser immer wieder lesen muss, dass die Figur z.B. eigensinnig, cholerisch, mutig, selbstlos, kampfstark o.ä. ist, ohne dass dies in der Geschichte durch Handlung belegt wird, dann mag er dem Glauben schenken oder auch nicht.

Damit eine Figur in einer bestimmten Art und Weise agieren kann und auf den Leser lebendig wirkt, braucht es insgesamt vier Voraussetzungen. Zum einen wäre dies eine passende Gelegenheit (1), die innerhalb eines Fantasy-Romans in der Regel darin besteht, dass die Figur vor einem Hindernis steht und damit in ein Dilemma verwickelt wird. Um für diesen Konflikt gewappnet zu sein, benötigt die Figur weiterhin die entsprechenden Mittel und Fähigkeiten (2), ein Motiv oder ein Begehren (3) sowie das passende Temperament, d.h. die moralische Disposition (4).

Die Gleichung lautet folglich: Handlungsprinzip einer Romanfigur = Gelegenheit + Fähigkeit + Motiv + Wille.

In diesem Zusammenhang ist es von Bedeutung, dass Sie sich stets über die *Charaktermauern* Ihrer Figuren im Klaren sind. Damit ist im schriftstellerischen Jargon gemeint, dass die Handlungsmöglichkeiten einer jeden Figur durch ihre körperlichen und geistigen Kapazitäten, aber auch durch ihre charakterlichen Eigenschaften und moralischen Vorstellungen begrenzt werden. Ein Halbling wird kaum einen Oger im fairen Zweikampf bezwingen, auch wenn er dies mit aller Gewalt anstreben sollte. Ebenso wird es einem Mann, der weder über Mittel, noch Schönheit, Charme, Redegewandtheit oder sonstige besondere Fähigkeiten verfügt, kaum gelingen, das Herz einer wunderschönen Prinzessin zu gewinnen. Ein großer Krieger, der über keinerlei Bildung und Erfahrung in Regierungsgeschäften und Finanzwesen verfügt, wird ungeeignet sein, aus dem Stand weg als Staatsoberhaupt zu fungieren. Eine ehrbare, gewissenhafte Figur ist ungeeignet, sich als Mörder oder Attentäter zu verdingen. All diese Figuren sind durch diejenigen Eigenschaften, die der Autor ihnen auferlegt hat, in verschiedener Weise begrenzt, sodass sie situationsgerecht andere Problemlösungsstrategien ersinnen müssen. Sind die Charaktermauern nämlich erst einmal gezogen, dann ist es fortan nicht mehr so einfach möglich, diese zu durchbrechen. Stattdessen ist der Schriftsteller gezwungen, die Lösung für eine Aufgabe – ganz gleich, wie schwerwiegend diese auch sein mag – innerhalb der auferlegten Grenzen zu finden. Man könnte sagen, dass das Entwerfen einer Figur einschließlich deren immanenter Charaktermauern einem Spiel gleichkommt, dessen Regeln der Autor selbst festlegen kann. Sollte er diese allerdings verletzten, dann wird er vom Leser unweigerlich disqualifiziert werden.

Ein heldenhafter Protagonist, der über solch überragende Eigenschaften verfügt, dass er ohne große Mühe alles und jeden aus dem Weg räumt, ist nicht gerade ein Garant für eine spannende Geschichte. Denn in einem solchen Fall ist die Lösung einer jeden Konfliktsituation für den Leser ja schon von Vornherein zu erahnen. Im Gegensatz dazu sind es gerade die Charaktermauern, d.h. die Einschränkungen der Fähigkeiten einer Figur, die einem Roman seine Würze verleihen. Denn erstens stellt sich bei jedem neuen Hindernis die Frage, ob es der Figur überhaupt gelingt, dieses zu überwinden, und zweitens ist von Interesse, wie die Figur dabei vorgeht. Hier sollten Sie stets den Grundsatz der *Maximalen Kapazität* im Auge behalten, der besagt, dass eine Figur ihre Mauern zwar nicht überschreiten darf, sein Potential aber stets in vollem Umfang ausnutzen, d.h. 100 Prozent Einsatz erbringen sollte.

Wenn Sie Ihren Plot in der Weise aufbauen, dass Sie die Handlung an Ihren bereits entworfenen Figuren orientieren möchten, dann nehmen Sie sich Ihre Protagonisten und Antagonisten einzeln vor und überlegen Sie sich Situationen, die die Figuren wirklich auf die Probe stellen, sie an ihre Grenzen gehen lassen. Idealerweise verfassen Sie für jeden Ihrer Protagonisten einige kurze Szenen, die Aufschluss über die wesentlichen Eigenschaften der Figuren geben. Dies können Handlungsszenen oder Dialoge oder Situationen sein, in denen die Figur mit einem inneren Konflikt konfrontiert wird, d.h. eine Entscheidung fällen muss. Auf alle Fälle sollten sie die Figur vor ein Dilemma stellen und sie zum Agieren zwingen. Erst wenn Sie wissen, wie Ihre Figuren in einer extremen Situation reagieren, lernen Sie und Leser diese richtig kennen. Diese

Szenen können Sie später in ihrer Geschichte verwenden oder möglicherweise zu einem Nebenplot ausbauen.

Sollten Sie umgekehrt zu Anfang Ihres Projekts über eine bestimmte Prämisse, bzw. eine grundlegende Idee verfügen und sich anschließend erst Gedanken über Ihre Figuren machen, dann müssen Sie diese und deren Eigenschaften so gestalten, dass sie den Anforderungen und Widrigkeiten, die Ihre Geschichte vorsieht, gerade eben so gewachsen sind.

Die Kunst besteht folglich darin, einen Spagat zu meistern: einerseits darf eine Aufgabe, die im Verlauf der Geschichte auftritt, eine Figur keinesfalls unterfordern, sondern ihr alles abverlangen. Andererseits muss die Figur stets im Rahmen ihrer gesteckten Grenzen agieren und dennoch glaubwürdige Mittel und Wege finden, um ihr Ziel zu erreichen. Den größten und nachhaltigsten Eindruck erzielen Sie, wenn Sie eine dementsprechende Lösung finden, die der Leser zusätzlich so nicht erwartet hätte.

Sollten Sie allerdings an einem bestimmten Punkt Ihrer Geschichte feststellen, dass die auftretenden Konflikte und die Eigenschaften einer Figur nicht zusammenpassen, dann dürfen Sie sich nicht davor scheuen, Ihr Konzept zu überarbeiten, indem Sie entweder Modifikationen an der Figur oder dem Plot vornehmen. Unter Umständen genügt es bereits, eine weitere Szene einzufügen, aus der ersichtlich ist, dass die Figur ihre Fähigkeiten verbessert, indem sie sich zusätzliches Wissen aneignet, ein magisches Artefakt findet, Unterstützung erhält usw. Oder aber Sie enthüllen weitere Fähigkeiten oder charakterliche Aspekte der Figur, die bislang nicht bekannt waren, z.B. indem Sie einen Hinweis auf einen unbekannten Teil der Vergangenheit der Figur geben. Gerade das Überwinden der zu Anfang formulierten und vom Leser angenommenen Charaktermauern kann eine interessante Auflösung eines einzelnen oder auch des zentralen Konflikts sein. Die Überwindung kann auch schlicht und ergreifend darin bestehen, dass die Figur in einer entscheidenden Situation über sich hinauswächst, wobei stets sichergestellt sein muss, dass dies glaubhaft inszeniert wird und angesichts der Umstände nachvollziehbar ist. Die Ursache für einen solchen Akt der Selbstüberwindung kann z.B. in einer emotionalen Ausnahmesituation bestehen, indem die Figur eine große Furcht, Zorn, Liebe, Rachedurst usw. verspürt.

Wenn Sie all diese Schritte erfolgreich praktiziert haben, dann werden Sie – quasi als Belohnung – feststellen, dass weite Teile des Plots wie von selbst passieren. Dieser Vorteil kommt dadurch zustande, dass Sie an vielen Stellen nicht mehr lange überlegen müssen, wie Ihre Figuren sich entscheiden und auf welche Weise sie agieren werden, da Sie ja genau wissen, was die Figuren antreibt und wie die einzige logische Möglichkeit jeweils aussieht. Wenn Sie es so weit geschafft haben, dann haben Sie die Grundlage für einen guten Fantasy-Roman geschaffen. Darüber hinaus wird der Leser Ihre starken Figuren und Ihre Liebe zum Detail zu schätzen wissen und es Ihnen danken.

<u>Weitere Tipps, wie Sie Ihre Figuren wirklich zum Leben erwecken</u>

Manchmal kommt es vor, dass ein Autor feststellt, dass seine Figuren zu hölzern, zu konstruiert, zu eindimensional oder zu wenig konsistent geraten sind und daher einfach nicht wie gewünscht funktionieren. Dies hat nichts mit Anfängerfehlern zu tun, sondern kann immer wieder passieren, insbesondere dann, wenn man es besonders eilig hatte und nicht genügend Zeit in die Vorbereitung des Romans investiert hat. Das Dumme daran ist, dass man dies in den seltensten Fällen sofort bemerkt, sondern meistens erst nach 100 oder 150 Seiten. Die Mühe und den zusätzlichen Zeitaufwand, den es erfordert, die Figuren und den Plot umzugestalten, bzw. von vorne aufzurollen, kann man sich leicht ausmalen. Daher der Rat: nehmen Sie sich für das Entwerfen der Figuren so viel Zeit, wie Sie benötigen, und fangen Sie mit dem Schreiben erst dann an, wenn Sie sich sicher sind, dass Ihre Figuren ausbalancierte, vielfältige Persönlichkeiten aufweisen und Sie sie gut genug kennen!

Eine empfehlenswerte Methode ist es, sich noch in der Phase des Entwerfens einer Figur in die Figur hineinzuversetzen und sie auf einer imaginativen Reise durch ihren Alltag zu begleiten. Stellen Sie sich vor, dass Ihre Figur diejenigen Orte aufsucht, an denen sie sich für gewöhnlich aufhält, mit anderen Figuren in Kontakt tritt und verschiedene einfache Tätigkeiten ausübt. Nach einer Weile können Sie kleinere Konflikte und Hindernisse einbauen und sehen, wie die Figur mit diesen fertig wird. Wenn Sie diese Übung lange genug durchführen, werden Sie irgendwann ein Gespür dafür entwickeln, wie die Figur mit gewissen Situationen umzugehen pflegt und auf Störfaktoren reagiert. Während Sie sich anfangs noch eine Aktion, bzw. Reaktion Ihrer Figur bewusst herbeidenken müssen, wird die Figur in Ihrem Kopf bald eine Eigendynamik entwickeln. Versuchen Sie, möglichst wenig Einfluss auf das Geschehen zu nehmen, sich zurückzunehmen und das Agieren der Figur zu überlassen. Gerade dieses Verselbstständigen einer Figur ist für einen Autor der Schlüssel, den es zu finden gilt, denn eine selbstständige, eigendynamische Figur ist immer lebendig und charismatisch. Lassen Sie sich überraschen, wohin dies führt, denn häufig kommen auf diese Weise interessante literarische Einfälle zustande. Sollten Ihnen während dieser Übung Fragen zu Ihrer Figur einfallen, dann notieren Sie diese, um sie später erörtern zu können.

Einer weitere Kniff, die Schriftsteller anwenden, um noch mehr über ihre Figuren zu erfahren, ist die Durchführung eines Interviews mit ihnen. Dieses kann gedanklich, schriftlich oder verbal erfolgen. Versetzen Sie sich in Ihre Figur hinein und lassen Sie sich genügend Zeit und Freiraum für ihre Antworten. Ein Autor, der das Wesen seiner Figur simuliert, bzw. adaptiert, wird sich mit dieser schon sehr bald erheblich besser als zuvor identifizieren können. Man kann dies mit der Vorbereitung eines Schauspielers auf seine Rolle vergleichen, denn auch dieser versucht möglichst viel über die Figur zu erfahren, die er darstellen soll. Die Antworten auf die gestellten Fragen fallen im Idealfall sowohl inhaltlich als auch hinsichtlich der begleitenden Gestik und Mimik so umfangreich aus, dass der Autor zahlreiche wertvolle Schlüsse daraus ziehen kann.

Sollten Sie trotz einer sorgfältigen Durchführung dieser Methoden noch immer Schwierigkeiten haben, mit der Figur warm zu werden und deren Einstellung und Denkprozesse richtig zu erahnen, dann sollten Sie ggfs. hingehen und die Figur abändern, z.B. indem Sie jemanden, den Sie sehr gut kennen, als Vorbild dafür nehmen. Auf dieser Basis können Sie danach behutsam die erforderlichen Modifikationen vornehmen, damit die Figur ihrer Rolle in der Geschichte gerecht wird. Zuweilen helfen auch bereits geringe Anpassungen, um die notwendige Wirkung zu erzielen.

Unter Umständen kann es auch zielführend sein, die inneren Konflikte der Figur noch mehr auszuarbeiten und zu präzisieren. Ein allzu geradliniger Protagonist ist für einen Leser weit weniger interessant als ein zwiespältiger Charakter, der innerlich mit sich ringt, sich windet und von Zweifeln und allen möglichen Emotionen heimgesucht wird. So kann eine Figur hin und hergerissen sein zwischen Pflichterfüllung und moralischen Bedenken, zwischen beruflichem Ehrgeiz und privater Verantwortung, zwischen Rachedurst und Vernunft, zwischen Liebe und Verstand, zwischen Gier und Angst, zwischen Neugierde und Sicherheit usw.

Überlegen Sie sich, was Ihre Figur quälen und ihr schlaflose Nächte bereiten könnte und lassen Sie den Leser an diesem inneren Wettstreit teilhaben. Vielleicht kommt die Figur nicht über einen Verlust hinweg, vielleicht leidet sie an Liebeskummer, vielleicht wird sie von Schmerzen geplagt, vielleicht gibt es etwas in ihrer Vergangenheit, vor dem sie sich verschließen will oder aber – umgekehrt – das sie unbedingt erfahren möchte. Eine in dieser Weise vielschichtige Figur wirft immer spannende Fragen auf, lässt ihr weiteres Handeln offen und erweckt das Interesse des Lesers.

Stellen Sie sich auch während des Schreibprozesses permanent die Frage, was die Figur gerade antreibt. Dieser Ansatz entspricht dem Prinzip der *erzählerischen Dynamik*, das besagt, dass ein Leser eine Geschichte eben dann als besonders spannend und packend empfindet, wenn er davon ausgeht, dass ein einschneidendes, dramatisches Ereignis unmittelbar bevorsteht. Ebenso verhält es sich in diesem Kontext: eine Figur, die ein bestimmtes Ziel aktiv (durch eigenes Handeln) anstrebt, stellt in den Augen des Lesers die wandelnde Prophezeiung, bzw. die Ankündigung von bemerkenswerten Erlebnissen und Vorkommnissen dar. Auf diese Weise wird das Interesse sowohl an der Figur als auch an der gesamten Geschichte gesteigert.

Das Gegenstück zu einer Figur, die zu hölzern und leblos daherkommt, ist eine Figur, die allzu künstlich und konstruiert wirkt. Die Figur einer jungen Prinzessin, die in einem streng patriarchalischen System aufwächst, für eine standesgemäße Vernunftehe auserkoren ist und sich dennoch keineswegs an die gesellschaftlichen Konventionen hält, sondern stattdessen ihrem Herz und ihrem Verstand folgt, ist per se ein sehr vielversprechender Gedanke. Übertreibt es der Autor jedoch mit ihren Eigenschaften und lässt sie von Anfang an allzu couragiert, vorlaut, emanzipiert, selbstständig, talentiert und selbstbewusst erscheinen, dann offenbart sich für den Leser ein zu krasser Widerspruch zwischen Erziehung auf der einen und dem geschilderten Ist-Zustand auf der anderen Seite. Gleichzeitig beschleicht den Leser der Verdacht, dass der Autor in diesem Fall keine komplexe Figur mit einer plausiblen Persönlichkeitsentwicklung entworfen hat, sondern eher ein Klischee bedient. Suchen Sie demnach ggfs. nach Eigenschaften, Merkmalen und Charakterzügen, die sowohl originell wie glaubhaft sind.

Eine phantastische Weltenschöpfung gehorcht zwar nicht den realen Gesetzmäßigkeiten, doch muss sie in sich schlüssig sein. Gleiches muss auch hinsichtlich der Figuren, die darin leben, Beachtung finden, da diese den Regeln, die in der fiktiven Welt gelten, ja ebenfalls unterworfen sind. Geht es in der gesamten Welt mit hoher Rücksichtslosigkeit und Grausamkeit zu, dann können Sie dem Leser nicht erzählen, dass der Held oder die Heldin die einzige Figur ist, die *absolut* moralisch, selbstlos und integer ist. Sie mag in vielen Dingen besser sein als ihre Zeitgenossen, aber sie kann sich den Gesetzmäßigkeiten, Erfahrungen und Anforderungen, die für alle gelten, unmöglich ganz verschließen. Und wenn es doch so sein soll – schließlich sind Sie als Autor ja der Gott Ihres eigenen Universums – dann müssen Sie dem Leser das erklären und verständlich machen.

Bei der Entwicklung eines Protagonisten sollten Sie stets auch den potentiellen Leserkreis für Ihr Werk und dessen erwünschte Identifikation mit Ihrer Figur bedenken. Möchten Sie ein Kinderbuch schreiben, so ist es naheliegend, dass zumindest eine der Hauptpersonen ein Kind oder ein Jugendlicher ist. Bei einer All-Age-Fantasy-Geschichte bietet es sich an, mit mehreren Protagonisten zu arbeiten, sodass für Leser gleich welchen Alters und Erfahrungshorizonts ein passender Sympathieträger mit von der Partie ist. Der kriegerische Held eines brachialen, mit Brutalität aufwartenden Sword & Sorcery-Romans dürfte eher den erwachsenen, männlichen Leser ansprechen, während die Figur einer jungen Frau, die sich Hals über Kopf in den gutaussehenden, eleganten Vampir verliebt, eher ein weibliches Publikum anziehen dürfte. Lediglich bei Fantasy-Romanen mit einem satirischen Charakter gelten diese Regeln mitnichten: hier können Sie die Rollen nach Belieben vertauschen und auf diese Weise mit den Erwartungen des Lesers spielen. Wenn sich eine Hauptfigur nicht richtig anfühlt, dann könnte es auch sein, dass Sie zwar eine charakterstarke, lebendige Persönlichkeit erschaffen haben, diese aber nicht zum Subgenre, dem Weltenbau oder der Handlung, bzw. der Zielgruppe, passt.

Leser mögen zunächst einmal Helden, die die mit einem neuen Mix aus altbewährten Eigenschaften aufwarten, in einer neuen oder zumindest sehr ungewöhnlichen Umgebung agieren, sich als Außenseiter oder Underdog in ihren jeweiligen Gesellschaften nach oben arbeiten, sich nebenbei verlieben und alles in allem nicht mehr moralische Grundsätze verletzen als unbedingt nötig. Gänzlich revolutionäre, eigenständige Wege zu gehen gilt hingegen als riskant, da man den Leser auf diese Weise überfordern könnte. Bedenken Sie allerdings stets, dass viele Wünsche und Erwartungen von Verlegern, Lesern und dem Markt im Allgemeinen der aktuellen

Mode unterliegen und sich diese schon sehr bald wieder verflüchtigen kann. Ein gelungener Gag von heute kann in fünf Jahren schon nur noch lächerlich wirken, ein mittelmäßiger Roman, der auf einer Modewellen reitet, kann schon in zwei, drei Jahren ein Fall für die Ramschkiste sein, und ein Held, der sich von der breiten Masse nicht genug abhebt, kann morgen schon vergessen sein.

Vor allen Dingen aber sollten Sie sich klarmachen, dass es sich bei Ihrem Werk um *Ihre* Geschichte enthalten, in der *Ihre* Figuren in *Ihrer* Welt agieren. Hören Sie daher im Zweifel auf sich selbst und lassen Sie Protagonisten los, die Sie selbst fesseln, faszinieren und mit deren Stimme Sie etwas zu sagen haben. Feilen Sie an den Figuren nötigenfalls so lange herum, bis diese sich für Sie richtig und vollkommen anfühlen, dann wirken sie mit hoher Wahrscheinlichkeit auch auf den Leser lebendig.

8. Konflikte

Warum sind Konflikte unverzichtbar?

Wenn eine Welt, bzw. eine Gesellschaft völlig reibungsfrei und bar von jeglichen Meinungsverschiedenheiten und Streitigkeiten funktionieren würde, dann gäbe es auch keine spannende Geschichte, die man darüber erzählen könnte. Demzufolge haben wir bei der Prämisse konstatiert, dass insbesondere der zentrale Konflikt für die Romanhandlung unverzichtbar ist. Konflikte bedingen Handlungen und kulminieren letzten Endes in einer Auflösung, dem Höhepunkt der Geschichte.

Ferner interessiert sich der Leser ganz besonders für die handelnden Figuren, die Protagonisten unserer Geschichte. Hier entscheidet sich häufig, ob es sich bei einem Werk tatsächlich um einen großartigen Roman handelt, den man auch nach dem Lesen nicht wieder vergisst und einem dauerhaft in Erinnerung bleibt. Um zu erreichen, dass eine Figur auf den Leser eine möglichst starke und intensive Wirkung ausübt, existieren drei Kriterien: 1. die Figur muss einige herausragende Eigenschaften aufweisen, die sie unverwechselbar machen; 2. die Figur hat klare Ziele und Ideale und darf sich niemals von deren Verfolgung abbringen lassen; 3. der Leser sollte sich mit der Figur identifizieren können, ihre Ansichten und Absichten teilen und folglich mit ihr mitfiebern.

Damit erhebt sich folgende Frage: wie sollte der Autor praktisch vorgehen, um dem Leser seine Helden mit all ihren Talenten, Charakterzügen, Idealen und Emotionen näher zu bringen? Figuren werden dann richtig lebendig und spannend, wenn sie auf die Probe gestellt werden, wenn sie gezwungen sind, zu agieren, zu sprechen, Entscheidungen zu treffen, Taten zu vollbringen. Die Art und Weise nämlich, wie sie mit ihren Problemen umgehen, charakterisiert sie weitaus mehr als jede Beschreibung, die über sie verfasst wird. Einzig ihre Reaktion auf Hindernisse und Schwierigkeiten verleiht ihnen Persönlichkeit und macht sie aus Sicht des Lesers unverwechselbar und interessant. Folglich ist es die Aufgabe des Autors, Konflikte herzustellen, denen die Akteure ausgesetzt sind und in denen sie sich beweisen müssen.

Der zentrale Konflikt und Konflikte in Nebenplots

Ein guter, fesselnder Roman wartet immer mit einer Vielzahl von Konflikten auf. Unter all diesen kann jedoch einer – wie wir bereits bei der Prämisse festgestellt haben – als der vorherrschende oder der *zentrale Konflikt* bezeichnet werden. Würde ein Leser Ihr Buch einem Bekannten in wenigen Sätzen vorstellen wollen, so würde er die Geschichte höchstwahrscheinlich zunächst einmal auf die wichtigsten Protagonisten und den zentralen Konflikt reduzieren.

Neben dem zentralen Konflikt existiert in einer gut ausbalancierten Geschichte eine Reihe von weiteren Konflikten, die Bestandteile von *Neben- oder Subplots* sind. Diese Handlungsstränge haben einen eigenständigen Verlauf und erzählen sozusagen eine Geschichte in der

Geschichte. Beispiele: eine Figur unternimmt eine wichtige Ausbildung, geht auf eine gefährliche Suche, muss seine Angebetete für sich gewinnen usw.

Es ist ebenfalls denkbar, dass die Figur in einer einzelnen Szene vor ein Hindernis gestellt wird, das sie überwinden muss. Beispiele: die Figur muss sich bei einem Überfall Räubern erwehren, nimmt an einem Turnier teil, wird in ein Streitgespräch verwickelt usw. Diese Art von Konflikten spinnen entweder lose Fäden, die schließlich – am Höhepunkt der Geschichte – zu einem Ganzen zusammengeführt werden, oder aber sie dienen der Spannung, dem Erzielen einer besonderen Wirkung oder der Vorstellung und Entwicklung der Charaktere. Sie bringen sozusagen eine besondere Würze und Abwechslung in das Geschehen.

Ein guter Spannungsroman besteht aus einer Fülle von Konflikten. Tatsächlich sollte in jeder noch so kurzen Szene ein Konflikt auftreten oder wenigstens einem bald folgenden Konflikt der Weg geebnet werden. Dies gilt auch für Dialoge. Wenn eine Figur eine Meinung kundtut, dann muss die nächste Figur dies sogleich infrage stellen. Durch das Aufwerfen von Konflikten erzeugen Sie bei Ihren Lesern Aufmerksamkeit, Anteilnahme und Spannung und machen Ihre Geschichte lesenswert.

Wie entstehen Konflikte und wie werden sie aufgelöst?

Konflikte entstehen, wenn die Wünsche und Ziele einer Figur auf Hindernisse treffen. Auf diese Weise wird Dramatik erzeugt und die Handlung vorangetrieben. Gleichzeitig erfährt der Leser, wer diese Figuren sind, an der Art, wie sie auf diesen Widerstand reagieren.

Nehmen wir einmal an, eine Bande Wegelagerer oder Piraten verstellt dem Helden den Weg. Hackt er sich daraufhin mit seinem Schwert beschwingt den Weg frei, so haben wir es wahrscheinlich mit einem Krieger zu tun. Ein Magus hingegen würde in seine Trickkiste greifen und den bösen Buben mit einem Zauber eins überbraten, z.B. mit einem Blendzauber oder indem er ein paar Baumkronen in Flammen aufgehen lässt. Ein elbischer Bogenschütze würde ebenso zu seiner bevorzugten Waffe greifen wie ein zwergischer Axtschwinger oder ein orkischer Keulenträger. Andererseits würde sich eine Figur, die weniger für einen offenen Kampf prädestiniert ist, viel eher nach einer Fluchtmöglichkeit umsehen oder aber versuchen, die Banditen mit einem Bluff oder einem Ablenkungsmanöver zu verwirren. Ganz gleich wie der Held auch vorgehen mag – aufgrund dessen, *wie* er die Situation meistert, lernt der Leser eine ganze Menge über ihn und beginnt, seine Denkweise und Perspektive zu verstehen und zu verinnerlichen.

Hindernisse, die einen Konflikt initiieren, können z.B. in den Handlungen eines anderen Charakters bestehen (körperliche Attacken usw.), in Naturereignissen (Katastrophen, unüberwindliche Orte usw.), in Streitgesprächen (gegensätzliche Meinungen) oder in inneren Konflikten (die Figur ringt mit sich selbst bzgl. einer anstehenden Entscheidung). Ein klassischer Konflikt besteht z.B. in der Reaktion auf eine feindliche Aggression. Hier bestehen die drei Möglichkeiten Gegenwehr (Abwehrkampf oder Präventivangriff), Flucht (kurzfristig oder dauerhaft) und Totstellen (verstecken oder ignorieren).

Die Auflösung eines Konfliktes findet statt, wenn die Figur das Hindernis, das ihr im Weg steht, überwunden hat. Der Autor muss die dazu notwendige Handlung so gestalten, dass sie sinnvoll und glaubhaft erscheint und den Bedürfnissen und Eigenschaften des Charakters entspricht.

Das Oppositionsprinzip

Die wichtigste Konfliktform in Fantasy-Romanen besteht darin, dass zwei der agierenden Figuren unterschiedliche, widerstreitende Ziele haben und jeweils fest entschlossen sind, diese zu erreichen. Je mehr auf dem Spiel steht und je unnachgiebiger und motivierter beide Seiten sind, desto besser.

Dabei ist von Bedeutung, dass es sich bei beiden Parteien um ebenbürtige, gleichwertige

Konkurrenten handelt. Man spricht hier auch vom *Oppositionsprinzip*. Demnach setzt der Antagonist allen Versuchen des Protagonisten, seine Ziele zu erreichen, ebenso viel Kraft, Schlauheit und Energie entgegen. Tatsächlich kann es in einer Geschichte sogar für eine lange Zeit so aussehen, als ob die Macht des Schurken größer wäre, z.B. da er über großen Einfluss, eine hohe Position, viel Macht, eine riesige Armee, eine gewaltige Stärke oder bis dato einmalige Fähigkeiten verfügt.

Das Oppositionsprinzip, d.h. der Grundsatz der gleich großen, gegeneinander gerichteten Kräfte, ist allgemeingültig und auf jede Art von Konflikt anzuwenden. Die Faszination besteht dabei jeweils darin, dass beide Kräfte einander die Waage halten und damit einen starken Konflikt bilden und der Leser gespannt auf dessen Auflösung wartet.

Das schicksalhafte Band oder der Schmelztiegel

Hilfreich ist in diesem Zusammenhang, wenn Sie sich die Verbindung zwischen den handelnden Figuren, etwa zwischen Held und Schurke, als *schicksalhaftes Band* oder *Schmelztiegel* vorstellen, in dem die beiden untrennbar und bis zum bitteren Ende miteinander gefangen sind. Damit ist gemeint, dass es etwas in Ihrer Geschichte gibt, das beide Parteien haben wollen, und zwar so unbedingt, dass ihre Motivation, den Konflikt bis zum endgültigen Triumph oder bis zum bitteren Ende fortzusetzen, absolut unerschütterlich ist. Kein brauchbarer Romanheld würde auch nur im Traum daran denken, auf halber Strecke kehrt zu machen und davonzulaufen, denn das Erreichen seines persönlichen Zieles muss für ihn notwendig und unausweichlich sein. Da für seinen Gegner das Gleiche gilt, sind ihre Schicksale untrennbar miteinander verwoben, d.h. es besteht eine deterministische Beziehung zwischen den beiden.

Die Beachtung dieser Regel führt dazu, dass der Leser die Motivation der einzelnen Figuren stets nachvollziehen kann und versteht, dass der Held sein Ziel aus seiner Sicht unbedingt erreichen *muss*. Da diese Absicht jedoch mit den ebenso triftigen Gründen und dem gleichermaßen starken Willen seines Widersachers kollidiert, gibt es für keine der beiden Seiten eine einfache Lösung für das Problem.

Voldemort ist von Hass verzehrt, u.a. auf die Muggel, die in seinen Augen Menschen zweiter Klasse sind, auf Dumbledore, der ihm einst eine Lehreranstellung in Hogwarts verweigerte, und so ziemlich alle anderen, die ihm nicht folgen. Vor allem aber hasst er Harry Potter, von dessen Körper einst ein Fluch auf ihn zurückprallte und ihn seines Körpers beraubte. Nun ist er besessen davon, seine physische Gestalt zurückzuerlangen und die Macht über die gesamte magische Welt zu erobern. Harry Potter hingegen will Rache für die Ermordung seiner Eltern durch Voldemort und ist fest entschlossen, seine Freunde und Hogwarts vor den Machenschaften der Todesser zu schützen. So sehr, dass er schließlich sogar seinen eigenen Tod als Mittel zum Zweck akzeptiert. Ergebnis: das Schicksal der beiden Figuren ist unweigerlich miteinander verknüpft, denn keiner kann sein Ziel erreichen, ohne die Wünsche des anderen zu zerstören.

Sauron will als Nachfolger seines Meisters Melkor seit jeher Mittelerde beherrschen und schmiedete dazu den mächtigen Meister-Ring. Allerdings unterlag er vor langer Zeit gegen ein Bündnis aus Menschen und Elben, woraufhin ihm Isildur den Ring von der Hand schnitt. Im *Herrn der Ringe* erlangt er seine Kräfte allmählich zurück und schickt seine Häscher aus, um den o.g. Ring zu ihm zurückzubringen. Damit würde seine Macht ins Uferlose wachsen und er könnte all seine Feinde besiegen. Gandalf und Frodo auf der anderen Seite wollen die freie Welt vor dem Untergang bewahren und sind bereit, hierfür bis zum letzten Atemzug zu kämpfen. Dazu müssen sie alles tun, um den Einen Ring vor Saurons Zugriff zu bewahren und ihn für immer zu zerstören. Auch hier das gleiche Ergebnis: der Schmelztiegel der beiden Parteien ist der Wettstreit um den Meister-Ring, und keine der beiden wird rasten, bis über Sieg und Niederlage entschieden ist.

Der innere Konflikt

Wenn irgendwelche Schurken den Helden ans Leder wollen, dann handelt es sich dabei um Hindernisse, die von außerhalb auf den Protagonisten einwirken. Solcherlei äußere Konflikte, die mit Waffengewalt, Geschick oder Zauberei entschieden werden, bergen in den meisten Fantasy-Romanen zwar das Gros des Konfliktpotentials, doch existieren außerdem noch innere Konflikte. Diese sind keineswegs weniger bedeutsam oder intensiv, sondern stellen ganz im Gegenteil ein hervorragendes Werkzeug dar, um Spannung zu erzeugen und den Leser in das Schicksal der Protagonisten zu involvieren.

Der innere Konflikt tritt auf, wenn der Wille und die Absicht einer Figur auf ein Hindernis stoßen, das in ihrem eigenen Bewusstsein liegt, und sie folglich eine Entscheidung fällen muss. Dabei kann es sich um die verschiedensten Beweggründe und Emotionen handeln, die miteinander in Konkurrenz treten, wie z.B. Angst, Schuld, Gier, Liebe, Gewissen, Zweifel, Skrupel, Pflichtgefühl, Loyalität, Vernunft, Bequemlichkeit, Ehre, Selbstachtung, Moral, Sorgen usw. Der innere Konflikt zeigt dem Leser wie kaum ein anderes Mittel, dass für den Helden etwas auf dem Spiel steht, dass er engagiert und aktiv und somit ein lebendiger Charakter ist.

In Tolkiens *Silmarillion* erschlägt Melkor den Elbenfürsten Finwe, um die Silmaril zu stehlen. Dessen Sohn Feanor ist daraufhin vom Hass auf den Mörder besessen. Er vereinigt die Noldor unter sich und schwört mit seinen Söhnen den Eid, Rache zu üben. Allerdings benötigt er, um Melkor zu dessen Festung Angband zu folgen, die Schiffe des Elbenstammes der Teleri. Diese verweigern allerdings ihre Hilfe bei der Unternehmung. Somit steht Feanor vor der Wahl, entweder die Verfolgung aufzugeben oder aber dem Brudervolk sein Hab und Gut gewaltsam wegzunehmen. Dies mündet letztlich in eine große Tragödie, den sog. Sippenmord.

In *Harry Potter und der Stein der Weisheit* glaubt Harry, einem Komplott auf der Spur zu sein, in dessen Verlauf irgendjemand – möglicherweise der undurchsichtige Severus Snape – ein wertvolles Artefakt stehlen und damit dem bösen Lord Voldemort einen Dienst erweisen würde. Seine Ermittlungen bringen den Helden in immer größere Schwierigkeiten: seine Lehrer erwischen ihn bei seinen nächtlichen Ausflügen und verpassen ihm und seinen Freunden so manche Strafen, sein „Haus" Gryffindor kassiert aufgrund seiner Verfehlungen Strafpunkte, womit er sich den Zorn seiner Mitschüler auf sich zieht, es droht ihm der Verweis von Hogwarts, und selbst der von ihm verehrte Professor Dumbledore scheint seine Sorgen nicht ernst zu nehmen und weitere Ermittlungen zu missbilligen. Somit steht Harry vor dem Dilemma, dass jeder weitere Ungehorsam seine Ausbildung zum Zauberer und all seine neu gewonnenen Freundschaften gefährden würde, während ihm sein Instinkt andererseits sagt, dass er sich auf der richtigen Spur befindet und sein Eingreifen bitter nötig ist. Einer der größten überhaupt denkbaren inneren Konflikte findet sich am Höhepunkt des finalen Bandes der Reihe. Hier wird Harry die Erkenntnis zuteil, dass er sich, um den Feind zu überlisten, diesem kampflos ausliefern muss, was einem Selbstopfer gleichkommt. Die Entscheidung, freimütig sein Leben zu geben und dadurch die vage Aussicht auf die Rettung aller anderen zu bewahren, steht also im Wettstreit mit seinem ganz natürlichen Wunsch auf Selbsterhaltung.

Twilight fasziniert mit einem ganzen Feuerwerk an inneren Konflikten. Als Bella zu ahnen beginnt, dass es sich bei ihrem Mitschüler und Banknachbarn Edward um einen Vampir handeln könnte, steht sie vor einem Dilemma. Auf der einen Seite existiert ein ganzer Steinbruch von gewichtigen Gründen, die dafür sprechen, sich künftig von ihm fern zu halten, wie z.B. die Gefahren, die von Edwards Vampir-Clan für ihr Leben ausgehen könnten, die Missbilligung, mit der ihr überfürsorglicher Polizisten-Vater Charlie auf diese Verbindung reagieren würde, oder die Warnung seitens der indianischen Quileute um Billy Black. Darüber hinaus weiß sie natürlich, dass sie auch Edward durch ihre Beziehung in Schwierigkeiten bringt, indem sie ihn der Gefahr der Enttarnung aussetzt. Auf der anderen Seite ist da schlicht und ergreifend die

Tatsache, dass sie in Edward vernarrt ist, dass er ihr Leben gerettet hat, dass sie ihm vertraut und er umgekehrt dasselbe für sie zu empfinden scheint. Der gleiche innere Konflikt trifft selbstverständlich auch auf Edward zu, der weiß, dass er durch die ungewöhnliche Beziehung Mensch-Vampir sich, seine Familie (den Vampir-Clan der Cullens) und außerdem natürlich Bella in Gefahr bringt. Und dass diese Sorge begründet ist, macht schließlich das Erscheinen des Trackers deutlich.

Noch zwei weitere Beispiele für innere Konflikte aus demselben Buch: als der Tracker Bella zu verstehen gibt, dass er ihre Mutter entführt hat, stürzt er sie in einen ganz ähnlichen Zwiespalt, wie wir ihn oben bei *Harry Potter und die Heiligtümer des Todes* gesehen haben: um die klitzekleine Chance zu erhalten, ihrer Mutter das Leben zu retten, muss Bella nicht nur ihre Beschützer, die Cullens, hintergehen, sondern sich selbst und damit ihr Leben dem Bösewicht ausliefern. Ein anderer Ausweg als das Märtyrertum ist hier nicht ersichtlich. Am Ende des ersten *Twilight*-Bandes eröffnet Bella ein Streitthema, dessen Diskussion sich in den Folgebänden fortsetzt: um mit Edward auf ewig vereint sein zu können und ihm außerdem eine ebenbürtige Partnerin zu sein, fordert sie ihn auf, sie ebenfalls in einen Vampir zu verwandeln. Das wiederum stürzt Edward in ein moralisches Dilemma, denn seiner Überzeugung nach ist die Verwandlung eines gesunden Menschen in einen Vampir ein Frevel, den er nicht so einfach auf sich laden möchte.

Ein innerer Konflikt ist immer dann vorhanden, wenn eine Figur etwas unbedingt tun oder haben muss, sie diese Sache jedoch aus ebenso triftigen und zwingenden Gründen (Oppositionsprinzip) nicht tun oder haben kann oder will. Folglich steckt die Figur in einem Konflikt, da in ihrem Bewusstsein zwei gleich starke, entgegengesetzte Kräfte einen Wettstreit ausführen. Oder wie Goethe Faust sagen ließ: „Zwei Seelen wohnen, ach! in meiner Brust!"

Dies dauert solange an, bis die Figur ihre Entscheidung fällt oder diese ihr durch neue Tatsachen abgenommen wird.

<u>Wie Sie den Konflikt bis zum Höhepunkt steigern</u>

Konflikte dürfen weder statisch noch sprunghaft sein, sondern sich allmählich entwickeln und sich bis zum Höhepunkt (zur Pointe) steigern. Ist die Konfliktsituation statisch, d.h. bleibt die Intensität fortwährend gleich, so können sich auch die Figuren nicht verändern und entwickeln, und die anfängliche Spannung des Lesers kann sich in Langeweile verwandeln. Wird der Konflikt andererseits allzu sprunghaft gestaltet, z.B. indem die Protagonisten plötzlich ihre Meinung ändern oder sich die äußeren Bedingungen schlagartig verwandeln, dann besteht die Gefahr, dass die Handlung unglaubwürdig wird und der Leser nicht mehr mitkommt und sich entfremdet fühlt.

Bei der Definition von Konflikten haben wir gesagt, dass ein Konflikt dann entsteht, wenn die Absichten einer Figur auf Hindernisse treffen. Die Konfliktsituation kann sich im Folgenden weiterentwickeln, indem man die Widerstände, mit denen sich der Held auseinandersetzen muss, allmählich steigert. Hierzu empfiehlt es sich, sich den Konflikt, bzw. den entsprechenden Handlungsstrang, als ein Phasenmodell vorzustellen. In jeder der Phasen kommt eine neue Widrigkeit hinzu, bis keine Steigerung mehr möglich ist, der Konflikt auf seinem Höhepunkt angelangt ist und in Form einer Pointe aufgelöst werden muss.

Wesentlich ist, dass das Verhalten, die Emotionen und die Fähigkeiten der Protagonisten konvergent zu den Stadien des Konflikts verlaufen, d.h. die Figuren verändern sich entsprechend den Anforderungen auf eine plausible Weise. Dies hat zur Folge, dass sie den Konflikten stets gerade so gewachsen sind. Zusätzlich können im Verlauf der Geschichte immer mehr charakterliche Aspekte der Figuren zum Vorschein kommen, bzw. sich entwickeln, was den Leser besonders fesselt. Z.B. kann der Protagonist am Anfang der Konfliktsituation so beschaffen sein, dass er dem Hindernis entweder mit Unglaube, Geringschätzung oder Desinteresse begegnet. Wenn sich die Bedrohung jedoch manifestiert und zusehends ernster wird, dann wandelt sich dies jedoch zunächst zu Verwunderung, dann zu Verärgerung, danach zu Wut und schließlich zu wilder Entschlossenheit. Neben dem emotionalen Zustand der Figur variieren mit der Fortdauer des Konfliktes vielleicht auch die Entscheidungen, die sie trifft: steht sie einem Bündnis oder der Aussöhnung mit einer anderen Partei anfangs ablehnend und unnachgiebig gegenüber, so sieht sie im Angesicht großer Not vielleicht keine andere Möglichkeit mehr und ändert ihre bisherige Haltung.

Beim zentralen Konflikt, der in der Regel im Wettstreit zwischen Protagonist und Antagonist besteht, können Sie sich die beiden Parteien bildhaft als Schachspieler vorstellen, von denen jeder auf den Zug des anderen eine noch bessere Erwiderung hat. Neben dem Agieren des Gegners können alle möglichen Einflüsse bei der Verschärfung des Konflikts eine Rolle spielen, z.B. kann der Held in einen inneren Zwiespalt geraten, indem er sich verliebt, jemanden beschützen will oder seine Loyalität gespalten ist, oder aber er erleidet eine Verwundung oder den Verlust eines wichtigsten Hilfsmittels (z. B. eines magischen Artefaktes). Wesentlich ist, dass sich die Akteure ständig mit immer größer werdenden Hindernissen konfrontiert sehen, dass sich ihre Probleme vervielfältigen und der auf sie ausgeübte Druck immer stärker wird.

Man könnte metaphorisch auch von einem Pokerspiel ausgehen, das dann endet, wenn alle Einsätze gemacht und die Karten aufgedeckt sind. Am Höhepunkt des Konfliktes erfolgt schließlich dessen Auflösung.

Diese Vorgehensweise sollten Sie sowohl beim zentralen Konflikt oder einem größeren Subplot, der sich über mehrere Kapitel hinziehen kann, beherzigen als auch bei einer einzelnen, autonomen Konfliktszene, die vielleicht nur wenige Absätze oder Seiten ausfüllt.

9. Wie erzeugt man knisternde Spannung?

<u>Was ist eigentlich Spannung?</u>

Fantasy-Romane gehören, ebenso wie Werke aus den Bereichen Thriller, Kriminalroman, Horror und Science-Fiction, zur Spannungsliteratur. Von *Spannung* spricht man im Allgemeinen, wenn jemand eine auf etwas Zukünftiges gerichtete Neugierde oder Erwartung verspürt, bzw. etwas derart beschaffen ist, dass es bei einer Person zu großer Aufmerksamkeit und Aufgeregtheit führt. Verwandte Adjektive sind *angespannt* und *gespannt*. Im literarischen Kontext bedeutet Spannung, dass es dem Autor gelingt, den Leser über die gesamte Strecke eines Romans zu fesseln, sodass er gar nicht daran denkt, das Buch beiseite zu legen, weil er unbedingt wissen möchte, wie die Geschichte weiter geht. Spannung ist der Grund, weshalb er wieder und wieder zur nächsten Seite umblättert, obwohl es schon halb drei Uhr nachts ist und er schon lange friedlich schlafen sollte, oder weshalb er gerade schon wieder die Busstation verpasst hat, an der er hätte aussteigen müssen.

Im Folgenden wollen wir daher verschiedene Methoden und Werkzeuge, gezielt Spannung zu erzeugen, näher beleuchten.

<u>Der zentrale Spannungsbogen und andere sich steigernde Konflikte.</u>

Wie wir bereits ausgeführt haben, interessiert sich der Leser in erster Linie für aktive, charakterstarke Figuren, besonders für solche, mit denen ihn ein Band der Sympathie verbindet und mit denen er sich identifizieren kann. Diese Figuren werden mit Konflikten konfrontiert, d.h. mit Widerständen, gegen die sie sich aktiv zur Wehr setzen. Da die Protagonisten – ebenso wie ihre Gegenspieler – auf dem Weg zum Ziel unter keinen Umständen daran denken, die Segel zu streichen, bezieht Ihr Roman seine Spannung zuallererst aus der Aussicht auf die Auflösung des zentralen Konflikts. Das bedeutet, dass der Leser wissen will, ob der Held am Ende an dem

Dilemma, das den Kern der Geschichte darstellt, scheitern oder aber den Triumph erringen wird. Diese Art der Spannung wird als *zentraler Spannungsbogen* bezeichnet. Dieser ist deshalb der wichtigste Spannungsfaktor, da er sich durch den gesamten Roman zieht und erst dann endet, wenn der zentrale Konflikt beigelegt wird. Wird er schließlich aufgelöst, dann ist die Geschichte im Grunde vorüber und klingt allenfalls noch aus. Wie gelingt es uns nun, den zentralen Spannungsbogen möglichst stark zu spannen, ihn über so viele Seiten hinweg aufrecht zu erhalten und den Leser damit an das Buch zu binden?

Das Geheimnis des zentralen Spannungsbogens liegt in der maßvollen Steigerung der Hindernisse, mit denen die Protagonisten konfrontiert werden, bis hin zur scheinbaren Unlösbarkeit des Konflikts.

Bereits im Kapitel über die handelnden Figuren haben wir festgestellt, dass der Antagonist ein mehr als würdiger Gegner für den Protagonisten sein muss. Je stärker, klüger und mächtiger er daherkommt und je größer die Heerscharen sind, die seinem Befehl folgen, desto eher wird sich der Leser fragen, wie es dem Helden am Ende gelingen wird, den scheinbar übermächtigen Gegner doch noch in die Knie zu zwingen. Vielleicht gibt es ja gar kein glückliches Ende oder der Held wählt den Märtyrertod, um sein Land oder seine Lieben zu retten? Nichts ist hingegen öder und langweiliger, als wenn der Leser bei der Lektüre eines Buches dessen Verlauf und Ausgang mühelos prognostizieren kann.

Sie erkennen schon, worin die Schwierigkeit besteht. Es genügt nicht, ein Problem aufzuwerfen, dem mit ein paar simplen Schwerthieben oder magischen Sprüchen Abhilfe geschaffen werden kann. Vielmehr muss das Dilemma – der zentrale Konflikt – so gewaltig sein, dass die Helden in der Wahrnehmung des Lesers auf schier verlorenem Posten kämpfen. Und sollte ein einzelnes Hindernis mühevoll beseitigt werden, so treten sofort zwei neue an dessen Stelle. Der Leser muss sich die ganze Zeit über die Frage stellen, ob es überhaupt eine Aussicht auf ein fröhliches Ende gibt. Tatsächlich muss die Lage so vertrackt sein, dass es keinen Ausweg zu geben scheint. Je vertrackter, desto besser! Der drängende Wunsch, zu erfahren, welchen Verlauf und Ausgang die finale Auseinandersetzung nehmen wird, versetzt den Leser in eine immer größere Spannung.

Harry Potter sieht sich gegen Ende der Geschichte zahlreichen Schwierigkeiten ausgesetzt, während seine Feinde immer einflussreicher und seine Verbündete immer weniger werden. Der ohnehin schon mächtige Voldemort ist in die Welt der Lebenden zurück gekehrt, seine Schergen haben das Ministerium, Hogwarts und weitere Schaltstellen der Macht besetzt und jagen Harry und seine Freunde quer durch das Land. Gleichzeitig sind Dumbledore und Sirius Black nicht mehr da, sogar Ron lässt seine Freunde (zumindest kurzzeitig) im Stich, und Harry muss untertauchen. Seine einzige klitzekleine Chance auf eine glückliche Fügung der Dinge scheinen die Horkruxe und die Heiligtümer des Todes darzustellen, wobei er natürlich keinen blassen Schimmer hat, wo diese sich befinden könnten. Kurzum: der jugendliche Held kämpft aus Sicht des Lesers auf völlig verlorenem Posten, was nichts daran ändert, dass die Hoffnung bekanntlich zuletzt stirbt.

Auf dem Höhepunkt der *Herr der Ringe*-Trilogie ist die Armee der Menschen nach der Schlacht um Minas Tirith stark dezimiert. Mit lediglich 7000 Soldaten ziehen Aragorn, Gandalf und ihre Verbündeten zum Schwarzen Tor, um Mordor herauszufordern. Sauron gebietet derweil nach wie vor über eine viel größere Anzahl an Orks und außerdem über andere kampfstarke Untertanen, wie die Nazgûl. Gleichzeitig versuchen Frodo und Sam, den Meister-Ring im Feuer des Schicksalsberges zu vernichten. Allerdings sehen sich die beiden Hobbits orkischen Horden, der Spinne Kankra und anderen Feinden gegenüber. Zudem ist Frodo vom Tragen des Ringes geschwächt, und zu allem Überfluss verfolgt ihn die Kreatur Gollum, der vom Ring besessen ist und ihn unbedingt an sich bringen will. Auf wen also würden Sie Ihr Geld wohl setzen, wenn Sie wetten müssten?

Ein Konflikt, also das Auftreten von Hindernissen oder das Aufeinandertreffen unterschiedlicher Standpunkte, erzeugt beim Leser immer ein *Ich-will-wissen-wie-es-ausgeht*-Gefühl. Noch wirkungsvoller wird das Ganze, wenn sich die Konfliktsituation nach und nach in ihrer Intensität steigert. D.h. das Problem, dem sich der Held gegenüber sieht, wird zusehends größer, die Situation wird immer bedrohlicher und die Lage aussichtsloser. Jetzt will der Leser erst recht wissen, *ob* und *wie* sich die Figur aus diesem Dilemma doch noch herauswindet. Und da er die Geschichte ja in erster Linie über die Perspektive des Protagonisten wahrnimmt, wird er bis zum Höhepunkt des Konflikts emotional immer mehr involviert, was dazu führt, dass er das Buch erst recht nicht mehr aus der Hand legen möchte.

Im Folgenden ein Beispiel aus *Twilight*, in dem sich die Spannung durch immer größer werdende Widerstände bis zur Pointe steigert.

Bella wird von den Cullens dazu eingeladen, einem Baseballspiel unter Vampiren beizuwohnen (die ein bisschen kräftiger zuschlagen als gewöhnliche Menschen). Dummerweise möchten ein paar fremde Vampire ebenfalls ein paar Bälle schlagen, und einer davon – ein besonders gefährlicher, menschenmordender *Tracker* – entdeckt Bella und hat es ab sofort auf sie abgesehen, was durchaus ungute Folgen für sie haben könnte. Edward und seine Familie bringen Bella in Sicherheit und versichern ihr, dass keine Gefahr für sie droht. Bis dahin haben wir es demnach mit einem Konflikt zu tun, der beinhaltet, dass der böse James-Vampir Bella an die Kehle will und alle anderen das verhindern wollen. Doch da die Cullens in der Mehrheit sind, ist dem Leser noch nicht so richtig angst und bange.

Dann verschieben sich die Gewichte Schlag auf Schlag zu Ungunsten der Protagonisten. Zunächst gerät Bellas Vater in Gefahr, danach verlieren Edward, Carlisle und Emmet die Spur des Gegners, sodass ihr Plan, ihn zur Strecke zu bringen, ins Leere geht. Und schließlich sieht die hellsichtige Alice in einer Vision, dass sich der Jäger überraschenderweise in Phoenix befindet, eben dort, wohin man Bella sicherheitshalber gebracht hat. Alles in allem hat sich der Tracker als wesentlich gerissener und gefährlicher erwiesen, als man ihn eingeschätzt hatte. Nun sieht das Ganze schon ein wenig düsterer aus.

Dann eine weitere Steigerung des Konflikts: der böse James nimmt mit Bella Kontakt auf und verkündet ihr, dass er ihre Mutter in seiner Gewalt hat. Die einzige Möglichkeit der Heldin, ihre Mutter zu retten, besteht darin, sich ihren Beschützern zu entziehen und sich ihrem Jäger auszuliefern. Was sie dann schließlich auch tut ... Der Leser wünscht sich da selbstverständlich nichts sehnlicher als zu wissen, wie sie da wieder rauskommt!

Die Prämisse (der Hauptplot) einer Geschichte beinhaltet einen zentralen Konflikt, der sich von ihrem Anfang bis zum Ende hinzieht. Daneben weist der gesamte Plot (die Handlungsskizze) des Romans noch eine Vielzahl von weiteren Konflikten auf. Diese können entweder als Teile des zentralen Konflikts betrachtet werden oder aber sind sozusagen autonom, indem sie eine eigene Thematik mit einem abgeschlossenen Ende aufweisen.

<u>Werfen Sie Fragen über Fragen auf!</u>

Spannung wird ganz allgemein vor allen Dingen dadurch erzeugt, dass der Autor mit seiner Geschichte eine Vielzahl von Fragen aufwirft, die unverzüglich dazu führen, dass der Leser sich nichts sehnlicher wünscht, als deren Antwort zu erfahren. Ein Roman hingegen, der allzu geradlinig verläuft und in dessen Verlauf der Leser immerzu über alles und jedes Bescheid weiß, kann vieles sein, aber ganz sicher kein Spannungsroman. Menschen lieben es, zu rätseln, zu knobeln, Geheimnisse zu lüften, Theorien aufzustellen und sich am Ende darüber zu vergewissern, ob sie mit ihren Ideen richtig oder falsch lagen, ob sich ihre Hoffnungen erfüllen, sich ihnen Überraschungen offenbaren usw. Im Idealfall tauschen sie sich mit anderen Lesern über die verschiedenen Möglichkeiten aus.

Joanne K. Rowling entwirft in ihren Büchern eine Fülle faszinierender Rätsel. In *Harry Pot-*

ter und der Stein der Weisen* erfährt Harry dank seiner Neugierde, dass jemand versucht hat, in die Zaubererbank Gringotts einzubrechen und etwas Wertvolles zu stehlen. Was die Frage aufwirft, *wer* hier *was* stehlen wollte. Später lernen er und seine Freunde einen riesigen, dreiköpfigen Hund kennen, der in einem verborgenen Teil von Hogwarts etwas zu bewachen scheint. Weiterhin entdecken sie eine Verschwörung, denn ihnen wird klar, dass sich jemand innerhalb des Schlosses an dem wertvollen Schatz vergreifen will. Somit stellt sich der Leser gemeinsam mit den Helden die Frage, wer hinter dem Ganzen steckt und worauf er es abgesehen hat.

In *Harry Potter und die Kammer des Schreckens* wird der Held mit mysteriösen Morddrohungen konfrontiert (Inschriften in der Wand etc.). In diesem Zusammenhang erfährt er von der sogenannten Kammer des Schreckens, einem Ort innerhalb des Schlosses, von dem niemand genau weiß, wo er sich befindet, und von dem eine große Gefahr ausgehen soll. Angeblich soll er ein furchtbares Monstrum beherbergen, das vor einiger Zeit ausgerechnet der friedfertige Wildhüter Hagrid befreit haben soll. Bald werden Schüler versteinert und verschwinden, und es wird klar, dass die verfluchte Kammer von irgendjemandem wieder geöffnet wurde. Die Vielzahl der Fragen, die mit diesen Ereignissen einhergehen, ist offensichtlich: wer ist für den Spuk verantwortlich, was genau ist die Kammer des Schreckens, was beinhaltet sie, wo ist sie versteckt, was ist dran an den Beschuldigungen gegen den armen Hagrid usw.?

Eine andere Art von Fragen lernen wir am Anfang von *Twilight* kennen. Als Bella Edward kennen lernt und mit ihm gemeinsam die Schulbank drückt, reagiert dieser zunächst ausgesprochen merkwürdig auf sie. Mal verhält er sich abweisend und regelrecht aggressiv, mal will er sogar in einen anderen Kurs wechseln, nur um sich am nächsten Tag wieder völlig normal zu gebärden. Da die Protagonistin für dieses Verhalten keinerlei Ursache gesetzt hat, fragt man sich natürlich, was hinter diesen Stimmungsschwankungen steckt. Dies wiederum macht Edward geheimnisvoll und erweckt ein gesteigertes Interesse für ihn. Danach wird sein Verhalten noch außergewöhnlicher: er bewegt sich mit katzenhafter Leichtigkeit, isst niemals etwas, kann seine Augenfarbe wechseln und rettet Bella mit einer schier unglaublichen Schnelligkeit und Kraft vor einem heranrauschenden Wagen. Irgendwann kommt dann die Vampir-These auf, und spätestens zu diesem Zeitpunkt ist der Leser gefesselt und kann es kaum erwarten, die Wahrheit über das Wesen des jungen Mannes (oder was immer er ist) zu erfahren.

Eine der zentralen Fragen, die sich der Leser in *The Witcher* stellt, betrifft die besonderen Kräfte von Ciri (Cirilla). Es heißt, dass sie Älteren Blutes ist, d.h. von Elfenmagiern abstammt, die angeblich zwischen Raum und Zeit wechseln konnten. Rätselhaft ist auch zu Beginn, weshalb die Nilfgaarder von ihren Fähigkeiten wissen und sie unbedingt zu ihrem Herrscher Emhyr var Emreis bringen wollen. Im Folgenden wollen verschiedene Parteien der Auserwählten habhaft werden, von denen einige im Verborgenen agieren und daher geheimnisvoll bleiben.

In *Game of Thrones* spielen politische und höfische Intrigen, Verschwörungen und Attentate eine wichtige Rolle. Die Hintergründe und Drahtzieher der meisten derselben bleiben dem Leser für eine lange Zeit unbekannt. Es erheben sich die Fragen wer mit wem paktiert, was eine Figur wirklich im Schilde führt, wer für ein bestimmtes Verbrechen verantwortlich zeichnet usw.

In Tad Williams *Otherland-Saga* findet sich eine Szene, in der eine Gruppe virtueller Gestalten zusammenkommt, hinter denen sich Menschen verbergen, die sich gegenseitig zu kennen glauben. Dann jedoch beginnt ein Unbekannter aus ihrer Mitte, seine Mitstreiter im wahrsten Sinne des Wortes auszuschalten, was die spannende Frage aufwirft, ob einer der Avatare mittlerweile von jemand ganz anderem gesteuert wird. Frei nach dem alten Krimi-Motto: *Wer war der Mörder?*

Fragen, die Sie als Autor aufwerfen, sind insofern die Motoren Ihrer Geschichte, denn Sie treiben die Handlung voran, führen zu Konflikten und sorgen für Interesse und Spannung beim Leser.

Geheimnisse in der Vergangenheit

Eine interessante Art von Fragen betreffen Ereignisse, die sich in der Vergangenheit zugetragen haben und von denen Protagonist und Leser nichts wissen oder lediglich Bruchstücke kennen. Gleichwohl stellt die Kenntnis dieser Dinge einen ganz entscheidenden Baustein zur Lösung eines wichtigen Rätsels dar, weshalb alles unternommen werden muss, um sie in Erfahrung zu bringen.

In Krimis spielen solcherlei Geheimnisse, die die Vergangenheit betreffen, häufig eine große Rolle, was das Motiv für die Tat angeht. Gab es in der Vergangenheit eine unrechte Tat, die niemals zufriedenstellend geklärt und geahndet wurde und die die Ursache dafür sein könnte, dass das damalige Opfer (oder ein Angehöriger) der Gerechtigkeit jetzt eigenmächtig genüge tut? Und wer kommt dafür in Frage? Hat ein vermeintliches Mordopfer von damals vielleicht doch überlebt? Oder hatte es Kinder, Geschwister, Partner, von dem niemand etwas wusste und die nun auf der Bildfläche erscheinen und Vergeltung üben? Solche Verwicklungen finden sich z.B. bei Henning Mankell oder in den Inspector Barnaby-Romanen von Caroline Graham. Auch moderne Fernsehserien, z.B. aus den Genres Mystery oder Thriller, deren einzelne Staffeln häufig eine in sich abgeschlossene Geschichte beinhalten, machen von diesem Prinzip reichlich Gebrauch und ziehen einen großen Teil ihrer Faszination daraus. Der Zuschauer fragt sich demnach die ganze Zeit über, was in der Vergangenheit geschehen ist und die ganze Handlungskette ausgelöst hat. Ein beliebtes Motiv ist z.B., dass der Protagonist sein Gedächtnis verloren hat und seine Erinnerung an ein wichtiges Ereignis wiederfinden muss. Die Auflösung erfolgt naturgemäß erst beim Staffelfinale.

In den letzten beiden *Harry Potter*-Bänden machen sich die Helden daran, eine Vielzahl von verschollenen Geheimnissen zu erforschen. Im *Halbblutprinzen* versuchen Dumbledore und Harry, die Vergangenheit ihres Widersachers Voldemort zu beleuchten, um auf diese Weise eine Schwachstelle zu finden und ihr Wissen über seine Ziele zu erweitern. Dabei stoßen sie darauf, dass es in der Erinnerung von Professor Slughorn, dem damaligen Lehrers von Tom Riddle alias Voldemort, ein Ereignis geben muss, das ihnen bei ihrer Suche auf die Sprünge helfen könnte. Zwar übergibt ihnen Slughorn zunächst einen Auszug aus seinem Gedächtnis, das sie in der Denkarium-Schale auslesen können, doch finden sie darin vorerst nichts Bemerkenswertes. Dann aber kommt ihnen der Gedanke, dass dieses Erinnerungsstück manipuliert war und dass sich noch mehr zugetragen haben muss, was ihnen Slughorn bislang vorenthält …

Ein weiteres Beispiel aus der modernen Fantasy-Literatur ist Brandon Sandersons *Elantris*. Hier dreht sich alles um das Schicksal der einstmals prächtigen Stadt, die dem Buch seinen Namen gab, und die nun durch ein geheimnisvolles Versiegen ihrer Magie zu einem elenden Ort degeneriert ist. Da der Grund für den Fall der Stadt und den Tod der götterhaften Elantrier anfangs unbekannt ist, macht sich der Leser während der ganzen Lektüre seine Gedanken über des Rätsels Lösung, was an sich schon für Spannung und Unterhaltung sorgt.

Ein Mittel, um dem Leser vergangene Ereignisse, die mit den gegenwärtigen Konflikten in Zusammenhang stehen, nahezubringen, sind der *Prolog* und *Rückblenden*. Diese werden wir in einem späteren Kapitel auch noch einmal aufgreifen. Der Prolog bietet sich z.B. sehr gut dazu an, um eine ausdrucksstarke Handlungsszene darzustellen, die der Leser zu diesem Zeitpunkt zwar noch nicht einordnen kann, die sich ihm wegen ihrer Eindringlichkeit jedoch ins Gedächtnis brennt. Erst nach und nach, wenn er im Verlauf der Geschichte mehr Informationen gewinnt, kann er die Geschehnisse miteinander verknüpfen und sie für eigene Schlussfolgerungen und zum Kombinieren nutzen. Könnte das Kind, von dem im Prolog die Rede war, vielleicht in der Gegenwart zum Protagonisten herangewachsen sein? Oder vielleicht sogar zu seinem Gegenspieler? Was war das für ein mysteriöses Objekt, das seinerzeit durch einen Unbekannten entwendet wurde? Und wer war die dunkle, schattenhafte Gestalt, die während der Auseinandersetzung im Hintergrund geblieben war und alles mitangesehen hatte?

Finten und falsche Fährten – den Leser kombinieren lassen

In den meisten klassischen Kriminalromanen weiß der Leser den Täter erst ganz am Ende zu identifizieren – entweder zeitgleich oder sogar nach dem Detektiv, der in der Geschichte ermittelt. Um den Leser währenddessen zu beschäftigen, ist es erforderlich, reichlich Spuren zu hinterlassen und Fährten zu legen, von denen sich einige schlussendlich als richtig und zielführend, andere wiederum als falsch erweisen können. Diese Finten dienen einzig dazu, den Protagonisten und den Leser in die Irre zu führen. Diese Finten steigern das Interesse des Lesers noch, da er von nun an weiß, dass er in dem Buch jedes vermeintliche Wissen in Frage stellen muss und seine Aufmerksamkeit auf die Probe gestellt wird. Allerdings sollten Sie dabei nicht vergessen, all diese Hinweise irgendwann aufzulösen und eine Erklärung dafür zu präsentieren, denn lose Enden und unbeantwortete Fragen sorgen beim Leser für ein unbefriedigendes Gefühl. Eine solche Art des Spannungsaufbaus lässt sich auch in der Fantasy sehr gut einsetzen.

Im ersten *Harry Potter*-Band verdächtigt Harry lange Zeit Severus Snape als Bösewicht. Als bei einem Quidditch-Spiel nicht alles mit rechten Dingen zugeht, Harry in Gefahr gerät und Snape beim Murmeln von magischen Formeln erwischt wird, scheint klar zu sein, wer die Verantwortung dafür trägt. Später meint Harry, eine Verbindung zwischen Snape und Voldemort zu erkennen, und obendrein belauscht er den fiesen Lehrer bei einer Unterhaltung, in deren Verlauf er seinen Gesprächspartner auffordert, sich hinsichtlich seiner Treue zu entscheiden. Für Harry scheint klar, dass es sich hierbei um eine Art Anwerbung für Voldemort handelt. Als schließlich der Diebstahl des Steins der Weisen vonstatten geht, ist selbstverständlich jeder geneigte Leser ebenfalls der Ansicht, dass es sich beim Täter um niemand anderes als Snape handeln kann …

Sind die richtigen Fragen erst einmal gestellt, so ist es wichtig, dem Leser genügend Raum und Zeit zum Spekulieren zu lassen. Dies setzt voraus, dass er zumindest über einen gewissen Teil der Informationen verfügt, die zur Lösung des Problems nötig sind, d.h. es ist Ihre Aufgabe als Autor, den Ehrgeiz des Lesers anzustacheln, indem Sie ihn häppchenweise mit Informationen versorgen und ihm hin und wieder einen kleinen Stupser in die richtige Richtung geben. Eine gute Möglichkeit, dem Leser den geeigneten Raum zum Kombinieren zu verschaffen, ist es, den Protagonisten über ein Rätsel nachgrübeln zu lassen, wobei der Leser an dessen Gedankenwelt teilhat. Folglich gibt der Held dem Leser seine eigenen Theorien an die Hand, was diesen allerdings nicht davon abhalten wird, sich zusätzlich seine eigenen Gedanken zu machen.

Nehmen wir z.B. die Situation, dass eine Person zu einem vereinbarten Treffen nicht auftaucht. Irgendwann geht der Protagonist dazu über, die verschiedenen Erklärungsversuche entweder gedanklich oder in der Konversation mit einer anderen Person zu artikulieren. Hat sich sein Bekannter nur verspätet? Schließlich war er ja noch nie der Pünktlichste. Aber ungewöhnlich ist das schon. Hat er den Termin vielleicht vergessen, hat er verschlafen oder ist er aufgehalten worden? All das ist natürlich nicht auszuschließen. Oder ist es denkbar, dass er mit voller Absicht nicht erscheint, da er etwas zu verbergen hat oder etwas anderes im Schilde führt? Wenn dem so wäre, wobei könnte es sich dann bei diesen Plänen handeln? Aber es schickt sich nicht, jemanden einer üblen Tat zu verdächtigen, wenn seine Schuld nicht erwiesen ist. Daher bliebe da noch die schlimmste Alternative: ein Feind hat den Vermissten abgefangen, überfallen, ausgeraubt, entführt, um die Ecke gebracht, was auch immer. Daran möchte man nicht einmal denken! Aber welcher Feind könnte im Fall des Falles dahinter stecken? In der Kriminalistik bezeichnet man diese unterschiedlichen Möglichkeiten als Ereignisalternativen. Der Leser weiß in diesem Beispiel immer genauso viel wie die Hauptfigur, nimmt an deren Gedankengängen teil und hat darüber hinaus noch genügend eigenen Raum zum Kombinieren.

Ein weiterer Kniff besteht darin, dem Leser dann und wann Antworten zu geben und zugleich neue Fragen und Probleme aufzuwerfen. Das Rätselfieber und der Wunsch des Lesers nach einem Erfolgserlebnis werden dadurch regelmäßig befriedigt, und doch kommt er dem großen Ganzen nicht wirklich näher. Folglich wird er die neue Information dankbar aufsaugen und sogleich wieder zum Aufstellen neuer Theorien und Schlussfolgerungen verwenden. Auf diese Weise wird eine andauernde Spannung erzeugt, und der Leser ist fortwährend beschäftigt.

Bei der Formulierung der Fragen und Rätsel darf der Autor den Bogen allerdings nicht überspannen und muss darauf achten, dass er lediglich solche Fragen stellt, bei denen über kurz oder lang klar wird, dass ihre Antworten wichtig für den Verlauf der Geschichte sind. Außerdem darf er den Leser nicht überfordern, etwa indem dieser in die Gefahr gerät, die Übersicht zu verlieren. Jede Frage sollte irgendwann zufriedenstellend beantwortet werden, und letzten Ende müssen alle Rätsel, Fragen und Konflikte sinnvoll miteinander verknüpft werden.

Foreshadowing

Ein weiteres literarisches Werkzeug, um eine Atmosphäre der Spannung aufzubauen, ist das Einsetzen von Andeutungen, Vorahnungen und Vorankündigungen. Man bezeichnet dies in der engl. Sprache als *Foreshadowing*.

Auch hier gibt der Autor innerhalb von unterschiedlichen Szenen meist sehr subtile Hinweise und Botschaften, die sich dieses Mal jedoch nicht auf vergangene, sondern auf zukünftige Sachverhalte beziehen. Der aufmerksame Leser kann daraus seine eigenen Schlüsse ziehen und wird im Folgenden überprüfen, ob er denn richtig lag. Da sich diese Ahnungen in den meisten Fällen auf unheilvolle, düstere Geschehnisse beziehen, wird er sich außerdem fragen, wie die Hauptfiguren diese auf irgendeinem Weg verhindern, bzw. anschließend überwinden können.

In vielen Fällen wird es vorkommen, dass der Leser mit einem unerwartet heftigen Ereignis, z.B. einem Schicksalsschlag oder einer schlimmen Wendung der Dinge, konfrontiert und erst im Nachhinein erkennt, dass dieses bereits lange zuvor angedeutet worden war. Dabei kann es sich um Szenen gehandelt haben, in denen Taten oder Aussagen der handelnden Figuren enthalten waren, die Aufschluss über ihre wahren Absichten gegeben haben. In Filmen werden gerne auch passende Bilder oder Musikstücke verwendet, die als Omen dienen.

Klassische Beispiele aus der griechischen Mythologie sind das Orakel von Delphi und die Priesterin Kassandra, die die Gabe der Weissagung beherrschen. Das Orakel prophezeit u.a. dem König von Theben, dass sein Sohn ihn dereinst töten und seine Frau heiraten wird. Dies tritt schließlich trotz aller entgegengesetzter Anstrengungen ein. Kassandra hingegen ist auf die Weise verflucht, dass sie alles Zukünftige sieht, ihr jedoch niemand Glauben schenkt.

Ein modernes Beispiel für eine Andeutung in Form einer selbsterfüllenden Prophezeiung ist der Wandel von Anakin Skywalker zum Helfershelfer von Darth Sidious in *Star Wars*. Nachdem er seine Ehefrau Padme im Traum sterben sieht, wendet er sich der Dunklen Seite der Macht zu, um dadurch einen Weg zu finden, dem Tod ein Schnippchen zu schlagen. Als er allerdings mehrere Jedi-Schüler tötet, wendet sich Padme von ihm ab, verliert ihren Lebenswillen und stirbt letztendlich kurz nach der Geburt der gemeinsamen Kinder. Ironischerweise verursacht der Protagonist durch sein Handeln somit eben das, was er zu verhindern suchte.

In Abercrombies *Klingen-Saga* wird die Erscheinung des scheinbar gutmütigen Magiers Bayaz mit der eines Metzgers verglichen. Im späteren Verlauf der Geschichte stellt sich heraus, dass dieses Bild durchaus passend war und einiges vorweggenommen hat. Solcherlei Foreshadowing kann Ihr Buch deutlich aufwerten.

Den Leser emotional involvieren

Ich will aber, dass die Geschichte so oder so ausgeht und nicht anders! Und außerdem will ich, dass dieser fiese Schuft für seine Missetaten endlich bestraft wird!

Wenn Sie es geschafft haben, dass der Leser von Ihrer Geschichte emotional so sehr in Beschlag genommen wird, dass er sich mit jeder Körperfaser einen bestimmten Handlungsablauf herbeisehnt, dann haben Sie es wirklich geschafft. Mit anderen Worten: wenn es Ihnen gelingt, den Leser so intensiv in die Situation der Protagonisten hineinzuversetzen, dass bei ihm bestimmte Wünsche und Hoffnungen aufkommen, dann wird er Ihr Buch ganz sicher nicht zuschlagen, ehe er sein Verlangen befriedigt (oder aber enttäuscht) sieht. Solche Sehnsüchte zu erahnen, zu provozieren, zu forcieren, scheinbar unmöglich zu machen und am Ende doch zu erfüllen, das ist ganz großes Spannungskino!

Der 2.Band von *Twilight* beginnt mit einer Beinahe-Katastrophe, die Bella um ein Haar das noch junge Leben kostet und für die sich Edward selbst verantwortlich macht. Konsequenterweise entscheidet er sich danach dafür, die Beziehung zu Bella auf Eis zu legen und mit seiner Familie die Stadt zu verlassen. Der sich anschließende Teil des Buches handelt von den immer größer werdenden Leiden des Mädchens und ihrer Sehnsucht danach, ihren Geliebten wiederzufinden. Dramatisiert wird das Ganze dadurch, dass ihr eine rachsüchtige Vampir-Lady den Garaus machen und Edward sich außerdem quasi selbst das Leben nehmen (lassen) will. Dieses eindringlich geschilderte Dilemma führt unweigerlich dazu, dass der Leser sich zusehends emotional engagiert und den brennenden Wunsch entwickelt, dass Edward wieder auf der Bildfläche erscheint und die beiden getrennten Liebenden sich endlich wieder in die Arme schließen.

Das Schüren von emotionalen Leserwünschen funktioniert ebenso über eine längere Handlungsebene hinweg wie auch innerhalb einer einzelnen Szene. Neben Sehnsüchten, für die das obige Beispiel Pate stand, kann beispielsweise das Gerechtigkeitsempfinden des Lesers angesprochen werden, das danach schreit, dass der Bösewicht endlich seiner wohlverdienten Bestrafung zugeführt werden soll.

Im ersten Band von *Game of Thrones* wird Eddard Stark, den der Leser zuvor als Protagonisten liebgewonnen hat, ebenso unerwartet wie ungerechtfertigt von den Lennisters hingerichtet. Da die Exekution in aller Ausführlichkeit und Länge geschildert wird, hofft der Leser bis zuletzt, dass das Ereignis auf irgendeine Weise noch verhindert werden kann. Leider vergebens. Umso mehr verlangt es den Leser im Anschluss daran nach Rache und Gerechtigkeit, indem die Mörder zur Rechenschaft gezogen werden. Dies allein bedingt bereits einen großen Antrieb, der Geschichte bis zu einem befriedigenden Ende zu folgen.

Wichtig ist, dass der Autor es versteht, mit den Wünschen des Lesers zu spielen, indem er ihm zeigt, dass ihre Erfüllung möglich ist, nur um dies im nächsten Augenblick wieder ein Stück weit wegzurücken. Hoffen und Bangen muss sich demnach stets die Waage halten. Allerdings sollte man darauf achten, den Leser nicht zu sehr zu piesacken, um ihn nicht am Ende zu frustrieren. Die erlösende Wunscherfüllung sollte in einem Glücksgefühl gipfeln und nicht in blanker Erleichterung, dass das Ausharren jetzt endlich vorüber ist.

<u>Das offene Kapitelende (der Cliffhanger)</u>

Grundsätzlich ist der Leser immer begierig, zu erfahren, was der Teil der Erzählung, dessen Zeuge er gerade geworden ist, für Auswirkungen haben wird. In Thrillern wird dies sehr häufig dadurch perfektioniert, dass sich am Ende eines Kapitels plötzlich wichtige Ereignisse ankündigen, die Pointe jedoch ausbleibt. D.h. es wird mit den letzten Zeilen eines Kapitels eine neue Frage aufgeworfen, deren Beantwortung den Leser brennend interessiert, sodass er gezwungen ist, zur nächsten Seite zu blättern und seine Lektüre fortzusetzen. Man kennt diese – zugegeben – etwas gemeine, aber höchst wirkungsvolle Technik auch von TV-Serien und bezeichnet sie als *Cliffhanger*, bzw. *internen Cliffhanger*.

So können Sie als Autor dafür sorgen, dass der Protagonist unverhofft mit einer großen Gefahr konfrontiert wird, beispielsweise indem er von mehreren Feinden umzingelt wird, man eine Waffe auf ihn richtet, ihm jemand Gewalt androht oder er aus den Augenwinkeln heraus ein Ungeheuer wahrnimmt, das mit gefletschten Zähnen auf ihn zurast. Der Held weiß genau, dass er kaum eine Chance hat, aus der Falle zu entkommen, und dann ... ist das Kapitel zu Ende. Kein

Leser wird an dieser Stelle sein Lesezeichen nehmen und es müde zwischen die Seiten stecken, denn schließlich will er erfahren, wie dieser Konflikt aufgelöst wird.

Eine Alternative besteht darin, etwas weniger Offensichtliches, vielmehr Geheimnisvolles anzudeuten, das der Leser vorerst nicht deuten kann. Z.B. hört die Figur ein warnendes Geräusch oder nimmt eine verdächtige Bewegung wahr. Oder aber sie wird niedergeschlagen und es ist unklar, wie schlimm es sie erwischt hat und was von nun an mit ihr passiert. Eine entsprechende Formulierung könnte lauten: „Alles um ihn herum wurde schwarz, und das letzte, was er sah, war eine schattenhafte Gestalt, die sich über ihn beugte." Damit ist das Ende des Kapitels erreicht.

Wiederum eine andere Möglichkeit besteht darin, dass die Figur plötzlich eine Ahnung überkommt, die ihm etwas sehr Wichtiges offenbart und ein sofortiges Handeln verlangt. Formulierungsbeispiel: „Plötzlich fiel es ihm wie Schuppen von den Augen. Er wusste jetzt, was er zu tun hatte. Eilig nahm er seinen Mantel und stürzte aus dem Haus." Damit ist das Kapitel beendet. In diesem Fall ist die Figur ganz offensichtlich zu einem Wissen gelangt, das der Leser noch nicht besitzt, was dieser verständlicherweise gerne ändern würde.

Ein interner Cliffhanger, d.h. ein solcher, der Ende eines Kapitels steht und Lust auf das nächste macht, sollte eher knapp bemessen sein. Häufig reicht bereits ein einziger kurzer Satz aus. Anschließend geht es entweder an der gleichen Stelle weiter oder es findet ein Szenenwechsel statt und die Handlung wendet sich zunächst anderen Figuren und Schauplätzen zu, ehe sie zu der geschilderten Szene zurückkehrt. Dies wiederum erhöht die Wahrscheinlichkeit, dass der Leser dem Buch aufgrund der aufgebauten Spannung die Treue hält.

Ein Cliffhanger, der am Ende eines Buches steht, kann durchaus länger gehalten sein. In diesem Fall wollen Sie ja den Leser davon überzeugen, dass es sich lohnt, auch den Nachfolgeband zu erwerben und zu konsumieren. Hier können Sie eine Reihe von interessanten Fragen formulieren, die Sie zu einem späteren Zeitpunkt näher ausführen und beantworten werden.

Der Cliffhanger sollte – wie alle literarischen Werkzeuge – mit Bedacht und nicht exzessiv eingesetzt werden. Ansonsten besteht die Gefahr der Abnutzung. Am sinnvollstes ist es, ihn vermehrt in der zweiten Hälfte eines Romans zu verwenden, wenn die Geschichte auf ihren Höhepunkt zusteuert.

10. Kapitel: *Welche Elemente und Merkmale benötigt ein High Fantasy-Werk?*

Ein mächtiger, bösartiger Fürst, von dem man dachte, er sei bereits vor Jahrhunderten für immer besiegt worden, kehrt in seine Festung zurück und schart eine Armee blutrünstiger Kreaturen um sich. Die freien Völker, die die friedliebenden Länder der Welt besiedeln, haben der Aggression nichts entgegenzusetzen. Ihre einzige Hoffnung besteht in einer kleinen Gruppe von Helden, die die Erben und Hüter alter Mysterien sind und sich selbstlos auf eine abenteuerliche Reise begeben ...

Kommt Ihnen diese Ausgangssituation nicht auch irgendwoher bekannt vor? Sie stellt nicht nur das Fundament für Tolkiens *Der Herr der Ringe* dar, sondern ebenso (mit einem gewissen Spektrum an Modifikationen) von *Game of Thrones*, der *Klingen-Saga*, *Shadowmarch*, *Das Rad der Zeit* usw. Man spricht nämlich auch vom sogenannten *Standard-Setting* der High Fantasy. Die einzelnen Aspekte wiederum entstammen dem realen europäischen Mittelalter, der spätmittelalterlichen Phantastik (z.B. dem Nibelungenlied und der Artus-Sage), der nordischen Götterwelt sowie dem Sagenschatz der Antike.

Die wesentlichen Charakteristika und Abgrenzungskriterien zu anderen Genres und Subgenres sind folgende fünf Elemente: der *Schöpfungsmythos* (Mythopoeia), eine *phantastische Welt* als Setting, *phantastische Wesen und Völker*, die Thematik der *Bedrohung* durch eine böse

Macht sowie die besonderen *Methoden und Strategien der Helden*. Wir wollen uns diese Bestandteile, die viele klassischen High Fantasy-Werke aufweisen, im Einzelnen anschauen.

Mythopoeia (Schöpfungsmythos)

Unverzichtbarer Bestandteil einer phantastischen Weltenschöpfung ist der Entwurf eines *Schöpfungsmythos* sowie einiger daraus resultierender Überlieferungen und Legenden. Dieses Arbeitsgebiet wird auch als *Mythopoeia* bezeichnet.

Zwei Phantastik-Schriftsteller, die mit ihrer umfangreichen fiktiven Mythologie Maßstäbe gesetzt haben, waren H.P. Lovecraft und John R. Tolkien. Dabei machten beide niemals einen Hehl daraus, dass ihre Schöpfungs- und Göttererzählungen keineswegs ausschließlich ihrer eigenen Fantasie entsprungen sind, sondern dass sie bereits vorhandene Archetypen aus Mythen, Legenden und Volksmärchen in ihre Arbeit einfließen ließen. Lovecraft widmete sich dabei dem Ch'tulu-Mythos und anderen Erzählungen aus dem nahöstlichen Raum, aus dem immerhin die ältesten menschlichen Hochkulturen entstammen, während sich Tolkien vom nordischen Sagenschatz und nicht zuletzt – was seine Schöpfungsgeschichte anbelangt – von der christlichen Symbolik (dem Alten Testament) inspirieren ließ. Anschließend vereinten beide die bereits vorhandenen mit eigenen erdachten Elementen und Motiven und erschufen auf diese Weise jeweils einen allumfassenden, in sich schlüssigen und glaubhaften Schöpfungsmythos.

Viele Fantasy-Autoren bauen über den Schöpfungsmythos hinaus weitere Legenden in ihr Werk mit ein. Dies kann z.B. von Vorteil sein, wenn die Figuren über die Größe und die guten Seiten längst vergangener Tage philosophieren, wenn die Protagonisten ein magisches Artefakt, das aus grauer Vorzeit stammt, auffinden sollen, wenn die Welt von Bestien heimgesucht oder von Kriegen zwischen verschiedenen Völkern erschüttert wird, deren Ursprung und Gründe ebenfalls in den Anfangstagen der Weltenentstehung zu finden sind, oder allgemein wenn göttliche Wesen mit ins Spiel kommen. Idealerweise werden diese einzelnen Sagen und übernatürlichen Elemente konsequent zu einer Schöpfungsgeschichte und einer kausal und chronologisch nachvollziehbaren Legendenbildung vereint. Auf diese Weise gewinnt das gesamte Werk an Wucht und Überzeugungskraft, was der Leser garantiert zu schätzen und zu würdigen weiß.

Bei einem Schöpfungsmythos handelt es sich um eine mythisch-religiöse Geschichte oder Erklärung, die die Anfänge der Menschheit (bzw. aller großen Völker) und des Universums (Kosmogonie) beschreibt. Dies beinhaltet in den meisten Fällen eine absichtliche Handlung, nämlich den Willensakt der „Schöpfung" durch eine oder mehrere Gottheiten. Zur Mythopoeia gehört demzufolge auch das Erfinden einer oder mehrerer Gottheiten (Theogonie). Die Existenz und das mögliche Eingreifen von Göttern, Engeln, Dämonen und ähnlichen spirituellen Wesen in die Geschichte ist ein Aspekt, der vor dem Verfassen des Plots geklärt gehört. Selbstverständlich kann der Autor den unterschiedlichen Völkern auch mehr oder weniger divergierende Schöpfungsmythen zuordnen und es offen lassen, welcher derselben zutrifft. Die weiteren Sagen und Legenden, die in einer Fantasy-Erzählung Niederschlag finden, können sich einerseits an den Erfordernissen der Geschichte orientieren, indem sie einen Bezug zur Handlung aufweisen, oder andererseits zur Auflockerung dienen, z.B. bei einem Lagerfeuergespräch oder einer Gesangseinlage. Wenn es dem Autor darüber hinaus gelingt, wichtige Bausteine der Geschichte, wie wundersame Orte, merkwürdige Völker und Wesen, mächtige Feinde, die Existenz von Magie, althergebrachte Bündnisse oder Rivalitäten oder die Motive der Figuren, durch eine mythische Erzählung zu untermalen, dann wird dies seinem Werk ein großes Plus an Glaubwürdigkeit und Tiefgang verleihen.

Inhaltlich teilen viele Schöpfungsmythen ähnliche Themen. Gemeinsame Motive sind beispielsweise die Formung der physischen Welt aus einem ursprünglichen Chaos, Land, das aus einem urzeitlichen Ozean erwächst, die Schöpfung der einzelnen Völker durch Engel nach deren jeweiligen Vorlieben und Charakterzügen, ein Zwist innerhalb der Götter oder zwischen Göttern und Engeln, die Entzweiung zwischen Gott und seinen Geschöpfen usw. Zu beachten ist ferner, dass die Protagonisten eines High Fantasy-Romans zwar in der Regel an Götter, Mythen und andere übernatürliche Wesen glauben, jedoch trotzdem in Grunde nicht religiös sind. D.h. sie klammern sich nicht an die fromme Hoffnung auf ein segensreiches Eingreifen durch (mystische) Dritte, sondern schicken sich stets an, ihr Schicksal selbst in ihre Hände zu nehmen. Glaube und Respekt gegenüber einer Gottheit sind folglich vorhanden, Demut und Frömmigkeit sucht man unter den Helden meist vergebens. Und erst recht unterwerfen sie sich keiner institutionalisierten Kirche.

Im tolkienschen Kosmos (vor allem im *Silmarillion*) zeichnen Illuvatar (Eru) und seine Valar für die Schöpfung der Welt verantwortlich, indem sie alle gewünschten Einzelheiten mit ihrem Gesang entstehen lassen. Anfangs werden die unsterblichen Elben erschaffen, später kommen die Menschen hinzu. Dabei scheren zwei der Valar aus und halten sich nicht an die bestehenden Absprachen. Einer von ihnen ruft das Volk der Zwerge ins Leben, womit er allerdings keine bösen Absichten verfolgt. Ein anderer hingegen, der mächtige und hochbegabte Melkor, überwirft sich vollends mit Illuvatar, indem er die Schöpfungsmelodie verändert und Mittelerde mit dunklen Geschöpfen, Orten und Dingen geißelt. Anschließend gibt er sein Engelsdasein auf und wirkt fortan selbst als Kriegsherr in der physischen Welt.

Eine ebenfalls sehr ausgeprägte, wohldurchdachte Mythopeia weisen z.B. Lewis *Narnia* und Jordans *Das Rad der Zeit* auf. Pretchetts sarkastischer *Scheibenwelt*-Zyklus ist grundlegend von philosophischen, religiösen und spirituellen Themen durchsetzt und nimmt insofern eine Sonderstellung ein.

<u>Die phantastische Welt (das Setting)</u>

High Fantasy-Romane spielen – kurz gesagt – in einer Welt, die völlig anders ist als die unsrige. Zwar ist es durchaus denkbar, einen Schauplatz der Handlung zu kreieren, der deutliche Bezüge zu unserer Realität aufweist, jedoch wird von einer solchen Möglichkeit eher selten Gebrauch gemacht. Dafür sind die Gestaltung der Schauplätze, der Entwicklungsstand der erdachten Zivilisationen sowie das gesellschaftliche und politische Gefüge häufig sehr stark an das europäische Mittelalter angelehnt. Darüber hinaus kann die phantastische Weltenschöpfung (engl. *worldbuilding*) über eine besondere Metaphysik verfügen, z.B. indem sie Magie beherbergt, die einige ihrer Bewohner zu nutzen verstehen.

Das mittelalterliche Europa wurde von monarchischen Herrschaftssystemen und feudalen Strukturen geprägt. Der Inbegriff militärischer Macht war das Bild des Ritters, der hoch zu Pferd, mit starker Rüstung, hervorragender kämpferischer Ausbildung und edler Gesinnung für Recht und Ordnung, bzw. die Durchsetzung der hoheitlichen Gewalt sorgte. Dementsprechend werden auch die menschlichen Gesellschaften in *High Fantasy*-Romanen fast ausschließlich königlich regiert, was dem Autor dennoch einen breiten Spielraum lässt. So kann der Herrscher (oder die Herrscherin) despotisch sein oder vom Volk geliebt werden, er kann fähig oder unfähig sein und er kann über eine uneingeschränkte Macht verfügen oder aber sie mit einem Parlament, einer Ratsversammlung, dem Klerus oder starken Provinzadligen, auf deren Unterstützung er angewiesen ist, teilen. Oder aber er ist nur eine Marionette auf dem Thron und wird durch andere beeinflusst oder gelenkt.

In Geschichten, in denen die Figur des Herrschers eine untergeordnete Rolle spielt, begnügt sich der Autor in der Regel damit, auf die Macht des Monarchen und seine Rolle als Staatsoberhaupt hinzuweisen, ihn seinem Amt entsprechend handeln und Entscheidungen treffen zu lassen und nur die nötigsten seiner persönlichen Wesenszüge, Merkmale und Vertrauensleute überhaupt zu erwähnen. So wird in *Der Herr der Ringe*, einem High Fantasy-Roman klassischer Prägung, konstatiert, dass Denethor die Rolle des Regenten von Gondor ausübt, ohne dass auf die speziellen Verhältnisse am Hof des Monarchen, die Entscheidungswege, die Befehlsstrukturen und die Befugnisse anderer Personen näher eingegangen wird. In Fantasy-Romanen hingegen, deren besonderer Reiz u.a. in den politischen und gesellschaftlichen Ränken und Machtspielen am Hof des jeweiligen Monarchen besteht, wie *Game of Thrones*, die *Klingen-Saga* oder *Shadowmarch*, wird auf einen erheblich größeren Kreis an Figuren, deren Motive sowie deren untereinander bestehenden Beziehungsgeflechte eingegangen. Im Übrigen sind auch die Titel und weiteren Begrifflichkeiten, die mit dem monarchischen Gesellschaftssystem in Zusammenhang stehen, wie König, Herzog, Graf, Kämmerer, Vogt, Landsknecht, Lehnsherr, Haushofmeister, Magister, Medicus, Inquisitor usw., üblicherweise dem mittelalterlichen Sprachgebrauch entnommen.

Bei anderen Völkern, wie Elben, Zwergen oder Kobolden, wird sich weitgehend damit begnügt, einen Anführer zu benennen und diesem einen adäquaten Titel, wie König, Fürst oder Häuptling, zu geben. Da diese Gesellschaften in den meisten Fällen sehr homogen und zahlenmäßig überschaubar sind und infolgedessen weniger Konfliktgruppen beinhalten, kann davon ausgegangen werden, dass eine solche Autorität von den meisten Untergebenen anerkannt wird und ohne eine komplexe Befehlsstruktur auskommt. Für kriegerische Rassen, wie Orks, hingegen wird mitunter eine militärische Terminologie gebraucht, wie Horde, Trupp, Rotte, Hauptmann, Gefreiter usw.

Selbst innerhalb des europäischen Mittelalters, das neuen Technologien und wissenschaftlichem Gedankengut bekanntlich eher skeptisch gegenüber stand, fand ein gewisses Maß an Fortschritt statt. Auf jeden Fall waren innerhalb von einigen Jahrzehnten oder zumindest Jahrhunderten nahezu alle Bereiche Veränderungen unterworfen, wie z.B. Bevölkerungswachstum oder -verringerung aufgrund von Kriegen, Epidemien und Wanderungsbewegungen, neue Grenzziehungen und Neuordnung der Beziehungen zwischen verschiedenen Staaten durch Aufstände, Kriege und politische Händel, gesellschaftliche Neustrukturierungen aus praktischen Gründen (z.B. Gründung von Innungen, Zünften u.a. Interessenvertretungen des Volkes), Weiterentwicklung von Waffen, Erhöhung oder Reduzierung der Zahl der Streitkräfte (je nachdem, ob gerade Krieg oder Frieden herrschte), Zentralisierung oder Dezentralisierung der Macht, Steigerung und Abnahme des Einflusses der Kirche, neue Möglichkeiten der Reise und der Fortbewegung und Wandel in Kleidung, Mode, Alltagsgewohnheiten, Baustil und Kunst. Selbst geologische Veränderungen bleiben in der Realität über längere Zeitspannen hinweg nicht aus.

Eine rein fiktive Weltenschöpfung hingegen unterliegt diesen Gesetzmäßigkeiten mitnichten, sondern zieht einen Teil ihres besonderen Charmes eben aus der Tatsache, dass sie sich gegenüber Wandel, Anpassung, Änderungen und Fortschritt weitgehend resistent zeigt. Betrachtet man die Historie einer Welt, in der ein klassischer High Fantasy- oder Low Fantasy-Roman spielt, über mehrere Jahrtausende hinweg, dann scheint die Entwicklung regelrecht stehen geblieben zu sein. Die einzelnen Staaten und Reiche existieren weiterhin innerhalb ihrer angestammten Grenzen und werden auf die althergebrachte Weise beherrscht und regiert, Freundschaften und Rivalitäten zwischen unterschiedlichen Völkern werden von einer Generation zur anderen weitergegeben, die Menschen gehen den gleichen handwerklichen und kaufmännischen Berufen und Tätigkeiten nach wie eh und je, ohne dass ihnen technologische Errungenschaften ihre Arbeit erleichtern, und die Krieger kämpfen nach wie vor mit Schwert und Schild und sind – insbesondere im Falle der Helden – bestens kampferprobt, auch wenn seit mehreren Zeitaltern Frieden herrschte. In einigen Fällen macht sich ein Autor die Mühe, Erklärungen für das Ausbleiben von Fortschritt zu liefern, die etwa in der Langlebigkeit der Einwohner (z.B. bei Elfen), der bewussten Unterdrückung der Forschung durch die Machthaber oder die Kirche oder der Abgeschiedenheit gegenüber fremden Einflüssen (wie z.B. bei Naturvölkern der Fall) bestehen könnten, während sich in den meisten Fantasy-Romanen damit begnügt wird, dies als Tatsache festzustellen. Zusätzlich wird bisweilen sogar der nostalgische, sentimentale Eindruck erweckt, dass in der Vergangenheit vieles besser gewesen sei und die Entwicklung der Welt allgemein rückläufig sei, d.h. die Umstände sich verschlechtern.

Die meisten phantastischen Welten kennen die Existenz und Verwendung von Magie in der einen oder anderen Form. In der Regel ist diese Kunst der Mehrheit der Bewohner verwehrt und beschränkt sich auf wenige Einzelfiguren oder zahlenmäßig schwächere Völker. Die Verfügbarkeit von Magie kann eine große Auswirkung auf die gesamte Weltenschöpfungen haben, da Einzelne mit ihrer Hilfe in die Lage versetzt werden, ganze Massen von Lebewesen zu beeinflussen, politische Macht auszuüben, physiologische Prozesse in Gang zu setzen, durch magische Portale oder Barrieren Völker zu verbinden oder voneinander zu trennen, schnell an entlegene Orte zu reisen, Heilzauber anzuwenden, ein großes Wissen zu erlangen usw. Dabei geschieht es nicht selten, dass Magier in die Versuchung geraten, ihre Fähigkeiten zu missbrauchen und zu militärischen oder machtpolitischen Zwecken zu verwenden. Auf nähere Erklärungen, auf welche Weise sie die Energie für ihre Zauber gewinnen, wird in vielen Fantasy-Romanen hingegen konsequent verzichtet. Es wird demnach als Tatsache angenommen, dass Magier in der Lage sind, quasi aus dem Nichts Feuerbälle, Wasserkugeln, Plasmastrahlen, Energieblitze u.ä. entstehen zu lassen und damit gegen alle bekannten Gesetze der Thermodynamik zu verstoßen, wohingegen anerkannte Wissenschaften, wie Physik und Chemie, gleichzeitig noch in den Kinderschuhen stecken. Doch eben dieser Kontrast aus einer – im Vergleich zu unserer realen Gegenwart – wenig entwickelten Welt auf der einen und übernatürlichen Elementen und Kräften, die sich dem verstandesmäßigen Erfassen entziehen, auf der anderen Seite besteht einer der wesentlichen Reize der Fantasy.

Findet Religion in einem phantastischen Werk Verwendung, dann ist sie in der Regel eng mit der Ausübung magischer Künste und Praktiken verknüpft. In anderen Fällen ist der Monarch, d.h. der politische Machthaber, zugleich die höchste religiöse Instanz (Theokratie). Für sich allein genommen haben Religion und religiöser Eifer allerdings selten eine überragende Bedeutung für die Geschichte.

Eine Auswahl muss der Autor hinsichtlich der phantastischen Wesen und Völker treffen, die die Welt besiedeln sollen. Des Weiteren muss er sich entscheiden, ob er einer der phantastischen Komponenten, die zur Ausgangssituation seines Romans gehören, eine besondere Gewichtung beimisst. Z.B. könnte die Idee des Autors darin bestehen, dass es sich bei der Welt um einen unwirtlichen Wüstenplaneten handelt, der über drei Sonnen verfügt (vgl. Herberts *Dune*), oder dass Magie eine überragende Rolle spielt, indem Magier die einzelnen Reiche beherrschen und das einfache Volk unterdrücken (vgl. Strouts *Bartimäus*) oder die freien Völker von einer Vielzahl von Monstern oder Dämonen bedroht werden und auf die Hilfe weniger Helden angewiesen sind (vgl. Sapkowskis *The Witcher* oder Bretts *Dämonenzyklus*).

Ein weiterer Schritt besteht darin, eine Historie für erschaffen, d.h. eine über mehrere Jahrhunderte reichende Zeittafel zu verfassen, auf der alle wesentlichen Ereignisse verzeichnet sind und die bis zu Beginn des eigentlichen Plots reicht. Dieses Vorgehen hat den Vorteil, dass das Gefüge innerhalb der konstruierten Welt stimmig gerät, Widersprüche von Anfang an vermieden werden, auftauchende Fragen frühzeitig erkannt werden und der Autor nebenbei sogar Material für mögliche Fortsetzungen, bzw. Prequels (Bücher, die zeitlich vor dem Vorgängerwerk spielen) in die Hand bekommt.

Wenn Sie mit dem Prozess der Weltenschöpfung an diesem Punkt angelangt sind, dann haben Sie bereits die wesentlichen Grundlagen für Ihren Fantasy-Roman gelegt und können sich einstweilen mit Ihren Protagonisten beschäftigen. Die Feingestaltung der einzelnen Schauplätze, die in Ihrer Geschichte vorkommen und an denen Ihre Figuren in Aktion treten, nehmen Sie sich am besten erst dann vor, wenn Sie mit der Arbeit an dem Plot beginnen. Dann nämlich können Sie sich immer noch festlegen, ob Sie eine bestimmte Örtlichkeit mit großem Detailreichtum beschreiben, z.B. da diese Einzelheiten für die Geschichte oder die Szene von Bedeutung sind oder dazu beitragen, eine bestimmte Atmosphäre zu generieren, oder aber ob sie sich mit eher oberflächlichen Angaben begnügen und die Details dem Vorstellungsvermögen des Lesers überlassen.

Selbstverständlich ist es auch in einer phantastischen Weltenschöpfung, die mit ihrer Ästhetik begeistert, von Priorität, dass diese ihren eigenen Gesetzen gehorcht, d.h. mit einem in sich stimmigen Weltbild aufwartet. Flüsse fließen flussabwärts, Sandwüsten entstehen auf einem Breitengrad, der beständiger Hitze ausgesetzt ist, unmittelbar benachbarte Gebiete weisen keine völlig verschiedenen klimatischen Bedingungen auf, weite Distanzen oder ein großes Gebirge lassen sich nicht von heute auf morgen überwinden, Lebewesen können nur dort existieren, wo sie auch entsprechende Nahrung finden, ein Volk, in dessen Heimat kaum ein Baum wächst, wird kaum viele Holzhäuser errichten, sondern Stein und Lehm verwenden, ein kriegerisches Reich, das seine Nachbarn ständig mit Krieg bedroht, wird in den seltensten Fällen über viele Rohstoffe verfügen, da es ansonsten bequemer wäre, seinen Wohlstand mit Handel zu erwerben, ein Volk, das seinen Nachbarn unbekannt ist, muss entweder über besondere Fähigkeiten oder über ausgesprochen gute geografische Möglichkeiten verfügen, sich zu verbergen usw. Zumindest entspricht dies dem Erfahrungshorizont des Lesers. Sollten diese und ähnliche geografische, physikalische, biologische, ökologische und ökonomische Grundsätze in Ihrer Welt keinen Bestand haben, dann müssen Sie dies dem Leser ausdrücklich erläutern, da er Ihre Weltenschöpfung ansonsten als nicht durchdacht und fehlerhaft bewerten wird.

Ein wesentlicher Bestandteil eines High Fantasy-Romans ist eine Karte der Welt, in der die Geschichte spielt. Eine solche ist insbesondere dann sehr empfehlenswert, wenn der Plot eine Queste beinhaltet, d.h. wenn die Helden sich auf weite Reisen begeben. In diesem Fall werden die Figuren völlig unterschiedliche Gebiete betreten, verborgene Wege suchen, Länder, die Gefahren aufweisen, zu umgehen versuchen, in Städten und Dörfern entlang ihrer Route rasten usw. Und da der Leser den Verlauf der Fahrt nachverfolgen und immer genau wissen möchte, wo sich die Figuren gerade befinden, ist das Zeichnen einer Karte (Topografie) ein geradezu unerlässliches Hilfsmittel. Auch in Fantasy-Epen, in denen große Schlachten geschlagen werden, spielen die Beschaffenheit des Geländes und die Lage von Siedlungen und Befestigungsanlagen eine erhebliche Rolle, sodass es empfehlenswert ist, auch dieser Art von Erzählung eine Karte beizufügen. Das gleiche gilt für alle Geschichten, die regelmäßige Perspektivwechsel verwenden und aus der Sicht von mehreren Figuren erzählt werden, die sich jeweils an unterschiedlichen Orten innerhalb der Welt aufhalten.

Manchen Fantasy-Romanen, bei denen ein Schwerpunkt der Handlung innerhalb einer einzigen Stadt oder einer größeren Festung spielt, liegen neben einer Landkarte außerdem noch ein Stadt- oder ein Gebäudeplan bei. Ein solches Plus an Detailliebe, Übersichtlichkeit und Service wird dem Autor vom Leser auf jeden Fall gedankt werden. Bei Urban Fantasy-, All-Age-Fantasy- und anderen Werken, die zu großen Teilen in der realen Welt spielen, ist eine Karte hingegen in der Regel entbehrlich.

Eine Fantasy-Weltkarte hat zumeist das Ausmaß einer Standard-Buchseite, zuweilen auch einer Doppelseite. Auf ihr sollten alle Örtlichkeiten verzeichnet werden, die von den Figuren im Verlauf der Geschichte aufgesucht werden oder in einem bedeutsamen Zusammenhang Erwähnung finden. Dazu können z.B. das Heimatdorf des Helden, die Hauptstadt des Königreiches, die Grenzen zu den benachbarten Reichen und die Lebensräume anderer Völker und Rassen zählen. Auch größere geografische und geologische Besonderheiten, wie Gebirge, Ozeane, Flüsse, Wälder, Sümpfe, Steppen, gefährliche oder verbotene Gebiete usw. sollten auf alle Fälle Niederschlag finden. Die Beschriftung soll gewährleisten, dass sich der Leser auf der Karte zurechtfindet. D.h. einerseits, dass größere Orte, markante Punkte sowie die Stationen einer Queste niedergeschrieben werden sollten, während es andererseits zu vermeiden gilt, dass die Karte ein Zuviel an Informationen enthält und mit Wörtern überfrachtet wird. Darüber hinaus gehört auf jede Karte ein Nordpfeil, aus dem sich die verschiedenen Himmelsrichtungen interpretieren lassen. Sehr detailreiche Karten sind zusätzlich mit Längenmaßen, bzw. Maßstabsangaben versehen, ähnlich wie man dies von realen Landkarten kennt. Steht eine Queste ganz eindeutig im Zentrum der Romanhandlung, dann können Markierungen (unterbrochene Linien, Richtungspfeile u.ä.) sinnvoll sein, die den genauen Verlauf und die Stationen der Reise wiedergeben.

Analog zu dem Charakterbogen im Rahmen der Erstellung einer Figur sollte der Autor mit der Rohfassung der Karte seines Universums noch vor der Arbeit an dem Plot beginnen und diese stets aktuell halten. Sollte sich im Verlauf der Geschichte eine neue Örtlichkeit ergeben, dann ist es angebracht, sie unverzüglich zu verzeichnen, um möglichen Widersprüchen und Korrekturarbeiten von Anfang an vorzubeugen. Außerdem hat dies den Vorteil, dass das Betrachten der Karte und der zusehends wachsenden Weltenschöpfung dem Autor als gute Inspirationsquelle für den weiteren Verlauf der Geschichte dient.

Selbstverständlich setzt das akkurate Zeichnen einer Karte voraus, dass Sie sich diese Arbeit zutrauen. Andernfalls ist es unter Umständen besser, darauf zu verzichten oder sich professionelle Hilfe zu holen.

Phantastische Wesen und Völker

Eines der wesentlichen Merkmale einer phantastischen Weltenschöpfung ist die Tatsache, dass diese in aller Regel von fiktiven Völkern und Wesen besiedelt wird. Zwar existieren sehr erfolgreiche moderne Fantasy-Werke, in denen fast ausschließlich Menschen auftreten (z.B. die Bücher von George Martin oder Patrick Rothfuss), doch ist dies auch dort eben nur *fast* der Fall. Zumindest die Antagonisten, bzw. die bösen Buben und ihre Helfershelfer, haben sehr häufig übernatürliche Züge, die ihnen besondere Kräfte und Fähigkeiten verleihen (z.B. die „Anderen"/Weißen Wanderer bei Martin oder die Chandrian bei Rothfuss). Insbesondere Vertreter der Subgenres der Low Fantasy und der Sword & Sorcery, denen eine nahe Verwandtschaft zu Rollenspielen attestiert werden kann, warten hingegen mit einem geradezu unerschöpflichen Fundus an phantastischen Wesenheiten auf.

In der Fantasy-Terminologie findet der Begriff *Rassen* (engl. *races*) Verwendung, um eine grobe Unterscheidung zwischen den agierenden Figuren, Wesen und Völkern vornehmen zu können. Diese Begrifflichkeit stellt keinerlei Wertigkeit da, sondern dient allein der leichteren Einordnung der sehr unterschiedlichen Bewohner einer phantastischen Welt. Dies macht insofern Sinn, als dass den einzelnen Arten von Lebewesen spezifische Eigenschaften zugeschrieben werden, die der Leser mit der Figur sogleich in Verbindung bringt. Traditionell existieren in der Fantasy wenigstens folgende fünf Völker:

-Menschen: Sie stellen in den meisten Fällen die zahlenmäßig stärkste Rasse innerhalb einer phantastischen Welt dar und leben innerhalb größerer Gemeinschaften in Dörfern, Städten, Königreichen und Imperien. Menschen werden als zivilisiert wahrgenommen, da sie vergleichsweise hohe technologische und wissenschaftliche Standards erreicht haben, teilweise komplexe politische Strukturen etabliert haben sowie spezialisierten Berufen nachgehen und Handel betreiben. Nicht selten existieren mehrere rivalisierende menschliche Völker, die sich bereits rein äußerlich, z.B. anhand von Hautfarbe, Haarfarbe, Größe, Statur, Sprache, Trachten usw., unterscheiden. Im Gegensatz zu den „zivilisierten" Menschen können auch Artgenossen vorkommen, die eine wilde, freie Lebensweise bevorzugen, indem sie z.B. in Stammesverbänden oder als Nomaden leben und als Barbaren, Piraten oder Diebe bezeichnet werden. Auch für die Rolle eines Zauberers werden meistens menschliche Charaktere verwendet. Menschen bieten sich folgerichtig auch als Protagonisten und Identifikationsfiguren einer Fantasy-Geschichte an. In anderen Fällen werden menschliche Nationen jedoch als rücksichtslose Eroberer und religiöse

Eiferer wahrgenommen, die mit ihrer überlegenen Waffengewalt schwächere Völker (zumeist Naturvölker) zu unterwerfen versuchen.

-Zwerge: Sie werden mit schwerer körperlicher Arbeit unter Tage, dem Abbau von Edelmetallen und Edelsteinen sowie Männlichkeit im Allgemeinen assoziiert. Zwerge sind deutlich kleiner als Menschen, tragen traditionell lange Bärte, haben eine stämmige Statur und verfügen über beachtliche Körperkräfte. Für magische Zwecke sind sie hingegen eher weniger begabt. Ihre bevorzugten Waffen sind Axt, Hammer und Steinschleuder, wohingegen Schwert und Bogen eher untypisch für sie sind. Weiterhin sind Zwerge gesellig und trinkfest, haben nicht gerade eine Vorliebe für Körperhygiene und vermeiden es, auf Pferden zu reiten. Zwerginnen sind ein Mythos, denn sie werden nur in den seltensten Fällen überhaupt erwähnt. Zwerge sind untrennbar mit Stein und Erde verbunden, sodass sie in ausgehöhlten Gebirgen leben und dort dem Schmiedehandwerk, dem Bergbau und der Verarbeitung von Edelmetallen nachgehen. Da sie zurückgezogen leben und sich nicht um die Belange anderer Völker kümmern, werden sie häufig als gierig und selbstsüchtig wahrgenommen.

Zwerge treten selten als Aggressoren auf, doch sind sie ausgesprochen mutig, kompromisslos und stolz, wenn es um die Verteidigung ihrer Rechte geht. Zuweilen werden sie von vermögenden Menschen als Diener beschäftigt. Die meisten Leser mögen Zwerge.

-Elfen/Elben: Ebenso wie die Zwerge sind sie Naturvölkern nachempfunden, die in kleinen Stammesgemeinschaften nach ihrem eigenen Ehrenkodex leben und nur wenig Kontakt zu anderen Völkern unterhalten. Ansonsten sind ihre Eigenschaften gegenüber denjenigen der Zwerge in vielerlei Hinsicht diametral. Elben (so die dt. Übersetzung von Tolkiens *elves*) sind ähnlich hoch gewachsen wie Menschen, jedoch sehr schlank, feingliedrig und gewandt. Meistens wird ihnen eine große Schönheit nachgesagt, die aufgrund ihrer Langlebigkeit grundsätzlich ewig Bestand hat. Ihre bevorzugten Waffen sind Pfeil und Bogen sowie filigrane Schwerter, während man einen axtschwingenden Elben wohl kaum zu Gesicht bekommen wird. Sie sind ausgesprochen naturverbunden, leben bevorzugt in tiefen Wäldern, wo sie kunstvolle Baumhäuser und Lauben errichten, machen sich nichts aus technologischem Fortschritt und Reichtümern aller Art und haben eine starke Affinität zu den musischen Künsten.

Nicht selten werden elbische Gemeinschaften von Elbinnen angeführt, die häufig magiebegabt sind. Die unterkühlte, ruhige und zurückhaltende Art der Elben wird von manchen Völkern als Arroganz interpretiert. Verwandt mit den Elben sind Feen, die deutlich kleiner an Wuchs sind, dafür jedoch über herausragende magische Fähigkeiten verfügen. Als Umkehrung zu den in aller Regel positiv wahrgenommenen Elben existieren zuweilen Nachtelfen, Dunkelelfen und Alben, d.h. Rassen, die über die gleichen physischen Eigenschaften wie ihre Verwandten verfügen, diese jedoch für dunkle Zwecke missbrauchen.

-Halblinge (*Hobbits* bei Tolkien): Sie sind ähnlich kleinwüchsig wie Zwerge und verfügen weder über nennenswerte körperliche Kräfte noch besondere magische Talente. Aus diesem Grund widmen sie sich in der Regel den einfachen Freuden des Lebens, gehen bodenständigen Arbeiten nach und vermeiden es nach Möglichkeit, in gefährliche Abenteuer zu ziehen. Allerdings verfügen sie über große Lauterkeit, Einfallsreichtum, Moral und Ehrgefühl, was ihnen in Krisenzeiten dabei hilft, selbst die schwierigsten Situationen zu meistern. Sie sind anderen gegenüber überwiegend höflich, bescheiden und selbstlos, weshalb es ihnen nicht schwer fällt, Freundschaften zu knüpfen. In den meisten Fällen werden Halblinge und artverwandte Wesen humorvoll und mit einer Portion liebevoller Ironie dargestellt, sodass sie beim Leser für Heiterkeit sorgen.

Die Mischung aus diesen Eigenschaften führt dazu, dass sie innerhalb einer Fantasy-Geschichte in sehr vielen Fällen die größten Sympathieträger darstellen. Darüber hinaus werden sie von ihren Verbündeten, die meistens Angehörige von körperlich stärkeren Rassen sind, häufig für einen bestimmten Zweck benötigt, z.B. um ein bestimmtes magisches Artefakt zu transportieren, einen Diebstahl zu begehen, als Vermittler zwischen verschiedenen Völkern zu dienen usw.

Andere Wesen von kleiner Statur sind Kobolde, Goblins u.a. Diese können sich hinsichtlich ihres Charakters stark von den Halblingen unterscheiden, indem sie z.B. als habgierig dargestellt werden.

-Unholde (Orks, Trolle, Dämonen usw.): Neben den o.g. Vertretern der gutartigen Wesen existiert innerhalb einer phantastischen Welt immer mindestens eine Rasse, die als Handlanger des Antagonisten, d.h. des bösen Widersachers der freien Völker, fungiert. Orks und ihresgleichen weisen so ziemlich alle schlechten Eigenschaften auf, die man sich vorstellen kann, so sind sie hasserfüllt, rücksichtslos, brutal, hinterhältig, dumm, feige, einfältig, tölpelhaft, voller Ungeduld, gierig und illoyal selbst gegenüber ihren Artgenossen und ihrem Auftraggeber. Ihre körperlichen Kräfte sind denjenigen eines Menschen mindestens ebenbürtig, jedoch sind sie diesen in einem ehrlichen Kampf zumeist unterlegen, da es ihnen an Geschick, Klugheit und Mut mangelt. Dafür sind sie zahlenmäßig in der Regel deutlich in der Überzahl. Größere Wesen wie Trolle und Oger sind zwar stärker als Menschen oder Elben, kommen jedoch nicht in größerer Zahl vor. Hinsichtlich ihres Aussehens werden Unholde und Monster von den anderen Völkern als fremdartig und abstoßend wahrgenommen. Es entspricht der Funktion dieser Kreaturen innerhalb eines Fantasy-Romans, dass sie ausschließlich zu kriegerischen Zwecken auftreten. Von sozialem Zusammenleben, ehrbarem Lebenserwerb und Partnerschaft innerhalb dieser Rassen ist hingegen niemals die Rede. Eine Erklärung, die manche Autoren für diese Tatsache liefern, besteht darin, dass Orks & Co. sich nicht durch natürliche Fortpflanzung vermehren, sondern von ihrem dunklen Herrn eigens für seine kriegerischen Absichten gezüchtet werden. Aus diesem Grund wohnt ihren Genen einzig der Drang zur Zerstörung inne, wohingegen ihnen produktive und kreative Tätigkeiten fremd sind.

In modernen Romanen wird dieses Rollenverständnis zuweilen umgekehrt, indem gerade Orks und ihre Eigenschaften differenzierter betrachtet werden. So treten sie in Nicholls *Die Orks* als loyale und tapfere Söldner auf, die für ehrenhafte Zwecke in den Kampf ziehen.

<u>Die Bedrohung durch äußere Feinde</u>

Einer der Kernunterschiede zwischen der High Fantasy auf der einen und dem Subgenre der Low Fantasy/Sword & Sorcery/Heroic Fantasy auf der anderen Seite besteht darin, dass in einem High Fantasy-Epos die Welt vom Untergang bedroht ist. Dies ist deshalb der Fall, da eine konkrete Bedrohung existiert, die durch einen abscheulichen Feind verursacht wird. Diese Bedrohung durch einen ebenso mächtigen wie ruchlosen Aggressor führt in der Regel dazu, dass sich die im Grunde höchst unterschiedlichen freien Völker und deren Helden gegen den gemeinsamen Widersacher verbünden und die Rollen zwischen Gut und Böse innerhalb der Geschichte daher klar verteilt sind.

In seiner klassischen Form erfolgt die große Bedrohung durch ein fremdartiges, zahlenmäßig starkes, militärisch strukturiertes und bösartiges Volk. Der Angriff auf die Welt, bzw. die Länder, in denen die friedliebenden Völker leben, erfolgt demnach von außerhalb. Dabei macht es keinen Unterschied, ob die Herkunft der Kreaturen eindeutig identifiziert wird (z.B. indem sie aus einem geografisch festgelegten Gebiet kommen, das von jedermann erreicht werden kann) oder ob der Autor den Leser darüber im Unklaren belässt und Raum für Spekulationen bietet (z.B. indem sie ein Portal benutzt haben und aus einer entlegenen Welt stammen oder aus einem unbekannten Gebiet, von dem niemand weiß, wo es sich befindet). Ziele der Invasion sind nicht bloß Unterwerfung, Ausbeutung, Machthunger, Geltungsbedürfnis, wirtschaftliche Interessen, Ehrgefühl, Rache, religiöse Motive usw., sondern in erster Linie die physische Vernichtung der angegriffenen Völker. Insofern stellen die Angreifer in der Tat eine Verkörperung des Bösen dar.

Das bekannteste Beispiel für ein Reich, das andere Völker in ihrer Existenz bedroht, ist Mordor in *Der Herr der Ringe*. Bei diesem handelt es sich um ein Gebiet, das an der Peripherie der Weltenschöpfung (in diesem Fall Mittelerde) liegt, auf allen Seiten von einem hohen Gebirge umgeben und damit auf natürliche Weise abgeschottet ist. Außer einigen gefahrvollen Pfaden führen nur zwei große Tore, die streng bewacht werden, in das Land hinein. Allerdings gibt es dort auch nichts, was einen Besucher erfreuen und eine Reise dorthin lohnend machen würde: die Sonne versteckt sich dauerhaft hinter dunklen Gewitterwolken, sodass das Land stetig im Schatten liegt, die wenige Vegetation ist welk und von Fäulnis geprägt, Wasser ist ohnehin Mangelware, Wohnhäuser, Viehweiden und einladende Bauten aller Art sucht man vergebens, die einheimischen Wesen sind allesamt aggressiv, gefährlich und keineswegs gastfreundlich, und ansonsten existieren weit und breit lediglich Steine, Sand und Geröll. Das Tagewerk der Orks und Trolle, die Mordor als einzige bewohnen, besteht im Schmieden neuer Waffen, dem Bewachen der Mauern und Tore und den Vorbereitungen auf die nächsten Kriegshandlungen. Viele von ihnen leben die meiste Zeit über in Höhlen innerhalb von Bergen oder unterhalb der Erde, da sie das Licht der Sonne verabscheuen. Beherrscht wird das Land von Sauron, der von seinem Turm aus seinen Blick umherschweifen lässt, derweil er seine üblen Pläne schmiedet. Mordor ist demzufolge für die Angehörigen der freien Völker eine Art verbotene Zone, aus der jedoch gleichermaßen Gefahr zu ihnen dringt.

Sehr häufig lässt es ein High Fantasy-Autor offen, auf welche Weise das betreffende Gebiet in ein solch garstiges Land verwandelt wurde oder ob dies schon seit der Weltenentstehung der Fall war. In anderen Fällen besteht die erklärte Ursache darin, dass der Herr des Bösen und all der anderen schrecklichen Kreaturen, die in der Geschichte eine Rolle spielen, diese ungute Veränderung kraft seiner Magie heraufbeschworen hat. Dies kann willentlich geschehen sein oder schlicht, da seine dunkle Aura wie ein Fluch wirkt und alles Lebende und Blühende in seiner Umgebung vergiftet und erstickt. Am Ende des Buches, wenn der Urheber des Unheils von den Helden überwunden wurde, kehrt oftmals das blühende Leben in rasender Geschwindigkeit in die Umgebung zurück.

Typische Merkmale dieses Horts der dunklen Geschöpfe sind neben einer kargen Vegetation gefährliche Naturereignisse, wie große Hitze oder Kälte, Vulkane, scharfkantige Gesteinsformationen, Spalten, unheimliche Moore und Seen, Dornensträucher, Nebel, Dauerregen, Dunkelheit, Verschmutzung, Erdbeben, Stürme usw. Eine interessante Idee besteht darin, dass in dem verruchten Land die Ruinen einstiger Zivilisationen zu finden sind, die darauf hinweisen, dass dieses Gebiet vor langer Zeit einmal in Blüte stand. Nicht ganz deutlich wird meistens, wie sich die Bewohner dieses Landes ernähren. Leben Orks ausschließlich von Pilzen, die in ihren Höhlen und harten Böden wuchern, gibt es genügend Ratten, Fledermäuse und anderes Getier, das sie jagen können, bringen sie ihre Ressourcen infolge ihrer Beutezüge von außerhalb mit oder frönen sie dem Kannibalismus?

Weitere Beispiele für eine Bedrohung der friedliebenden Völker durch fremdartige Wesen finden Sie in der prominenten Fantasy-Literatur zuhauf. In Peter Bretts *Dämonenzyklus* steigen des Nachts Heerscharen von Dämonen aus dem Inneren der Erde empor und eröffnen die Jagd auf alles Lebende, sobald sie sich manifestiert haben. In Robert Jordans *Das Rad der Zeit* sind es Trollocs und Halbmenschen, die von einem Dunklen König ausgesandt wurden, um die Menschen zu knechten. In George Martins *Game of Thrones* und Tad Williams *Shadowmarch* wird die Welt der Menschen von dunklen Geschöpfen (die „Anderen" bzw. die Quar) angegriffen, die im hohen Norden leben und deren Herkunftsort durch einen Wall von den Ländern der Menschen getrennt ist. Ähnlich sieht es das Szenario in Markus Heitz *Die Zwerge* vor, wo das Geborgene Land von einem Gebirgsring geschützt wird, hinter dem sich Scharen von mordlüsternen Monstren befinden und auf eine Blöße der freien Völker warten.

In phantastischen Weltenschöpfungen, die eindeutig von Menschen dominiert werden, geht die Bedrohung häufig von einem Imperium aus. Ein solches Reich ist dadurch gekennzeichnet, dass es enorme Macht besitzt, militärisch straff organisiert ist, über eine hohe Wirtschaftskraft und gute Kenntnisse in der Wissenschaft verfügt, einen Führungsanspruch über alle bekannten Länder und Gebiete erhebt, eine expansionistische Politik betreibt, von einem Kaiser regiert wird, der sich zuweilen auch als Gott verehren lässt, zu Prunksucht und Ausschweifungen neigt, wenig zimperlich mit den unterworfenen Völkern umgeht, Sklaverei fördert, anderen sein Werte und ihren Glauben aufoktroyiert, innerlich von Korruption zerfressen ist und überhaupt alles Erdenkliche bestimmen, kontrollieren und beherrschen möchte. Der Aufbau dieser Reiche ist nicht selten realen Monarchien, Diktaturen und Theokratien, wie dem Römischen Weltreich, dem Deutschen Kaiserreich, dem British Empire, der Sowjetunion, dem Iran oder dem alten Ägypten, entlehnt, weshalb die entsprechenden Fantasy-Bücher zuweilen Elemente eines Historienromans aufweisen. Imperien dieser Art sind insofern das böse Gegenstück zu einer Republik, einem Stammesverband, einer Allianz aus verschiedenen freien Ländern oder auch einer „guten" Monarchie, die sich mit ihren eigenen Besitztümern begnügt und von einem ehrbaren König in weiser und selbstloser Weise regiert wird.

Imperien treten etwa in Science Fiction-Werken, wie George Lucas *Star Wars* und Frank Herberts *Dune*, aber auch in diversen Fantasy-Romanen, wie John Abercrombies *Klingen-Saga*, Tad Williams *Shadowmarch* oder Christoph Hardebuschs *Die Trolle*, auf. In den meisten dieser Fälle etablieren die Protagonisten der Geschichte eine Widerstandsbewegung gegen die jeweilige Diktatur, entweder indem sie das despotische System von innen heraus bekämpfen oder aber eine Allianz von kleineren Staaten gegen das Imperium schmieden. Dabei ist das Imperium militärisch so stark überlegen, dass es nicht in einem frontalen Aufeinandertreffen auf dem Schlachtfeld besiegt werden kann, sondern allein durch den mutigen, aufopferungsvollen Einsatz und die besonderen Talente der Helden. Die Soldaten, die für das Imperium kämpfen, zeichnen sich hingegen durch Kadavergehorsam, Grausamkeit, Furcht und Eindimensionalität in jeder Hinsicht aus.

In einer phantastischen Welt kommt einem Imperium selten eine durch und durch positive Rolle zu, doch kann es durchaus vorkommen, dass dieses politische System nicht als überwiegend tyrannisch und schlecht, sondern z.B. als notwendiges Übel wahrgenommen wird. Sind die Machtverhältnisse in der Welt sehr chaotisch, sind die meisten ihrer Bewohner moralisch verkommen oder besteht eine Bedrohung von außerhalb, dann erscheint es durchaus plausibel, dass sich die Menschen (und andere Völker) nach einer mit harter Hand durchgreifenden Obrigkeit, einer ordnenden Struktur und einem abschreckenden Militärapparat sehnen, auch wenn ihnen dafür einzelne Freiheitsrechte beschnitten werden. In Sapkowskis *The Witcher* findet sich hierfür mit Nilfgaard ein Beispiel.

Möglicherweise folgt ein Herrscher mehr oder weniger moralischen Prinzipien und will tatsächlich nur das Beste für sein Volk und all die Länder, die unter seiner Obhut stehen. Demzufolge kann die Geschichte vorsehen, dass einige seiner Vertrauten den gemäßigten Kaiser stürzen und das politische Gefüge umkrempeln wollen, nur um anschließend eine andere Form der Diktatur zu errichten, die einem noch strikteren, radikaleren und grausameren Gedankengut folgt.

<u>Die Methoden und Strategien der Helden (Die Queste)</u>

Ein weiteres Unterscheidungskriterium zwischen der High Fantasy und der Low Fantasy/Sword & Sorcery ist die Tatsache, dass sich im letztgenannten Subgenre die Helden ihren Weg mit dem geradlinigen Gebrauch von Waffengewalt erstreiten. So zückt Conan, wenn er erst einmal weiß, welchen Feind es zu überwinden gilt, sein Schwert oder seine Axt und führt den Sieg ausschließlich mittels seiner überlegenen kämpferischen Fähigkeiten herbei. Hätte Aragorn, nachdem er in Bruchtal von der gegenwärtigen Bedrohung durch Sauron erfahren hat, sein neu geschmiedetes Schwert Narsil genommen, wäre schnurstracks nach Mordor gewandert und hätte den dunklen Herrscher eigenhändig erschlagen, dann wäre auch *Der Herr der Ringe* der Low Fantasy zuzurechnen. In einem High Fantasy-Werk sind die Verhältnisse allerdings weitaus komplexer. Hier genügt es nicht, dass sich ein einzelner Kämpfer gegen den Tyrannen erhebt, da dessen Macht, die auf seinen Armeen und seiner bösen Magie gründet, die Kräfte der freien Völker bei weitem übersteigt. Außerdem hat er nicht selten ehrgeizige Verbündete und seine Gegner durch Lügen und Intrigen zusätzlich verwirrt.

Demzufolge ist es die Aufgabe der Protagonisten, Bündnisse zu schmieden, komplizierte, subtile und riskante Pläne zu verfolgen und die Diener des Feindes immer wieder an verschiedenen Orten herauszufordern, um sich auf diese Weise kleine Vorteile zu verschaffen. Dies alles genügt jedoch noch immer nicht, um den Krieg für sich zu entscheiden, da die letzte Schlacht nur mithilfe einer besonderen Form der militärischen Stärkung, einer gezielten Schwächung des Feindes oder sehr günstigen Umständen gewonnen werden kann. Dieser ausschlaggebende Unterschied wird zumeist durch ein magisches Artefakt (z.B. der Eine Ring im *Herrn der Ringe* oder die Horcruxe in *Harry Potter* usw.) erzielt. Es kann sich jedoch ebenso um ungewöhnliche oder unerwartete Verbündete handeln, ein spezielle Art von Wissen oder aber die Zerstörung eines Gegenstandes, eines Gebäudes, eines bestimmten Ortes usw., dem der Antagonist seine Macht verdankt. Der Erfolg kann somit nicht nur von bärenstarken Kriegern oder großen Zauberern, sondern auch von kleinen und körperlich schwächeren Geschöpfen oder Kindern, die sich Klugheit und Geschick bedienen, erzielt werden. Es kommt auch vor, dass Figuren, die anfangs nicht im Traum daran denken, sich in eine Gefahr zu stürzen, aufgrund der Umstände quasi in die Heldenrolle gedrängt werden. Auf jeden Fall besteht in der Inanspruchnahme eines einmaligen Hilfsmittels in der Regel die einzige Chance der Guten, den übermächtigen Aggressor in die Schranken zu weisen und das eigene Volk zu retten.

Um in den Besitz dieses Artefaktes, bzw. anderweitigen besonderen Vorteils zu gelangen, ist es erforderlich, dass die Protagonisten auf eine höchst gefahrvolle Reise mit einem unbestimmten Ausgang gehen. Man spricht in der Fantasy von der sogenannten *Queste*. Die Teilnehmer der Queste haben folglich ein klar definiertes Ziel vor Augen. Da auf dieser Reise eine ganze Reihe von Abenteuern, unbekannten Orten, neuen Erfahrungen und Bekanntschaften auf die Helden warten, enthält ein High Fantasy-Werk immer auch eine gehörige Portion Abenteuerroman im Stile eines Jules Verne, Mark Twain oder Karl May.

An der Queste nehmen zumeist mehrere Figuren teil, die höchst unterschiedlicher Herkunft sind, verschiedene Eigenschaften und Fähigkeiten aufweisen und dementsprechend in Einzelfällen divergierende Meinungen vertreten. Man spricht von einer Gruppe oder Gemeinschaft (engl. *party*). Die Figur, mit der sich der Leser identifiziert und deren Handeln und Schicksal die Geschichte maßgeblich bestimmt, muss dabei keineswegs der Anführer der Gemeinschaft sein. Vielmehr ist er zwar in den meisten Fällen der beste und tapferste Krieger, der fähigste Zauberer oder aber der klügste Kopf innerhalb der Gruppe, jedoch handelt er im Auftrag einer ihm übergeordneten Institution oder Respektsperson, gegenüber der er sich loyal verhält, und untersteht während der Reise nicht selten einer älteren, erfahrenen Person. Ansonsten führen die spezifischen Talente der Figuren dazu, dass diese unterschiedliche Aufgaben übernehmen und jeder auf seine Weise zum Erfolg der Unternehmung beiträgt, sodass sie sich gegenseitig ergänzen.

Im Verlauf der Reise erleben die Reisegefährten eine Vielzahl von beiläufigen Abenteuern, wie z.B. das Durchqueren widriger Gegenden und schweren Geländes, das Abwehren der Angriffe von Feinden, Räubern und wilden Bestien, die Begegnung mit phantastischen Wesen, die Unterstützung in Not geratener Figuren, die Flucht vor Häschern und gefährlichen Gegnern, Suchen verschiedenster Art, das Lösen von Rätseln, das Aufsuchen vor Orakeln usw. Dabei sollte der Autor nicht der Versuchung verfallen, die Geschichte dergestalt in die Länge zu ziehen und den Plot immer weiter ausufern zu lassen, dass der Leser vor lauter Subplots am Ende nicht mehr weiß, was eigentlich das Ziel der Reise war. Beherzigen Sie die Regel, dass in einer Romanhandlung letzten Endes nur dasjenige auftauchen sollte, was einen Bezug zum zentralen Konflikt der Geschichte aufweist. Ein gewisses Maß an Episoden, die in erster Linie dazu bestimmt sind, dem Leser die Protagonisten und ihre Fähigkeiten darzustellen, ist selbstverständlich erlaubt, sollte jedoch nicht zur Regel werden, da sich der unterhaltsame Effekt dieser Methodik bald abnutzt und der Leser irgendwann endlich wissen will, wie die Geschichte weitergeht.

Charakteristisch für die Queste ist außerdem, dass sich die Figuren im Verlauf der Reise entwickeln, ebenso wie ihre Beziehungen untereinander Wandel durchlaufen. So können zwischen den Figuren kulturelle Unterschiede, Ehrgeiz, Animositäten, Emotionen, Zuneigung, Liebe, Führungsstreit, Eifersüchteleien, unterschiedliche Werte und Ziele, Meinungsverschiedenheiten in Bezug auf die Art der angewandten Mittel und die Route usw. zu ernsthaften Spannungen und Verwicklungen führen. Mit der Fortdauer der Reise und der Zunahme der Strapazen und Gefahren verschärft sich das Konfliktpotential in der Regel noch. In Tolkiens *Der Herr der Ringe* und *Der Hobbit*, Abercrombies *Feuerklingen*, Nicholls *Die Orks* und zahlreichen anderen Fantasy-Werken lassen sich entsprechende Konstellationen finden. Möglicherweise befindet sich sogar ein Verräter innerhalb der Gruppe, den es für seine Begleiter und den Leser zu enttarnen und identifizieren gilt. Auch kann es dazu kommen, dass sich die Zusammensetzung der Gemeinschaft durch den Ausfall eines Mitglieds durch Tod oder Verwundung oder aber den Beitritt eines neuen Reisegefährten verändert, wodurch auch die hierarchischen Verhältnisse von neuem auf den Prüfstand gestellt werden.

Der typische Verlauf einer Queste enthält zahlreiche archetypische Muster, die sowohl in althergebrachten Mythen als auch in modernen Abenteuern zu finden sind. So hat z.B. George Lucas betont, sich beim Verfassen der *Star Wars-Saga* (Episoden IV-VI) an einer klassischen Fantasy-Queste orientiert zu haben. Die wesentlichen Schritte sind demnach folgende:

1. Prädestination: Es mag vorkommen, dass der Held der Geschichte bereits zur Stunde seiner Geburt aufgrund deren wundersamen Umstände, aufgrund des Schicksals oder aufgrund einer Prophezeiung dazu auserkoren wurde, die Welt zu retten und das Böse zu überwinden. Möglicherweise erweist sich später, dass die Prädestination nicht valide ist und der Protagonist über keine besonderen Kräfte verfügt, aber es ihm durch ehrliche Anstrengung und Willenskraft dennoch gelingt, die in ihn gesetzten Erwartungen zu erfüllen. Erfährt der böse Widersacher von dem Auserwählten, so wird er folglich alles daran setzen, ihn unschädlich zu machen. Allerdings kann daraus auch eine *self fulfilling prophecy* entstehen, d.h. der Schurke bekommt Angst vor seinem Herausforderer und lässt sich zu Fehlern hinreißen. Beispiel sind Ciri (Cirilla) aus Sapkowskis *The Witcher*, die als „Kind der Vorsehung" über ein enormes magisches Potential verfügt, sowie *Harry Potter*, der anhand der Umstände seiner Geburt einen Teil der Fähigkeiten seines Erzfeindes Voldemort erhalten hat.

2. Die Heimat des Helden: Der Protagonist lebt mit seinen Freunden in einer behüteten Umgebung, z.B. einer sicheren Stadt oder einem abgeschiedenen Dorf, und soll dem Willen seiner Eltern und anderer Autoritätspersonen zufolge einen konservativen Beruf erlernen, eine Partnerin aus derselben sozialen Schicht ehelichen und sich von allen Gefahren und Versuchungen möglichst fernhalten. Der Held will sich jedoch nicht mit diesem Leben abfinden, sondern spürt eine permanente Unruhe und Unzufriedenheit in seinem Innern. Er lauscht begeistert den Erzählungen fahrender Händler und Sänger über ferne Länder und träumt davon, in die Welt zu ziehen und Abenteuer zu erleben. Seiner Familie und seinen Freunden zuliebe kann er sich zu diesem Schritt jedoch vorerst nicht durchringen, sodass ihn schließlich erst die Umstände dazu zwingen. Ein Beispiel ist Paolinis *Eragon*.

3.Der Ruf des Herolds: Eine glaubhafte Person, z.B. ein weitgereister Bote oder eine ältere Respektsperson, die der Held sehr gut kennt, erfüllt die Rolle eines Herolds und überbringt die Nachricht, dass der Protagonist seine Heimat aus dringenden Gründen verlassen und auf eine weite Reise gehen muss. Darauf kann der Held, seinem Naturell entsprechend, sehr unterschiedlich reagieren, ehe er dem Aufbruch letztlich zustimmt. Die einfachste Möglichkeit besteht darin, dass er es kaum erwarten kann, die lang ersehnte Möglichkeit, sein langweiliges Leben hinter sich zu lassen, beim Schopf zu packen und daher unverzüglich zustimmt. Handelt es sich bei der Hauptfigur allerdings um einen gemütlichen Halbling oder jemanden, der sehr loyal und gewissenhaft ist und seine Familie keinesfalls alleine zurücklassen will, dann wird er dem Boten unter Umständen zunächst eine Abfuhr erteilen. Die Geschichte wird dann entweder vorsehen, dass der Herold sein Glück ein weiteres Mal versucht und an den Ehrgeiz, den Stolz oder die Vernunft des Helden appelliert oder aber, dass der Held von sich aus einsieht, dass es keine Alternative gibt. Z.B. deshalb, da er erkennt, dass sein Heimatdorf von Feinden bedroht wird und ohne sein Zutun früher oder später verwüstet wird. Eine weitere Alternative besteht darin, dass die Umstände den Helden quasi vor vollendete Tatsachen stellen und er den Herold erst dann trifft, als er seiner Heimat notgedrungen bereits den Rücken gekehrt hat. Dies wäre z.B. der Fall, wenn seine Heimat angegriffen wird, der Bote ihm bei der Flucht hilft und ihm erst nach deren Gelingen von der Reise und der Mission, die nun vor ihm liegt, berichtet.

4.Der Aufbruch/Down the rabbit hole: Es mag sein, dass die Gemeinschaft um den Helden, die ihre heimatliche Siedlung nun bereits hinter sich gelassen hat, noch eine Zeitlang in vertrautem Gelände wandert. Irgendwann kommt dann der Zeitpunkt, wo sie eine Schwelle übertreten und aus einem bekannten und sicheren in ein unbekanntes und gefahrvolles Territorium hinüberwechseln. Im Fantasy-Jargon spricht man – in Anlehnung an Carolls *Alice im Wunderland* – auch von *Down the rabbit hole*. Unmittelbar nach Überqueren dieser Schwelle wird die Entschlossenheit der Gefährten das erste Mal auf die Probe gestellt. Sie werden von ersten Gegnern attackiert und müssen diese überwinden, die veränderte Landschaft fordert ihren Orientierungssinn heraus und sie müssen sich entscheiden, welchen Weg sie einschlagen, welche Zwischenziele sie anstreben und wie sie ihre Ziele erreichen wollen. Im *Herrn der Ringe* geschieht dies, als Frodo, Sam, Merry und Pippin die Grenzen des Auenlandes verlassen und den Alten Wald betreten.

5.Die Prüfungen: Dies ist der wesentliche und längste Teil der Queste. Die Angehörigen der Gemeinschaft durchqueren zahlreiche ihnen fremde und sehr unterschiedliche Länder und Gegenden, die ihren Fähigkeiten und ihrer Willens- und Charakterstärke alles abverlangen. Auf ihrem Weg begegnen ihnen Räuber und Betrüger, feindliche Soldaten, böse Hexen und Zauberer, Monster und andere zwielichtige Gesellen. Andererseits finden sie an manchen Orten auch Verbündete, hilfreiche Geister und obskure Gestalten, die nicht gerade vertrauensselig wirken, deren Hilfe man jedoch zwingend benötigt, indem z.B. nur diese über ein bestimmtes Wissen verfügen. Die Zielerreichung kann außerdem erschwert werden durch schwer zu begehendes, verbotenes, streng bewachtes oder verwirrendes Gelände oder gewisse Versuchungen, die alle oder einzelne Mitglieder der Gruppe verlocken. Z.B. kann dem Helden eine Möglichkeit geboten werden, die Queste zu verlassen und dafür reichlich Gold zu erhalten oder andere Wünsche erfüllt zu bekommen. Unterdessen optimieren die Reisenden ihre Fähigkeiten, indem sie Erfahrungen sammeln, von Mentoren unterwiesen werden, Beistand erhalten oder zu Trägern neuer Waffen und magischer Werkzeuge werden. Der Weg zum Ziel verläuft keineswegs immer geradlinig, vielmehr können Umwege erforderlich sein, z.B. um jemanden zu retten oder zu befreien, ein benötigtes Wissen zu erlangen, ein hilfreiches Artefakt zu erhalten usw. Weiterhin unterscheiden sich die angewandten Methoden, mit denen die Helden die jeweiligen Wegstationen meistern, recht deutlich (außer in der *Sword & Sorcery*, wo der Held in der Regel seine körperliche Überlegenheit in die Waagschale wirft). So kann an einer Stelle der unmittelbare

Einsatz von Waffengewalt angebracht sein, an einer anderen eine bestimmte List oder Überredungskunst und wiederum an einer anderen ein heimliches, lautloses Vorgehen (sogenannte *Stealth-Runs*). Auch eher nebensächliche Geschichten (Subplots) können in diesen Teil der Queste integriert werden, wie z.B. ein Wiedersehen nach langer Zeit, eine Versöhnung, eine Revanche, das Überwinden alter Ängste und Hemmnisse, eine neue/alte Liebe usw.

6. Der Bauch des Fisches/die Apotheose: Irgendwann erreicht die Reise einen kritischen Punkt, an dem die Chancen für den Erfolg der Mission gegen Null tendieren. An diesem Wendepunkt der Queste und damit der gesamten Geschichte erkennt der Held unfreiwillig, dass seine bisherigen Bemühungen nicht annähernd ausreichend waren, um die Pläne des Feindes zu vereiteln, und seine derzeitigen Kräfte und Fähigkeiten nicht groß genug sind, um den Sieg zu erringen. Dieser Tiefpunkt, an dem die Gefährten zu resignieren drohen, kann im Tod oder der Gefangennahme eines ihrer Mitstreiter bestehen, in einer bestimmten Erkenntnis (z.B. dass sie einer Lüge oder Fehlinformation aufgesessen waren), einer drastischen Demonstration der wahren Macht ihres Gegners, dem Verlust einer Waffe oder eines Artefaktes, in welche sie große Hoffnungen gesetzt hatten, einem inneren Zerwürfnis usw. Die Protagonisten müssen nun Mittel und Wege finden, sich aus diesem Dilemma zu befreien und mit erweiterten Fähigkeiten und einem größerem Wissen im Gepäck die Queste von dem bisherigen Punkt aus weiterzuverfolgen. Dieses Stadium wird auch als der *Bauch des Fisches* bezeichnet, was den Tod des (vermeintlichen) Helden und seiner Erwartungen symbolisiert. Plakativ gesprochen wird der Held an diesem Punkt seiner Reise besiegt, getötet und in die Unterwelt verbannt, von wo aus er nach gewöhnlichen Maßstäben nicht mehr in die Geschichte eingreifen kann. Tatsächlich jedoch geling es dem Helden, eventuell mithilfe übernatürlichen Beistandes, in die Welt der Lebenden zurückzukehren, und zwar stärker, ehrgeiziger und überzeugter von sich und seinem Ziel denn je zuvor. Seine Rückkehr stellt sozusagen die *Apotheose* (Gottwerdung) des Helden dar. Tolkien hat dieses Motiv im *Herrn der Ringe* verwendet, indem er Gandalf den Grauen in Moria scheinbar sterben und anschließend als Gandalf den Weißen ins Geschehen zurückkehren ließ. Häufiger findet jedoch die weniger dramatische Version Verwendung, in der der Held lediglich schwer verwundet wird, in Gefangenschaft gerät, ins Exil wandert usw.

7. Der Endkampf: Die Niederwerfung des bösen Herrschers stellt den Höhepunkt der Fantasy-Erzählung und die Auflösung des zentralen Konfliktes dar. Die Angehörigen der Gemeinschaft haben mittlerweile alle Prüfungen, die ihren Reiseweg gesäumt haben, überstanden und sind in ihren Kräften und ihrer Entschlossenheit stärker als je zuvor. Dennoch gleich das anstehende Kräftemessen noch immer dem Duell zwischen David und Goliath, denn die Seite des Bösen ist deutlich in der Überzahl, verfügt über ziemlich gemeine Waffen und wird von einem Herrscher angeführt, dem an physischer und/oder magischer Kraft scheinbar niemand das Wasser reichen kann. Ehe die letzte Schlacht beginnt, versammeln sich die Protagonisten in der Regel noch einmal um ein Lagerfeuer oder einen Kamin, um gemeinsam Vorbereitungen für die Schlacht zu treffen, so manche Geschichten zu erzählen, Zukunftspläne für dieses oder jenes Ende zu schmieden, sich gegenseitig Gefühle zu gestehen usw. Diese Szene dient als Verschnaufpause nach der Aufregung der Queste und vor dem großen Kämpfen. Der danach folgende Kampf gegen die Übermacht des Bösen kann nur gewonnen werden, wie die Helden bald erkennen, wenn es ihnen gelingen sollte, den bösen Herrn unschädlich zu machen. Da dieses Ziel nicht durch banale Waffengewalt erreicht werden kann, ist z.B. eine List, das völlig unerwartete Eingreifen eines Dritten, die Tatsache, dass der Held über sich hinauswächst, indem er z.B. eine ihm bislang unbekannte Fähigkeit entdeckt, oder ein Opfer des Helden erforderlich. Das Opfer des Helden ist ein sehr altes Motiv, das auch Rowling in *Harry Potter* aufgreift. Eine Variante besteht darin, dass der Held den Bösen oder das Schicksal austrickst und sich damit sozusagen um seine Opfergabe drückt, oder aber darin, dass es sich bei der angeblichen Opferforderung in Wahrheit lediglich um einen Charaktertest handelt.

8.Die Rückkehr: Nach Beendigung der Triumphfeierlichkeiten hat der Held sich innerhalb der phantastischen Welt eine große Anerkennung verdient und steht vor der Wahl, ob er zu einem Anführer (z.B. einem König) seines Volkes werden und fortan große Verantwortung schultern oder in seine in der Regel eher gemütliche Heimat zurückkehren will. Aragorn im *Herrn der Ringe* und Paul Atreides in *Dune* entscheiden sich – ihrer Bestimmung gemäß – für die erstere Variante, andere Protagonisten hingegen, z.B. Bilbo, Frodo oder Harry Potter, für die zweite. Die Protagonisten von Funkes *Tintenherz* entscheiden sich nach dem Sieg gegen ihre Widersacher aus freien Stücken dazu, in der Tintenwelt zu bleiben und dort ein gewöhnliches Leben aufzunehmen. Der Plot kann darüber hinaus auch vorsehen, dass mit dem Ende der Queste noch nicht alle Konflikte, die in der Erzählung aufgeworfen wurden, überwunden sind. Folglich können auch die Heimreise und die mögliche Befreiung der Heimat für den Helden noch einige Herausforderungen, Gefahren und Beschwerlichkeiten bereithalten. Sollte der Held für das Gelingen der Queste ein Opfer gebracht haben, so ist nun auch der Zeitpunkt gekommen, Sühne zu tun oder das gegebene Versprechen einzulösen. Die Rückkehr in die Heimat des Helden bildet üblicherweise den Abschluss der Queste. Hier wird er wieder auf seine Verwandten, Freunde und Rivalen aus der Vergangenheit treffen, gegebenenfalls alte Schulden und Rechnungen begleichen und seinen angestammten Platz in der Gesellschaft einnehmen. Dabei ist für niemanden zu übersehen, dass ihn die lange Reise in seinem Wesen verändert hat.

11. Wie Sie Gott spielen und ganze Welten erschaffen

Ein Werkzeug, das nur dem Fantasy-Autor zur Verfügung steht

Dem Hintergrund (*Setting*), vor dem eine Geschichte spielt, kommt gerade in der Fantasy eine überragende Bedeutung zu, da phantastische Romane in der Regel in Welten spielen, die sich von der realen Welt sehr stark unterscheiden und daher erst einmal erdacht und gestaltet werden wollen. Dieser Gedanke führt uns andererseits zu der Feststellung, dass der Fantasy-Autor gerade mit dem von ihm entworfenen phantastischen Universum eine einmalige Gelegenheit besitzt, um sich von allen anderen literarischen Werken abzuheben und seiner Geschichte eine ganz individuelle Note zu verpassen. Viele Bücher bleiben dem Leser nämlich nicht nur aufgrund ihrer starken Figuren und ihrer spannenden Handlung in Erinnerung, sondern ebenfalls weil der Autor eine beeindruckende Welt erschaffen hat, die ihn in ihren Bann zieht. Man könnte dies als Alleinstellungsmerkmal bezeichnen.

Der *Weltenbau* ist somit ein unverzichtbares Element, wenn es darum geht, ein gutes Fantasy-Buch zu verfassen. Darum ist es umso wichtiger, dass Sie diesen Arbeitsschritt gewissenhaft angehen und an dessen Ende eine plastische und stimmige Welt steht, die Ihren Figuren als Handlungskulisse dient.

Faktoren, die beim Herangehen an den Weltenbau von Bedeutung sind, stellen der inhaltliche Schwerpunkt der Geschichte und der erzählerische Stil des Autors dar. Ist der Plot beispielsweise sehr spannungs- und handlungsorientiert, steht die Entfaltung der Charaktere im Mittelpunkt der Geschichte oder bedient sich der Autor einer sehr dialogreichen Erzählweise, so können hinsichtlich des Detailreichtums möglicherweise Abstriche gemacht werden. Unternehmen die Protagonisten hingegen Reisen in fremdartige Gebiete, legt der Autor Wert auf das Erzeugen einer ganz bestimmten Atmosphäre (z.B. beim Besuch eines elbischen Waldreiches oder einer unterirdischen Zwergenstadt) oder besteht häufiger ein unmittelbarer Zusammenhang zwischen der Handlung und der Umwelt (z.B. gefährliches Terrain, extreme Klimazonen, Lebensräume fiktiver Völker, Förderung von Rohstoffen), dann sind auf alle Fälle einige zusätzliche Worte angebracht.

Was eine phantastische Welt alles enthalten sollte

Wenn Sie eine eigene Welt erschaffen und diese dem Leser anschließend nahebringen wollen, dann sind insbesondere zwei Bereiche von Bedeutung: Gestalt und Funktion. *Gestalt* meint alle äußeren Merkmale, die man mit den fünf Sinnen erfassen kann. Wie sieht es in der Welt aus? Welche Geräusche kann man hören? Wer lebt darin? *Funktion* beinhaltet die Kräfte, Gesetze und Zusammenhänge, die in der Welt wirken. Welche Naturgesetze sind vorhanden? Welche Machtfaktoren bestehen? Wie ist das Verhältnis der Völker zueinander?

Im Allgemeinen können folgende Elemente für die Ausarbeitung einer fiktiven Welt von Belang sein, wobei diese Aufzählung keineswegs den Anspruch auf Vollständigkeit erhebt: geografische Gegebenheiten (Topografie, Geologie, Klimatologie), physikalische und andere wissenschaftliche Gesetzmäßigkeiten, Flora und Fauna, Schöpfungsmythen, Ausprägung und Stellenwert der Magie (Magiesystem), Bauten, Architektur und technische Errungenschaften der verschiedenen hochentwickelten Völker sowie deren soziale und politische Strukturen, Mythologie, Religion, wirtschaftliche Bedingungen, Währung, Ideale, Kulturgüter, Traditionen, Außenbeziehungen, Sprachen und Historie, usw. Generell gilt für den physischen Hintergrund der Geschichte: Wie sieht es dort aus? Was hört man? Wie riecht es? Was empfinden die Figuren beim Besuchen dieser Orte, bzw. wie werden sie und ihre Entscheidungen von ihnen beeinflusst?

Was die gesellschaftlichen Strukturen und Gepflogenheiten der einzelnen Völker, die eine phantastische Welt besiedeln, anbelangt, so orientieren sich diese in den meisten Fällen an historischen Epochen, wie dem Mittelalter, der Eisenzeit oder der Renaissance. Technologisch wie kulturell befinden sie sich daher fast immer auf einem Stand, der nach heutigen Maßstäben archaisch wirkt, jedoch gerade aufgrund der Einfachheit der Lebensverhältnisse eine gewisse Romantik und Tugendhaftigkeit versprüht. Dessen ungeachtet werden die menschlichen Zivilisationen häufig als dekadent und Horte des Egoismus dargestellt, wohingegen die schlicht organisierten (z.B. stämmischen) Gemeinschaften anderer Völker oder Minderheiten (z.B. von Elben oder Barbarenvölkern) als vergleichsweise edelmütig und ehrenhaft betrachtet werden. Dieser Dualismus wird vor allem deshalb gerne verwendet, da er einiges an erzählerischem (Konflikt-)Potential birgt und bei vielen Lesern auf Akzeptanz stößt.

Die politische Ordnung der menschlichen Reiche ist in einer fiktiven Fantasy-Welt zumeist an den Feudalismus angelehnt, d.h. einem absolutistischen Herrscher unterstehen einfache Bürger, Bauern, Handwerker und Soldaten. Außerdem stehen – bei allen agierenden Völkern – zu keiner Zeit der Staat oder ein anderer Personenverbund als Entscheidungsträger im Vordergrund, sondern stets einzelne, herausragende Persönlichkeiten, wie Könige, Magier, Feldherren, Krieger oder Stammesführer, hinter denen sich deren jeweiligen Völker versammeln. Darüber hinaus bietet es sich an, das Gros der völkischen Gemeinschaften – zumindest bei oberflächlicher Betrachtung – als idealisiert darzustellen. D.h. man weist den Angehörigen eines bestimmten Volkes fürs Erste bestimmte Ideale und Eigenschaften zu, ohne auf innere Konflikte, Widersprüche und verschiedene Flügel und Strömungen, die in der realen Welt innerhalb jeglicher größeren Personengruppe existieren, einzugehen (z.B. ordnet man Elben gemeinhin andere pauschale Merkmale zu als etwa Zwergen oder Orks). Für nähere Details und Spezifikationen gilt der Grundsatz, dass der Autor auf diese erst dann näher eingehen sollte, wenn es für die Handlung und damit den Leser von Interesse ist (z.B. wenn ein Protagonist einen Konflikt mit einem Angehörigen seiner eigenen Art ausfechten soll).

Ein weiteres Phänomen besteht darin, dass jeder Autor dazu neigt, verschiedene Merkmale und Gesetzmäßigkeiten – etwa geografische oder kulturelle – aus seinem persönlichen Kulturkreis zu entlehnen. So verhält es sich bei der europäisch, bzw. anglo-amerikanisch geprägten Fantasy häufig dergestalt, dass es im Norden kalt und im Süden heiß ist, dass die Zivilisation, der auch die Helden entstammen, im Westen angesiedelt ist und die Feinde aus dem Osten oder

Süden stammen. Ferner ist der Norden den wikingerähnlichen Barbaren vorbehalten, und in der Mitte des Landes befindet sich entweder eine große Stadt oder ein hohes Gebirge.

Wenn Sie Ihre eigene phantastische Welt konzipieren möchten, so werden Sie einerseits nicht umhin kommen, einige der oben genannten, allgemein bekannten und akzeptierten Regeln zu beherzigen. Darüber hinaus sollten Sie sich jedoch vornehmen, sich bereits beim Weltenbau wenigstens ein einziges Merkmal auszudenken, das Ihr Werk von allen anderen Konkurrenten abgrenzt. Auf diese Weise wird es Ihnen gelingen, den Wiedererkennungswert Ihres Buches und Ihrer Welt zu steigern, also quasi ein Alleinstellungsmerkmal zu zementieren. Dies hat zur Folge, dass sich ein Leser immer gut an Ihr Buch erinnern wird.

Wie Sie an den Weltenbau herangehen

Die Gestaltung einer eigenen phantastischen Welt kann leicht mehr Zeit als alle anderen Arbeitsbereiche in Anspruch nehmen. Tatsächlich stellt die Weltenschöpfung nämlich eine ausgesprochen komplexe und anspruchsvolle Herausforderung dar, die man keinesfalls unterschätzen sollte. Sollte der Autor nämlich nicht mit der nötigen Sorgfalt und Akribie zu Werke gehen und größere Lücken und Widersprüche aufkommen lassen, so bemerkt dies der aufmerksame Leser meist sofort, und die Illusion, die das Buch erschaffen will, ist zerstört.

Der Fahrplan für die Erschaffung einer eigenen Welt ist zwar individueller Natur und wird von Autor zu Autor unterschiedlich gehandhabt, doch kristallisieren sich letztendlich zwei Varianten heraus. Bei der ersten Gruppe kommt die Idee zu dem Roman dadurch zustande, dass der Autor anfänglich eine rudimentäre Geschichte oder eine bestimmte Figur im Kopf hat und sich erst anschließend vor die Aufgabe gestellt sieht, seiner Handlung und seinen Protagonisten sozusagen eine angemessene Bühne zu verpassen. Die zweite Gruppe geht hingegen den umgekehrten Weg: sie besitzt von vornherein das mehr oder weniger detaillierte Bild einer fiktiven Welt mit eigenen Strukturen und Völkern und versucht erst danach, diese Welt mit Leben zu erfüllen, d.h. eine adäquate Geschichte zu ersinnen. Zwischen der im Plot skizzierten Handlung und dem Setting des Romans besteht in der Fantasy eine starke Wechselwirkung (Korrelation).

Ungeachtet dieser beiden Varianten sollte der Weltenbau auf jeden Fall vor dem eigentlichen Schreiben weitgehend abgeschlossen sein, damit zu einem späteren Zeitpunkt der Schreibfluss nicht durch ständiges Nacharbeiten, Abgleichen und Korrekturen am Hintergrund unterbrochen werden muss. Sinnvolle Ergänzungen, Präzisierungen und Erweiterungen sind – z.B. auch in folgenden Bänden – gleichwohl immer möglich.

Darüber hinaus existiert ein Faktum, über das Sie sich bei der Erschaffung Ihrer phantastischen Welt im Klaren sein sollten: ein Autor orientiert sich immer an den Bedingungen der realen Welt und setzt ein bestimmtes Vorwissen des Lesers voraus.

Keine fiktive Welt wird vollständig aus dem Nichts erschaffen, denn zwangsläufig nimmt ein Fantasy-Schriftsteller das, was man aus der Realität kennt, als Grundannahme an. Dies betrifft Geografie, Klima, Naturgesetze, Biologie, Sprache, gesellschaftliche und kulturelle Konventionen der Völker usw. Die Regel lautet: Die Rahmenbedingungen, bzw. der Hintergrund, in einem Fantasy-Roman entsprechen denjenigen der Welt, die der Leser kennt, sofern nicht explizit Abweichungen dargestellt und geschildert werden!

Nehmen wir einen Urban Fantasy-Roman. Hier ist es möglich, dass der Autor die tatsächliche Welt weitgehend unverändert lässt und lediglich einige übernatürliche Elemente darin verankert, bzw. damit kombiniert. Ein Beispiel ist das England, in dem Harry Potter bei den Dursleys wohnt. Hier kann Rowling das Wissen des Lesers über die britische Geschichte, Kultur und Geografie voraussetzen und sich darauf beschränken, dass nebenbei eine Parallelgesellschaft von Zauberern existiert. *Der Goldene Kompass* beginnt hingegen in einem Oxford, das sich von dem realen in vielerlei Hinsicht unterscheidet.

Aber auch wenn Sie sich dazu entscheiden, eine gänzlich eigene Welt zu kreieren, ist es ratsam, sich ein reales Vorbild zu suchen und sich daraus Anleihen zu nehmen. Auf diese Weise können Sie sich durch etwas Recherche leicht eine solide, plastische Basis schaffen und diese nach eigenem Gutdünken verändern, Möglichkeiten gibt es zuhauf: die griechische Antike, die große Zeit der römischen Imperien, der mittelalterliche Orient, das alte Ägypten, die europäische Ritterzeit, die Ära der Samurai in Japan, der neuzeitlichen Absolutismus in Westeuropa usw.

Weitere Referenzpunkte, an denen sich sowohl der Autor als auch der Leser orientieren, sind etablierte Werke anderer Fantasy-Schriftsteller, wozu auch bekannte Märchen und Mythen gehören. Dank ihnen haben wir z.B. eine gewisse Vorstellung zu phantastischen Wesen, wie Elfen, Zwergen, Drachen oder Orks, und Sie können als Autor jederzeit darauf zurückgreifen. Niemand würde auf die Idee kommen, einen Drachen als etwas anderes als ein riesiges, fliegendes Ungetüm zu beschreiben, das Feuer spucken kann. Auch manche geografische und historische Tatsachen werden in Fantasy-Werken gerne als grundlegend angenommen. Beispielsweise kommen langhaarige Barbaren aus dem Norden, so wie einst die skandinavischen Wikinger, die Zivilisationen befinden sich im Westen, und überhaupt ist es im hohen Norden kalt und verschneit, während sich im Süden Wüsten ausbreiten.

Bei der Erschaffung einer eigenen Welt steht der Autor folglich vor mehreren Aufgaben:
-Die fiktive Welt kann sich an die reale Welt oder eine historische Zeitepoche anlehnen, muss jedoch eigene phantastische Merkmale hinzufügen.
-Diese Merkmale müssen glaubhaft sein und dürfen von den Erwartungen des Lesers nicht diametral abweichen, da er sie sonst ablehnen könnte. Alternativ müssen sie sehr behutsam und intelligent eingeführt werden.
-Eine phantastische Welt, die weitgehend mit derjenigen von anderen Autoren, wie Tolkien, Martin, Sapkowski usw., identisch ist, wäre für den Leser langweilig. Daher muss sie neue, originelle Elemente enthalten.
-Eine phantastische Welt muss den Anschein erwecken, vollständig zu sein. Dazu müssen ein gewisser Umfang, Tiefe und Detailreichtum erzeugt werden.
-Die eigene Welt muss konsistent, d.h. logisch aufgebaut sein, damit sie auf den Leser plausibel wirkt.

Die mathematische Gleichung dazu könnte lauten: Phantastische Welt = reale Welt + bewährte Fantasy-Konventionen + Erfindungsreichtum + Vollständigkeit + Konsistenz.

<u>Erschaffen Sie Ihr eigenes Universum Schritt für Schritt!</u>

Unabhängig davon, welche Gewichtung Sie dem Weltenbau bei Ihrem Fantasy-Projekt beimesse, empfiehlt sich ein schrittweises Vorgehen. Dies hat den Vorteil, dass Sie nichts vergessen und alle wesentlichen Fragen bereits vorab für sich beantworten.

Eine bewährte Möglichkeit ist die Aufteilung in folgende 5 Arbeitsschritte, die Sie der Reihe nach abhandeln können:

1. Schöpfungsmythos
2. Geografie
3. Gesellschaft
4. Wissenschaft
5. Historie.

Wir werden diese Elemente der Reihe nach durchgehen und erläutern.

Darüber hinaus gilt der Grundsatz *Vom Groben zum Feinen*. Damit ist gemeint, dass Sie zu Beginn der Arbeit an Ihrem Buch nicht alle Kriterien der Welt bis ins kleinste Detail planen müssen. Vielmehr kann es anfangs durchaus ausreichen, sich auf einige Schwerpunkte und

Umrisse zu konzentrieren und lediglich diejenigen Schauplätze und Motive, die für die Geschichte bis zu diesem Zeitpunkt von Belang sind, näher auszuarbeiten. Wenn sich der Fokus der Geschichte dann verlagert und andere Orte und Themen in den Vordergrund treten, können Sie problemlos weitere Inhalte hinzufügen. Auf diese Weise befindet sich der Detailreichtum der phantastischen Welt in einem stetigen Wachstum.

Nehmen wir zur Verdeutlichung das Beispiel, dass die Geschichte auf einem weitgehend unerforschten und spärlich besiedelten Kontinent spielt und in einer kleinen Siedlung im Süden ihren Anfang nimmt. Damit sich der Leser in den Hintergrund und die Beweggründe der Figuren einfühlen kann, sind vorab einige nähere Erläuterungen angebracht. Eingangs erfährt der Leser entsprechend, dass das Dorf ausschließlich von Menschen bewohnt ist, dass es auf einem Hochplateau in einem schwer zugänglichen Gebirge liegt, dass es über einen Häuptling und einen Medizinmann verfügt und lediglich mit einigen wenigen, ganz ähnlich strukturierten Ortschaften in Außenkontakt steht. Diese Informationen müssen übrigens nicht in einer ermüdenden Berichtsform vermittelt werden, sondern können ebenso in Dialoge oder Handlungsszenen verpackt sein. Nehmen wir des Weiteren an, dass der Sohn des Häuptlings eine der Hauptfiguren darstellt. Der Leser lernt ihn in Ruhe kennen und erfährt, dass dieser ein geschickter Jäger ist, mit seinem Papa hin und wieder im Clinch liegt und außerdem kurz vor der Vermählung mit der Tochter des Medizinmannes steht. Dann setzt der erste Konflikt ein: irgendein Schicksalsschlag ereilt das Dorf und reißt es aus seiner Beschaulichkeit, z.B. der Angriff einer Horde fremdartiger Wesen, eine Naturkatastrophe oder zumindest die Kunde, dass irgendein Ungemach naht und die Heimat unseres Helden bedroht. Bis zu diesem Punkt der Geschichte genügte es für den Autor, sich hinsichtlich der Weltenschöpfung weitgehend auf den Entwurf des Dorfes, das bislang Schauplatz der Handlung war, und deren Umgebung zu beschränken.

Als nächstes könnte der Plot vorsehen, dass der Protagonist mit einer bestimmten Aufgabe konfrontiert wird, z.B. dass vor den Feinden flüchten, Hilfe holen oder seine entführte Liebste suchen muss. Für diese Unternehmung ist er gezwungen, sein Dorf zu verlassen und sich in einer neuen Umgebung zurechtzufinden. Im Einzelnen muss er sich auf verschlungenen Pfaden durch das Gebirge bewegen, einen reißenden Fluss überqueren, sich ein paar wilden Bestien erwehren und versuchen, sich beim anstehenden Kampf mit seinen Verfolgern einen Geländevorteil zu verschaffen usw. D.h. die verschiedenen Faktoren der Umgebung spielen für den Verlauf der Geschichte eine wesentliche Rolle. Aus diesem Grund sollte sich der Autor nunmehr mit den Details dieses Teils seiner fiktiven Welt vertraut machen, insbesondere mit denjenigen Orten, die seine Figuren auf ihrer Reise besuchen könnten oder von denen häufiger die Rede ist.

Auf diese Weise kann der Fantasy-Autor weiter verfahren und sein Universum Schritt für Schritt jeweils so weit definieren, wie es für die Handlung notwendig ist. Vielleicht gerät der Held als nächstes in ein wüstenhaftes Gebiet, in einen gefährlichen Wald oder in eine große Stadt? Oder aber es findet ein Perspektivwechsel statt, und wir erfahren, wie es einem anderen Protagonisten an einem anderen Schauplatz, vielleicht am fernen Hof des Königs, ergeht. Dann wäre es für den Autor an der Zeit, sich über die entsprechenden Einzelheiten dieser Örtlichkeiten Gedanken zu machen.

Ein Tipp zur Erleichterung Ihrer Arbeit: legen Sie von Anfang an Karten, Listen und Mindmaps über die Inhalten Ihrer Weltenschöpfung an und erweitern und komplettieren Sie diese Stück für Stück. Auf diese Weise wird es Ihnen erheblich leichter fallen, den Überblick zu behalten und Widersprüche und lästiges Nachschlagen und Abgleichen zu vermeiden.

1. Schöpfungsmythos

Ein Aspekt, der dem am Anfang seiner Weltenschöpfung stehenden Autor behilflich sein kann, ist die Ausarbeitung einer eigenen Schöpfungsgeschichte. Wenn Ihre Erzählung in der realen Welt spielen soll, dann können Sie diesen Schritt eventuell vernachlässigen – oder auch nicht, wenn Sie nämlich eine über den gegenwärtigen Stand der Wissenschaft hinausgehende metaphysische Erklärung liefern möchten. Wenn Sie es sich jedoch zur Aufgabe gemacht haben, eine eigene phantastische Welt erschaffen, dann sollten Sie sich auf jeden Fall Gedanken darüber machen, wie diese entstanden ist. Inwiefern Sie dann dieses Wissen an die darin lebenden Figuren und an den Leser weitergeben, ist eine andere Frage. Wenn Sie beispielsweise die Bedeutung von Religionen und Glaube in Ihrer Welt betonen wollen, dann ist es vorteilhafter, wenn die einzelnen Völker weniger über die Kosmologie Bescheid wissen. Natürlich kann es auch sein, dass die einzelnen Entitäten, die die materielle Welt erschaffen haben und beherrschen, den zivilisierten Lebewesen durchaus bekannt sind und entweder verehrt oder abgelehnt werden.

Auch hinsichtlich der Schöpfungsgeschichte und der Welt der Götter im Allgemeinen ist es möglich und legitim, sich Inspirationen zu suchen. Einige bekannte Quellen sind die folgenden:

-Griechische Mythologie: Am Anfang befand sich der Gott Chaos inmitten völliger Leere. Weil er das Alleinsein satt hatte, erschuf er zunächst Gaia (die Erde) und Tartaros (die Unterwelt). Nach und nach wurden dann Eros (die Liebe), Erebos (die Finsternis), Nyx (die Nacht), Hemera (das Licht), Aither (die Luft) und Uranos (der Himmel) geboren. Aus Uranos gingen dann die Titanen hervor. Der Titan Kronos tötete schließlich seinen Vater Uranos und wurde danach selbst von seinem Sohn Zeus getötet. Damit begann die Herrschaft der olympischen Götter über die Welt.

-Germanische Mythologie: In grauer Vorzeit existierten zwei voneinander getrennte Regionen: das dunkle, kalte Niflheim im Norden und das helle, heiße Muspelheim im Süden. Dazwischen gähnte ein leerer Abgrund, der Ginnungagap. Irgendwann trafen sich der Reif des Nordens und das Feuer des Südens, woraufhin der Ur-Riese Ymir entstand. Aus ihm wiederum wurden einige weitere Riesen erschaffen, wie Thrudgelmir, Buri und Bör. Bör hatte mehrere Kinder, darunter Odin/Wodan, die das Göttergeschlecht der Asen begründeten. Nachdem Odin/Wodan und seine Brüder die Riesen in Notwehr erschlagen hatten, formten sie aus deren Körperteilen die materielle Welt (Midgard) und danach die ersten Menschen. Zentrale Bedeutung kommt Yggradsil, der Weltenesche zu, die alle Welten miteinander verbindet.

-Ägyptische Mythologie: Die vorzeitliche Welt war von dem Ur-Ozean Nun bedeckt, aus dem sich eines Tages ein Hügel erhob, auf dem der Sonnengott geboren wurde. Dieser ist als Atum, Ra, Re oder Amun-Re bekannt. Seine Kinder Schu (Luft) und Tefnut (Wasser) zeugten Geb (Erde) und Nut (Himmel). Deren Kinder wiederum waren Osiris, Isis, Seth und Nephtys. Seth tötete Osiris und warf ihn in den Nil. Isis suchte daraufhin den Leichnam und rettete mit einem Ritual die Seele ihres Bruders. Osiris wurde folglich zum Gott der Toten und des ewigen Lebens. Horus, der Sohn von Osiris und Isis, forderte schließlich Seth zum Kampf heraus und wurde zum Herrn über Ägypten.

-Sumerische Mythologie: Die Göttin Nammu (babylonisch: Tiamat) herrschte über das urzeitliche Meer, aus dem irgendwann die Erdgöttin Urasch und der Himmelsgott An entstanden. Danach wurden viele weitere Gottheiten geboren, wie Enki (Landwirtschaft), Enlil (Luft), Nergal (Krieg) und Inanna (Fruchtbarkeit). Da es noch keine Menschen gab, mussten niedere Götter, die Igigu, einfache Arbeiten verrichten. Als diese dagegen rebellierten, erschuf Enki die Menschen, damit diese fortan allen Göttern zu Diensten sein sollten.

Folgende Fragen können für die Schöpfungsgeschichte relevant sein:
-Stimmt die Welt mit der realen ganz oder teilweise überein oder ist sie fiktiver Natur?
-Geht die Entstehung der Welt auf eine bekannte Ursache zurück oder ist sie ein Mysterium? Wieviel wissen die einzelnen Völker darüber?
-Hat eine Gottheit die Welt erschaffen? Oder waren es gleich mehrere? Wer war noch daran beteiligte?
-Was für ein Verhältnis hat die ggfs. vorhandene Gottheit zu ihrer Schöpfung? Übt sie dann und wann weiterhin Einfluss aus oder hat sie die Welt längst ihrem Schicksal überlassen?

-Gibt es eine Verbindung zwischen der fiktiven Welt und der realen Welt? Handelt es sich um ein Paralleluniversum, das z.B. mit einem Portal erreichbar ist?

-Ist der Zustand der Welt weitgehend statisch oder finden fortlaufend Entwicklungen und Veränderungen statt, die auf die Geschichte einen Einfluss haben?

-Sofern in der Welt phantastische Wesen, übernatürliche Kräfte oder sonstige starke Abweichungen von den realen Naturgesetzen existieren: wie sind diese entstanden und gibt es eine besondere Erklärung dafür?

Für die Schöpfungsgeschichte existiert auch der Begriff *Mythopoeia*, was so viel wie „Mythen erschaffen" bedeutet. Ein Gedicht von Tolkien trägt diesen Namen.

2. Geografie

Wenn Sie wissen, wie Ihre Welt entstanden ist, dann bietet es sich an, sich Gedanken über deren äußere Gestalt zu machen. Diesbezüglich können Sie mit den natürlichen Gegebenheiten anfangen und sich überlegen, wo sich Meere, Flüsse, Seen, Gebirge, Wälder, Sümpfe, Höhlen, Inseln usw. befinden. Möglicherweise gibt es klimatische Zonen, die die Bildung von Wüsten, Schneelanden, Feuchtzonen, Regenwäldern, Savannen usw. bedingen. Apropos Klima: Hitze oder Kälte, Wetterumschwünge und Katastrophen können sehr starke Auswirkungen auf die Protagonisten haben.

Weiterhin können besondere Orte existieren, an denen übernatürlichen Kräfte, Portale an fremde Orte, seltene Rohstoffe usw. zu finden sind. Manche sind vielleicht nur unter bestimmten Bedingungen, bzw. zu bestimmten Zeiten erreichbar.

Neben der physischen Beschaffenheit der Welt und dem Klima können Sie hier die Lebensräume bestimmter Wesen und Tiere festlegen. Dabei kann es sich einerseits um bekannte Tierarten handeln und andererseits um erfundene Gattungen und gefährliche Ungeheuer, die möglicherweise handlungsrelevant sind.

Wenn Sie sich bereits Gedanken über den Plot Ihrer Erzählung gemacht haben, dann können Sie Schauplätze, an die es Ihre Protagonisten verschlägt, sowie die Wege dorthin näher definieren. Auf diese Weise machen Sie sich später das Schreiben leichter.

Wenn wir gerade bei intelligenten Lebewesen sind: an manchen Plätzen können sich Ruinen untergegangener Hochkulturen befinden. Hier können sich bekannte Schlachten und Tragödien zugetragen haben, oder aber die Zeugnisse geben Rätsel auf, da ihre Herkunft im Laufe der Zeit vergessen wurde.

Folgende hilfreiche Fragen können sich in Zusammenhang mit der Geografie ergeben:

-Ist die Welt, in der die Romanhandlung spielt, Teil eines größeren Universums? Was ist über die andere Planeten/Kontinente/Gebiete bekannt?

-Gibt es – ähnlich wie auf der Erde – größere klimatische Zonen, z.B. Polarregionen, Taiga, Tundra, gemäßigte Zonen, Savannen, Tropen usw.? Wie ist in das Wetter in den einzelnen Regionen? Ist es z.B. heiß, kalt, regnerisch, trocken, windig, neblig, hell, dunkel, stickig …

-Welche Meere und welche Landmassen gibt es? Welche topografischen Merkmale, wie Gebirge, Schluchten, Wälder, Sümpfe usw. existieren darüber hinaus? Sind diese allesamt auf natürlichem Wege entstanden oder hatten Lebewesen Einfluss darauf? Gibt es Ruinen alter Kulturen?

-Wie sind die jeweiligen Gebiete erreichbar? Existieren gut passierbare Straßen und Wege oder sind manche Gegenden auf natürliche Weise abgeschottet?

-Welche Tiere, Fabelwesen und Ungeheuer leben in der Welt? Welche Beziehung besteht zwischen ihnen, bzw. ihren Eigenschaften und ihrer Umwelt?

-Welche Orte stellen Handlungsschauplätze dar und werden von den Protagonisten aufgesucht? Dienen diese Orte nur als Kulisse oder haben ihre spezifischen Gegebenheiten einen Einfluss auf die Szene?

-Wo in der Welt befinden sich Rohstoffe und andere wichtige Ressourcen (Schätze, Wasser, Nahrung, Magie usw.)?

3. Gesellschaft

An dieser Stelle erfolgt die Planung der Zivilisationen, d.h. der intelligenten, vernunftbegabten Lebewesen, die Ihre Welt besiedeln und zu Gemeinschaften zusammengefunden haben. In einem späteren Kapitel werden wir im Übrigen noch einmal eigens auf die Schöpfung und das Verwenden phantastischer Lebewesen eingehen.

Die Gesellschaften, in denen Ihre Figuren leben, benötigen zuallererst einen Platz, an dem sie leben können. Sie können in Wäldern, Höhlen oder auf Bergen leben, oder aber sie haben Dörfer, Städte und ganze Reiche erbaut. Es sei denn es handelt sich um Nomaden, die stets nach einer Weile weiterzuziehen pflegen. In diesen Siedlungen können ausschließlich die Angehörigen eines einzigen Volkes leben oder aber eine Vielzahl von Volksgruppen, Rassen und Wesen.

Weiterhin hat jedes einzelne Volk eine Kultur mit eigenen Normen, Regeln und Bräuchen. Die Kultur hängt in der Regel mit den individuellen Fähigkeiten, Erfahrungen und Traditionen sowie den äußeren Umständen, wie Lebensbedingungen, Umwelteinflüssen, Ressourcen, Bedrohungen usw., zusammen, d.h. sie hat immer auch praktische Hintergründe. Außerdem existieren Merkmale wie Religion, Sprache, Berufe, Mode, Umgangsformen, Musik, Kunst u.ä.

Von prägender Bedeutung ist insbesondere das politische System, d.h. die Art und Weise, wie die Gesellschaft regiert wird und wie Entscheidungen gefällt werden. So kann es sich zunächst einmal um eine Demokratie mit einer funktionierenden Gewaltenteilung handeln oder um eine Autokratie, in der ein einzelner das Sagen hat, z.B. ein Monarch. In letzterem Fall kann der Herrscher ein egoistischer Despot oder ein selbstloser Anführer sein. Neben den Regierenden kann es viele weitere gesellschaftliche Schichten geben, wie Adel, Klerus, Magier, Militär, Vermögende, Mittelständler, Arme, Aussätzige, Fremde, Diebe und Gauner. Die Bürger können ihrerseits in verschiedene Gruppen organisiert sein, wie z.B. in Zünften.

Gerade die Gesellschaften, aus der die Protagonisten der Geschichte entstammen, haben einen großen Einfluss auf den Plot. Die Figuren werden nämlich unweigerlich von den Umständen, unter denen sie leben, geprägt, z.B. indem sie diese verteidigen oder überwinden wollen.

Einige Fragen, die Sie sich beim Thema Gesellschaft stellen sollten, sind die folgenden:

-Welche Völker leben in der Welt? Leben diese an einem einzelnen oder an mehreren Orten? Wohnen sie in Ländern, Städten, Dörfern oder eingebettet in die Natur, wie in Wäldern, Höhlen, Bergen usw.?

-Wie setzen sich die einzelnen Gesellschaften zusammen? Sind sie homogen oder bestehen sie aus verschiedenen Völkern? Existieren verschiedene Stände und Schichten und welche Vor- und Nachteile ergeben sich ggfs. daraus? Wie stark sind negative Aspekte, wie Kriminalität und Armut, ausgeprägt?

-In welchen politischen Systemen sind die jeweiligen Gesellschaften organisiert? Wodurch wird die Macht der Herrschenden legitimiert? Sind die Untertanen mit ihren politischen Führern zufrieden? Gibt es noch jemanden, der Macht ausübt (z.B. Klerus, Magier, Militär)?

-Welche Merkmale zeichnen die Gesellschaften aus? Was gibt es zu Sprache, Kultur, Ideologie, Mode, Werte, Kunst usw. zu sagen? Was ist über ihre Herkunft und Entwicklung bekannt?

-Wie ist die Beziehung zwischen den Gesellschaften und ihren Umgebungen? Werden sie von der Existenz/Non-Existenz von Ressourcen, Naturphänomenen, gefährlichen Tieren und Wesen u.a. beeinflusst?

-Welche Beziehung pflegen die Gesellschaften zu ihren Nachbarn? Ist das politische Verhältnis jeweils freundschaftlich, konkurrierend oder feindselig? Existieren wirtschaftliche Verbindungen? Besteht überhaupt Kontakt zwischen zwei Gesellschaften? Wie ist es um die militärische und wirtschaftliche Stärke der einzelnen Gesellschaften bestellt?

-Welchen Stellenwert haben Religion und Magie in den Gesellschaften? Existieren verschiedene Religionen und welche davon sind in Kirchen organisiert? Welchen Einfluss haben die Kirchen? Wie wird man Geistlicher oder Magier? Haben diese tatsächlich Kontakt mit Göttern oder Zugang zu übernatürlichen Kräften?

4. Wissenschaft

In diesem Arbeitsschritt können Sie festlegen, wie es um den technologischen Fortschritt in Ihrer Welt bestellt ist und welchen Anteil Magie, sonstige übernatürliche Fähigkeiten und magische Artefakte haben. Dies kann in den einzelnen Gesellschaften durchaus unterschiedlich ausgeprägt sein. Es ist auch denkbar, dass lediglich höhere Stände oder Schichten innerhalb einer Gesellschaft Zugriff darauf haben.

Technologie kann je nach Verfügbarkeit das Leben vereinfachen, bereichern, erschweren oder verkomplizieren und ist stets mit der Entstehung bestimmter Berufsgruppen verbunden. Sie kann auch dazu gebraucht werden, Waffen zu entwickeln und folglich für militärische Überlegenheit und politische Dominanz des jeweiligen Volkes zu sorgen. Ebenso kann sie z.B. medizinischen Zwecken, wie Heilung, Gesundheit und Langlebigkeit, dienen.

Magie kann in einer phantastischen Welt für denjenigen, der sie besitzt, zu einer übermächtigen Stärke führen oder aber nur eine begrenzte Macht besitzen. Weiterhin kann sie bei entsprechendem Talent entweder wie jede andere Kunst auf einer Schule oder Akademie erlernt werden – wie bei *Harry Potter*, *Der Name des Windes* oder *Die Gilde der Schwarzen Magier* – oder aber einige Charaktere verfügen qua Geburt über sie und müssen nur noch etwas Erfahrung in ihrer Handhabung lernen – so wie Gandalf oder Merlin. Ähnliches gilt für weitere Eigenschaften, die außerhalb der anerkannten Naturgesetze stehen, wie Telepathie, Telekinese, Drachenreiten, Geisterbeschwören usw. Auch magische Artefakte können ihrem Träger zu besonderen Fähigkeiten verhelfen, wobei dies auch mit Nachteilen und Risiken verbunden sein kann. Sie können von Magiern erschaffen oder von Göttern überreicht worden sein oder auf zufällige Weise entstanden sein.

Wissenschaft und Magie stehen häufig miteinander im Wettstreit. Das Stereotyp besteht in diesem Fall darin, dass ein technologisch wenig entwickeltes Naturvolk stattdessen über althergebrachte Magie gebietet, z.B. Elben oder siehe den Film *Avatar*. Außerdem können beide zu guten oder schlechten Zwecken missbraucht werden, was dem Autor für seinen Plot viele Variationsmöglichkeiten verschafft.

Im Folgenden einige Fragen in Bezug auf Wissenschaft, Technologie und Magie:

-Welches technologische Niveau herrscht in Ihrer phantastischen Welt? Ist der Stand der Wissenschaft überall gleich oder sind einzelne Gesellschaften oder Völker höher entwickelt als andere?

-Was ist dazu notwendig, um die vorhandenen technischen Hilfsmittel und Waffen herzustellen? Welche Materialien sind erforderlich und wie gelangt man an diese? Wem steht das entsprechende Wissen zur Verfügung und wie wird es weitergegeben?

-Welche Vor- und Nachteile bietet der Fortschritt? Wird die Technologie zur Bedrohung oder Unterdrückung anderer Wesen missbraucht?

-Existiert Magie? Haben Magier ihre Fähigkeiten von Geburt an, werden diese insgeheim weitergegeben oder findet die magische Ausbildung an einer offiziellen schulischen Einrichtung statt? Wie stehen die politischen Anführer dazu?

-Über welche Kräfte gebieten Magier genau? Sie sie ein militärischer Faktor oder sind sie lediglich zu kosmetischen Korrekturen in der Welt fähig? Wie ist es um das Ansehen der Magier bestellt? Werden sie beneidet, umworben, gefürchtet, gehasst usw.?

-Welche Vor- und Nachteile hat die Magie? Was ist über ihre Quelle bekannt? Kann sie zum

Bösen missbraucht werden? Wie sind die Magier organisiert? Wie ist ihr Verhältnis zu Religion und Kirche?

-Gibt es magische Artefakte in der Welt? Wie sind diese entstanden? Kann jeder sie benutzen oder sind dazu bestimmte Talente und Kenntnisse vonnöten? Hat ihre Verwendung negative Nebeneffekte?

5.Historie

Bei der Ausarbeitung von Geografie und Gesellschaft haben Sie sich bereits einige Gedanken über die Geschichte der einzelnen Völker, Reiche, Wesen und Landschaften gemacht. Nun können Sie dies am Ende des Weltenbaus weiterführen, vertiefen und sozusagen die Vorgeschichte zu Ihrem Plot ersinnen.

Zunächst sollten Sie festlegen, wo innerhalb der Zeitspanne, in der Ihre Welt existiert, Ihre Erzählung spielt. Womöglich ist die Entstehung der fiktiven Welt oder der Parallelwelt oder der übernatürlichen Einflüsse, die auf die reale Welt einwirken, noch gar nicht so lange her und die Vergangenheit war wenig bemerkenswert. Ganz im Gegensatz dazu können sich vor dem gegenwärtigen Zeitalter jedoch auch überaus Dinge ereignet haben, die noch immer nachhallen und Konsequenzen nach sich ziehen. Diese Art der Gestaltung bietet dem Autor viele Vorteile: er kann von Figuren berichten, die vor langer Zeit gelegt haben und diese sogar wieder aufleben lassen, er kann von legendären Ereignissen berichten, er kann seine Figuren nach alten Geheimnissen suchen lassen, er kann Ruinen und andere Zeitzeugen vergangener Epochen erwähnen, er kann dadurch Motive und Erklärungen für die aktuellen Zustände liefern und sich nicht zuletzt die Option offenhalten, ein Prequel zu verfassen. Kurzum: er kann er sein Universum auf diese Weise ausdehnen. Gleichzeitig übt es auf den Leser eine große Faszination aus, wenn er weiß, dass die Welt, in die er Einblick erhält, noch viel größer ist als es auf den ersten Blick den Anschein hat.

Tolkiens *Der Herr der Ringe* spielt im Dritten Zeitalter von Mittelerde. Immer wieder ist darin von den folgenschweren Ereignissen in den vorangegangenen Epochen die Rede, wie dem Krieg des Zorns zwischen den Valar und Morgoth, der Erschaffung des Einen Ringes durch Sauron und der Schlacht von Dagorlad. In *Harry Potter* ist die Erinnerung an den Kampf zwischen Harrys Eltern und Voldemort ein zentrales Thema. *Star Wars Episode IV – A new hope* beginnt damit, dass das galaktische Imperium die Welt dominiert und der maskierte Darth Vader die Rebellion vernichten will. Die Ursachen dafür, wie es zu diesem Zustand kommen konnte, werden immer wieder angedeutet und schließlich in weiteren Filmen näher geschildert.

Letztendlich geht es bei der Historie um Ursachenforschung und Kausalität, d.h. Sie begründen, weshalb die Situation zu Beginn der Geschichte eben so ist, wie sie sich darstellt. Des Weiteren legen Sie auf diese Weise den Grundstein für zahlreiche Konflikte und Handlungsmotive.

U.a. folgende Fragen können Ihnen beim Verfassen der Vorgeschichte helfen:

-Wann in der Geschichte Ihrer Welt spielt Ihre Erzählung? Ist die Vergangenheit in einzelne Zeitalter oder Epochen eingeteilt? Aufgrund welcher Merkmale oder Schlüsselmomente wurden diese definiert (z.B. Kriege, Bündnisse, technologische Entwicklungen, Naturereignisse)?

-Gab es größere Konflikte zwischen den einzelnen Völkern, bzw. Zivilisationen? Wie haben diese Kriege angefangen? Welche Auswirkungen haben diese mit sich gebracht? Haben diese Streitigkeiten noch immer Bestand?

-Welche großen Persönlichkeiten haben einstmals gelebt? Was haben sie getan, damit man sich ihrer erinnert? Leben manche von ihnen heute noch?

-Haben sich bemerkenswerte Ereignisse zugetragen, die bis heute ein Mysterium sind (z.B. hinsichtlich Motiv, Täter, genauen Abläufen, Blutlinien)? Oder gibt es Artefakte oder Personen, die seitdem verschwunden sind?

-Gab es Naturkatastrophen, wie Brände, Überschwemmungen, Stürme usw. (vgl. die biblische Sintflut), die große Veränderungen bewirkt haben? Haben sich diese Ereignisse auf alle Völker gleichermaßen ausgewirkt?

-Haben Götter, Engel, Dämonen oder andere Geistwesen Einfluss auf die Geschicke der irdischen Wesen genommen? Haben diese untereinander Konflikte ausgefochten und existieren diese noch immer?

-Gibt es kleinere Geschichten, die in Form von Anekdoten, Märchen oder Liedgut noch immer berichtet werden?

Wie Sie Widersprüche und Fehler vermeiden

Wenn Sie zu Beginn Ihres Romanprojektes fleißig Recherche betreiben und sich einen Notizenvorrat angelegt hat, dann werden Sie eher über zu viel als über zu wenige Einfälle verfügen. Die Kunst besteht vielmehr darin, über die Einzelheiten eines immer größer werdenden Universums stets den Überblick zu behalten und Geografie, Historie, Handlung, die Motive der Völker usw. in einem widerspruchsfreien Einklang zu halten. Wenn Sie dieses Bravourstück meistern und dem Leser eine originelle und eindrucksvolle Weltenschöpfung liefern, dann haben Sie bereits einige Pluspunkte gewonnen. Positiv ist darüber hinaus, dass Sie sich diese Arbeit in der Regel nur ein einziges Mal machen müssen, denn sollten Sie einen Fortsetzungsroman oder einen ganzen Zyklus planen, so können Sie stets auf das bereits Vorhandene zurückgreifen und sich auf Ergänzungen und weitere Details beschränken.

Wenn Sie mit dem Erschaffen Ihres phantastischen Kosmos angefangen haben, werden Sie bald feststellen, dass das größte Problem dabei die Konsistenz, bzw. die Vermeidung von Widersprüchen darstellt. Damit ist gemeint, dass der Weltenbau niemals unabhängig von den anderen Komponenten des Romans betrachtet werden kann. Vielmehr sind Sie stets gezwungen, die Ausgestaltung der Schauplätze und des gesamten Hintergrundes mit dem Plot, der Schöpfungsgeschichte, vergangenen Ereignissen, den Gewohnheiten der einzelnen Völker und Kulturen sowie den Eigenschaften und Bedürfnissen der Hauptfiguren in Einklang zu bringen.

Nehmen wir einmal beispielhaft an, Ihre Historie besagt, dass sich zwei Völker oder Reiche vor langer Zeit voneinander entzweit haben und seither keinen Kontakt mehr miteinander pflegen. Weiterhin sieht Ihr Plot vor, dass der Held der Geschichte sich vom einem dieser Völker zum anderen aufmacht und dadurch letzten Endes die Freundschaft erneuert. Wenn die Voraussetzung für diese Geschichte demzufolge darin besteht, dass sich die Bewohner dieser beiden Gemeinschaften seit Ewigkeiten nicht mehr begegnet sind, dann fragt sich der Leser natürlich, ob dies aufgrund der physischen Gegebenheiten der Welt überhaupt realistisch ist. Liegen die beiden Städte unmittelbar nebeneinander, sind über eine gut passierbare Straße erreichbar und pflegen durchaus Handel und wirtschaftliche Außenbeziehungen, so wird der Leser Ihnen dieses Dilemma wohl kaum so ohne Weiteres abkaufen. Sollten beide Orte ganz im Gegenteil an entgegen gesetzten Enden der Welt zu finden und mit den üblichen Fortbewegungsmitteln kaum zu erreichen sein, dann stellt sich Frage, wie es in der Vergangenheit überhaupt zu einem freundschaftlichen Kontakt kommen und weshalb die beiden dann auch noch einen Zwist anfangen mussten.

Ein weiteres Beispiel: ein Volk wird als besonders wohlhabend und geschäftstüchtig beschrieben und veräußert massenhaft Güter an andere Völker. Um dies logisch zu untermauern, sollte der Autor hingehen und sich einige Gedanken über den Lebensraum dieser Leute machen. Z.B. kann er sagen, dass sich ihr Land besonders gut für den Ackerbau oder die Viehzucht eignet oder aber über Minen verfügt, in denen kostbare Metalle und Rohstoffe vorkommen. Oder aber die Stadt verfügt über eine exponierte Lage (z.B. einen großen Hafen oder einen Kreuzungspunkt mehrerer Handelsrouten), die sie zum idealen Umschlagsplatz für Waren oder zum Ausgangspunkt von wirtschaftlichen Expeditionen werden lässt. Wenn all dies nicht der Fall sein sollte, dann fragt sich der Leser, ob es bei dem Reichtum mit rechten Dingen zuging. In beiden Fällen erzeugen Sie Plausibilität durch eine saubere, sachliche Begründung.

Nicht einfach ist es auch, den Überblick über eine Vielzahl von Figuren zu behalten. Wenn die Geschichte es erforderlich macht, dass sich zwei Figuren persönlich kennen, dann müssen Sie die Frage, wann und wo sich die beiden begegnet sind, schlüssig beantworten können. Der Wert eines Interaktionsdiagrammes wurde bereits genannt.

Ein weiteres Problemfeld können die dargelegten zeitlichen Abläufe darstellen. Hier kann der Autor zum einen schnell etwas durcheinanderbringen und Ereignisse, die in der Vergangenheit geschehen sind, miteinander vertauschen. Hier sollten Sie stets überprüfen, dass die Kausalkette – Ursache und Wirkung – stimmig ist. Verwenden Sie am besten eine Zeittafel, in der Sie alle (großen und kleinen) Ereignisse festhalten und bei Bedarf jederzeit nachschauen können.

Achten Sie außerdem darauf, dass Zeitspannen richtig bemessen sind. Beispielsweise nimmt die Bewältigung einer Wegstrecke eine gewisse Dauer in Anspruch, wobei selbstredend das Beförderungsmittel eine Rolle spielt. Sollten Ihre Angaben allzu sehr von den Schätzungen der Leser stark abweichen, dann kann dies als Makel erachtet werden. Betreiben Sie nötigenfalls eine gewissenhafte Recherche, um solcherlei Fehler zu vermeiden.

Noch ein allgemeiner Rat: wenn Sie sich hinsichtlich bestimmter Informationen nicht ganz sicher sind, dann fragen Sie sich, ob Sie diese nicht gänzlich weglassen und das Problem damit umschiffen sollten. Je mehr Details Sie in Ihren Roman hineinpacken, desto größer wird auch die Gefahr, sich in Widersprüche zu verheddern, bzw. Lösungen und Erklärungen liefern zu müssen. Jeden Fakt, den Sie bestimmen, wird zum Gesetz, das zur Einengung führt. Manchmal ist weniger mehr.

Entscheidend ist, dass der Autor den Leser als kritischen Geist begreift, der gerne tief in die Geschichte und die phantastische Welt eintaucht und darum logische Fehler früher oder später bemerken wird. Darum ist es unverzichtbar, dass Sie systematisch vorgehen und über jede Einzelheit penibel Buch führt. Wenn Sie beispielsweise den Plot fertig gestellt haben und infolgedessen wissen, an welchen Schauplatz sich die Handlung an diesem oder jenem Punkt verlagern wird, dann sollten Sie beim Weltenbau bereits frühzeitig darauf hinarbeiten, um spätere Überlagerungen und Korrekturen zu vermeiden. Ein zugegeben übertriebenes Beispiel: wenn Sie an eine Stelle Ihrer Welt einmal einen Berg gesetzt haben, so ist es nahezu unmöglich, dort im späteren Verlauf des Romans einen See entstehen zu lassen, nur weil das vielleicht gerade zur Handlung passen würde.

Zur Wahrheit gehört allerdings auch, dass sicherlich die meisten phantastischen Universen irgendwo kleine Lücken oder Ungereimtheiten aufweisen. Dies führt jedoch beileibe nicht per se zu einer Qualitätsminderung dieser Werke, denn schließlich weiß jedermann, dass die Schöpfung einer eigenen Welt eine Mammutaufgabe darstellt und diese niemals so perfekt wie die reale sein wird. Ungeachtet dessen verfügt der Fantasy-Autor über einen kleinen Vorteil: sollte es ihm nicht anderweitig gelingen, zwei Fakten miteinander in Einklang zu bringen, dann kann er immer noch hingehen und ein phantastisches Element, wie einen magischen Akt oder die Einwirkung göttlicher Mächte, als Erklärung heranziehen.

12. Der (normale) Plot

<u>Was unterscheidet den (normalen) Plot von der Prämisse?</u>

Ein Romanprojekt – gleich, wie umfangreich dieses auch sein mag – beginnt mit einer grundlegenden Idee, die den Autor zu seiner Geschichte inspiriert. Anhand dieser Idee sollte er zunächst eine Prämisse (den Hauptplot) verfassen. Die Prämisse beinhaltet in einer kurzen, wenige Zeilen umfassenden Aufzählung die wesentlichen Elemente der Geschichte. Dazu zählen insbesondere:

-die Ausgangssituation der Geschichte (einschließlich den grundlegenden Einzelheiten des Settings)
-die wichtigsten Protagonisten
-der zentrale Konflikt (einschließlich des Antagonisten)
-der Schluss der Geschichte (die Auflösung des zentralen Konflikts).

Bei der Prämisse (Hauptplot) haben wir uns folglich damit begnügt, lediglich die übergeordneten Handlungsteile des Romans in wenigen Worten, bzw. Gliederungspunkten zusammenzufassen. Der *(normale) Plot* geht, was den Umfang angeht, weit darüber hinaus und stellt eine stichwortartige, chronologische Aufzählung aller Szenen dar, die der Autor in seiner Geschichte niederschreiben möchte, d.h. um eine detaillierte Planungsskizze des Romans. Die darin enthalten Angaben werden stichwortartig niedergeschrieben und in eine sinnvolle Reihenfolge gebracht. Weiterhin können Sie Überschriften für Teile und Kapitel hinzufügen und mehrere Stichpunkte darunter zusammenfassen.

Der Plot stellt den letzten Schritt dar, ehe wir mit der eigentlichen Schreibarbeit beginnen und sollte daher alle wesentlichen Ereignisse, Handlungsstränge, Hintergrunderzählungen, Dialoge usw., kurz: die komplette Dramaturgie, enthalten.

Wenn der Autor eine gewissenhafte Vorbereitung auf sein anvisiertes Werk betrieben hat, so verfügt er an dieser Stelle über eine Prämisse, den Hintergrund, d.h. eine phantastische Welt und die darin agierenden Völker, sowie die wichtigsten Figuren, die die Handlung vorantreiben und der Geschichte Leben einzuhauchen sollen. Anschließend ist es seine Aufgabe, die Elemente der Prämisse inhaltlich zu präzisieren und mit interessanten und konsistenten Zwischenschritten zu ergänzen, sodass letzten Endes die Gliederung einer umfangreichen Geschichte entsteht. Das Motto lautet demnach: vom Allgemeinen zum Detail! Nicht zu vergessen: wenn er die ganze Zeit über fleißig Ideen gesammelt und diese in Form von Notizen sinnvoll strukturiert hat, so wird er sich bei der Suche nach den einzelnen Geschehnissen, Handlungsebenen und Spannungsbögen sehr viel leichter tun.

Der Plot zieht sich wie ein roter Faden durch die Geschichte und gibt dem Autor die Gelegenheit, ihn zu Rate zu ziehen und sich an ihm entlang zu hangeln, wenn er sich nicht ganz sicher ist, wohin die Geschichte steuern soll, welche Figur sich gerade an welchem Schauplatz befindet oder wie es um die Chronologie der Ereignisse beschaffen ist. Er ist folglich ein Handlungsablauf, ein Fahrplan und gleichzeitig der beste Freund des Autors, da er ihm hilft, stets den Überblick zu behalten und nichts aus den Augen zu verlieren. Der Plot ist sozusagen das Skelett des Romans, und die Worte, Sätze und Kapitel, die aus dem Plot entstehen, sind das Fleisch, das das Buch lebendig werden lässt.

<u>Wie Sie an den Plot herangehen</u>

Das unermüdliche Sammeln und Ordnen von Gedanken, Ideen und Notizen stellt einen sehr wichtigen Aspekt am gesamten Prozess des Romanschreibens dar. Ein guter und erfahrener Autor verfügt zu jeder Zeit über viele Seiten an solchem Material, d.h. sozusagen über denjenigen Stoff, aus dem gute Fantasy-Geschichten gestrickt sind. Folglich fällt es ihm vergleichsweise leicht, diesem Fundus bei Bedarf einzelne Charakterskizzen, Ereignisse und Handlungsebenen zu entlehnen und zu einem Spannungsbogen aneinanderzureihen.

Der Plot sollte eine übersichtliche Gliederung aufweisen, wobei der einzige Maßstab derjenige ist, dass Sie selbst sich zu jeder Zeit darin zurechtfinden. Wie ausführlich die Handlungsskizze letztendlich ausfällt, bleibt Ihrem Geschmack überlassen. Die Hauptsache ist, dass Sie selbst später in der Lage sind, damit zu arbeiten. Wenn man auf diese Weise verfährt und den Ablauf der gesamten Geschichte stichwortartig niedergeschrieben hat, besteht die Möglichkeit, die Skizze in einzelne Buchkapitel zu gliedern.

Sind Sie erst einmal so weit gelangt, dann verfügt Ihr Roman bereits über ein echtes Gerüst. Als nächstes können Sie hingehen und Ihre Notizen den anvisierten Ereignissen und einzelnen Szenen unterordnen. Auf diese Weise wächst der Plot überaus rasch, d.h. für jedes Kapitel stehen häufig bereits mehrere Seiten stichwortartiger (oder teilweise ausformulierter) Notizen zur Verfügung.

Im Idealfall müssen die (reichlich vorhandenen) Notizen nur noch in der passenden Weise strukturiert werden, um einen Plot zu erhalten. Von dort aus ist es wiederum nur ein kleiner Schritt bis zur fertigen Niederschrift des Romans.

Bei der stichpunktartigen Auflistung der einzelnen Romanszenen und deren Inhalt können Sie sich an folgenden Fragen orientieren:

-Wo spielt die Szene?
-Welche Figuren nehmen an der Szene teil? Wurden diese dem Leser bereits vorgestellt oder treten sie das erste Mal auf?
-Welche Bedingungen und Umstände nehmen außerdem auf die Szene Einfluss?
-Um welches Konfliktthema dreht sich die Szene? Tritt im Verlauf der Szene ein weiterer Konflikt hinzu?
-Baut die Szene auf einer früheren Szene auf?
-Welche Art von Dialog findet in der Szene statt?
-Welche Art von Handlung findet in der Szene statt?
-Wird der schwelende Konflikt innerhalb der Szene aufgelöst oder wird er in eine andere Szene verlagert?

Das Medium und die Form, mit deren Hilfe der Schriftsteller seinen Plot niederschreibt, bleiben allein ihm überlassen, da diese Notizen ja ausschließlich für ihn gedacht sind. Denkbar ist das Verwenden von Karteikarten, auf denen jeweils der Inhalt einer einzelnen Szene, eines Ereignisses oder eines Kapitels festgehalten wird. Eine andere analoge Möglichkeit sind klassische Schulblöcke (idealerweise vorgelocht und mit Perforation zum Ausreißen). Dies bietet mehr Platz und eignet sich demnach sehr gut für Autoren, die die Handlungsskizze tendenziell detailliert und umfangreich gestalten. Beide Medien haben gleichermaßen den Vorteil, dass sie die Möglichkeit bieten, die einzelnen Blätter oder Karten in einer bestimmten Reihenfolge (der anvisierten Erzählung entsprechend) zu katalogisieren, z.B. mithilfe eines Karteikastens oder Schnellhefters, und diese Reihenfolge bei Bedarf modifizieren zu können. D.h. wenn der Autor irgendwann feststellen sollte, dass die Szene Y anstatt zwischen den Szenen X und Z besser zwischen den Szenen O und P aufgehoben ist, dann sortiert er das betreffende Notizblatt einfach an der entsprechenden Stelle ein, ohne irgendetwas auszustreichen, wegzuwerfen oder umschreiben zu müssen. Alternativ bietet sich selbstverständlich der Gebrauch eines Computerprogrammes an, z.B. dasselbe Textverarbeitungsprogramm, das der Autor auch für die Niederschrift des Romans verwendet. Auch in diesem Fall sollte eine bereits auf den ersten Blick ersichtliche Trennung zwischen den einzelnen Szenen und Erzählungen vorhanden sein, um bei Bedarf leicht Anpassungen durchführen zu können. Der Plot dürfte in der Regel mehrere Din A4-Seiten ausfüllen, wobei je nach Vorgehensweise des Autors Schwankungen möglich sind.

Der Autor sollte darauf bedacht sein, dass er seinen Plot stets auf dem neusten Stand hält. Entscheidet er sich irgendwann dazu, dass seine Geschichte an irgendeiner Stelle einen alternativen Verlauf nehmen soll, dann ist es unbedingt erforderlich, auch seine Handlungsskizze zu aktualisieren, damit er zu keinem Zeitpunkt den Überblick verliert. Darüber hinaus gibt es noch zwei weitere nützliche Hilfsmittel, die er sich zu Eigen machen kann, nämlich die bereits angesprochene *Figurenliste* und der sogenannte *Galgen*.

Mit einer Figurenliste ist eine Aufzählung aller an der Geschichte teilhabenden Figuren, einschließlich derjenigen, die gar nicht selbst auftreten, sondern lediglich Erwähnung finden, gemeint. Zu jeder Figur sollten eine kurze Beschreibung des Aussehens, die Vita, der Hintergrund usw. vermerkt werden. Wenn Sie für Ihre Hauptfiguren Charakterbögen und darüber hinaus evtl. ein Interaktionsdiagramm entworfen haben, dann haben Sie das Gros dieser Arbeit bereits erledigt. Unter einem Galgen verstehen Schriftsteller die Sammlung von Teilen einer Szene, die Kürzungen zum Opfer fielen, zusätzlichem Material, näheren Beschreibungen, weiteren Figuren und Subplots usw., die vorerst nicht benötigt werden, jedoch zu einem späteren Zeitpunkt doch noch verwendet werden können.

Der Vollständigkeit halber sei erwähnt, dass außerdem noch der Begriff des *ausgefeilten Plots* existiert. Darunter ist eine Handlungsskizze zu verstehen, in der wirklich *alles* zu finden ist, d.h. jede Szene, jede Beschreibung und jeder Dialog werden inhaltlich angerissen. Ein solches Produkt füllt dann leicht mehrere Dutzend Seiten aus und nimmt entsprechend viel Zeit und Mühe in Anspruch. Selbstredend spart man diese Zeit später wieder bei der weiteren Ausformulierung.

Wenn Sie den Plot ausarbeiten, dann denken Sie die Geschichte immer auch vom Ende her! Ein Autor, der die einzelnen Erzählschritte plant, ohne eine ungefähre Vorstellung von ihrem Ende zu haben, riskiert, dass seine Handlung gewissermaßen vor sich hindümpelt – richtungslos und ohne den letzten Biss. Der Schluss ist nämlich der Magnet, in dessen Richtung sich die gesamte Romanhandlung – einschließlich aller Nebenerzählstränge – entwickelt. Ist sich der Autor über ihn im Klaren, kann er auch die dazwischen liegenden Erzählschritte erheblich unbeschwerter und zielstrebiger angehen. Der Schluss markiert quasi die Endstation des Projektes und die dazwischenliegenden Szenen die Haltestellen dorthin.

Joanne K. Rowling sagte einmal, dass sie mit der *Harry Potter*-Reihe begann, indem sie zunächst das letzte Kapitel des letzten Bandes niederschrieb.

Selbstverständlich stellt sich für den Autor auch die Frage, ob er Raum für eine Fortsetzung seiner Geschichte lassen möchte. Eine solche Entscheidung kann den Schluss selbstverständlich nicht unmaßgeblich beeinflussen.

<u>Der richtige Aufbau eines Fantasy-Romans</u>

Wenn der Autor mit seinem Buchprojekt so weit gekommen ist, dass er über einen ausgefeilten Hintergrund (phantastische Welt, Völker, Historie usw.), interessante Figuren (Protagonisten, Antagonisten und Nebenfiguren), die Prämisse sowie über Notizen, die ihm genügend Handlungs-, Konflikt- und Spannungsmaterial an die Hand geben, verfügt, dann ist anschließend das Verfassen des Plots an der Reihe. Zu diesem Zweck ist es zunächst erforderlich, sich einige Gedanken über den anvisierten Aufbau des Romans zu machen. Daher wollen wir uns anschauen, was es über die Erzählstruktur eines Spannungsromans im Allgemeinen und eines Fantasy-Romans im Speziellen zu wissen und zu beachten gilt.

Bei einer Geschichte handelt es sich um eine Schilderung von folgenschweren Ereignissen, an denen Figuren beteiligt sind, die sich in der Folgezeit entwickeln und nach Lösungen für ihre Probleme suchen. Diese weisen – auch wenn es sich bei ihnen äußerlich um phantastische Wesen, wie Elben, Zwerge oder Vampire, handelt – menschlichen Eigenschaften auf, denn nur auf diese Weise kann der Leser ihre Beweggründe, Emotionen und Entwicklungsprozesse nachvollziehen und sich mit ihnen identifizieren. Die Schwierigkeiten können entweder natürliche Ursachen haben oder aber von anderen Figuren ausgelöst werden – auf jeden Fall entfalten sie auf die Hauptfiguren die Wirkung von Hindernissen und üben somit Druck auf diese aus, sodass es zu einem Konflikt kommt. Wichtig ist bei der Konzeption des Plots, dass sich diese Druckkulisse zusehends vergrößert und es den agierenden Figuren immer schwerer fällt, die Hindernisse zu überwinden. Irgendwann ist der Druck dann so groß, dass es unweigerlich zur Entscheidung, d.h. zum Höhepunkt des Konflikts, kommen muss.

Bei der Aneinanderreihung der Ereignisse muss sich der Autor darüber bewusst sein, dass diese in einer durch Ursache und Wirkung bestimmten Abhängigkeit miteinander verknüpft sind. Man kann sich den Plot einer gut konstruierten Geschichte auch als Stufendiagramm vorstellen, in dem jeder Punkt mit dem nächstfolgenden durch das Gesetz der Kausalität verbunden ist. Solange das Ereignis A nicht stattgefunden hat, macht auch das Eintreten des Ereignisses B keinen Sinn. Tritt das Ereignis A allerdings ein, so zieht dies unweigerlich Ereignis B nach sich. Von B führt dann wiederum kein Weg mehr zurück zu A, sondern lediglich zu einem zukünftigen Ereignis, bzw. Zustand C.

Leser habe ein starkes Bedürfnis, zu erfahren, was als nächstes passiert, d.h. welche Auswirkungen ein Ereignis, dessen Zeuge sie waren, haben wird. Dadurch, dass alle Ereignisse, Konflikte und Handlungselemente einer Geschichte in einem logischen Zusammenhang zueinander stehen, ergibt sich sozusagen ein fein gewebtes Teppichmuster, in dem eines zum anderen führt. Man spricht literarisch davon, dass eine Geschichte *dicht* ist, dass ihr eine *erzählerische Logik* innewohnt und sie eine *organische Einheit* darstellt. Durch diese Logik und Plausibilität gewinnt man die Faszination des Lesers und erhöht stufenweise den Grad der Spannung.

Der Aufbau eines Romans erfolgt in den meisten Fällen chronologisch. Er kann sich aber auch an räumlichen Gesichtspunkten orientieren, z.B. indem Sie mehrere Szenen hintereinander schildern, in denen dieselben Figuren auftreten und die an derselben Örtlichkeit spielen. Danach wechseln Sie zur nächsten Örtlichkeit, bzw. zur nächsten Hauptfigur. Zusätzlich können Szenen eingestreut werden, die Rückblenden, Erinnerungen oder sogar Ausblicke in die Zukunft enthalten.

Wir haben bereits darauf hingewiesen, dass Sie den Schluss Ihrer Geschichte kennen müssen, aber auch der Anfang besitzt eine große Relevanz. Der Anfang ist wie ein Sprungbrett in die Geschichte oder wie die Eröffnung einer Schachpartie, die sehr sorgfältig geplant sein will, da von ihr alle weiteren Züge unmittelbar oder mittelbar abhängen. Sie müssen sich die Frage stellen, wie viele Informationen Sie dem Leser zu Beginn des Romans an die Hand geben wollen. Wollen Sie quasi mitten im Geschehen beginnen, z.B. mit einer Spannungs- oder Handlungsszene, um eine der Figuren vorzustellen, oder wollen Sie es zuerst einmal ruhiger angehen lassen, evtl. indem Sie einen Prolog voranstellen oder den Leser in Form einer Erzählung mit der Welt vertraut machen? Bedenken Sie dabei immer jeden Ihrer möglichen Züge bis zu seinem Ende, damit Sie genau verstehen, welche Wirkung und Konsequenzen dieser für den weiteren Verlauf des Plots nach sich ziehen wird! Manchmal ist es erforderlich, viele unterschiedliche Varianten in Betracht zu ziehen und gegeneinander abzuwägen, bis man exakt diejenige Sequenz erkennt, welche das perfekte Ende, bzw. den perfekt inszenierten Höhepunkt garantiert.

Die Kunst besteht demzufolge in der richtigen und konsequenten Anordnung der Informationen, Ereignisse und Begebenheiten, in welche die Romanfiguren verwickelt sind. Diese ergibt sich wiederum aus der Kausalität der Ereignisse. Dinge bewirken andere Dinge, d.h. eine Handlung oder ein bestimmtes Wissen oder spezielle Fähigkeiten, die Ihre Figuren erlangen, führen unweigerlich zu Reaktionen und wiederum neuen Handlungen. Dies klingt auf den ersten Blick zwar einleuchtend, erweist sich in der literarischen Umsetzung jedoch keineswegs immer als einfache Aufgabe. Umgekehrt betrachtet sind nämlich viele potentielle Handlungen und Ereignisse, die der Autor möglicherweise anstrebt, aufgrund der vorangegangenen Teile der Geschichte undenkbar oder zumindest für den Leser nicht plausibel. Nichts geschieht ohne Grund. In jedem Fall muss einer Handlung deshalb ein Auslöser, eine Ursache vorausgehen, z.B. eine bemerkenswerte Entdeckung, das zielgerichtete Handeln einer anderen Figur oder eine ähnlich gravierende Begebenheit.

Stellen wir uns einen bestimmten Punkt Ihres Plots vor, von dem aus Sie Ihre Geschichte nun weiterführen möchten. Romanfiguren müssen stets aktiv sein, und daher ist es naheliegend, dass einer der Protagonisten (oder der Antagonisten) als nächstes eine weitere Handlung unternimmt, die direkt oder indirekt mit dem zentralen Konflikt in Verbindung steht. Andere Möglichkeiten, die Geschichte voranzutreiben, wären z.B. eine plötzlich hereinbrechende Naturkatastrophe oder das Wirken einer externen Kraft (z.B. eines nur oberflächlich beschriebenen fremden Volkes), woraufhin das Handeln der Figuren allerdings den nächsten Schritt darstellen würde. Hinsichtlich der Frage, *welche* Figur als nächstes *in welcher Weise* handelt, sollte sich der Autor zunächst vor Augen führen, wie es angesichts der gegenwärtigen Umstände um die Motivation der jeweiligen Figuren bestellt ist und welche Wahlmöglichkeiten und Beschränkungen ihnen auferlegt sind. Ist der Handlungsdruck auf eine Figur sehr stark, dann ist es wahrscheinlich, dass sie tätig wird und – der Schachmetapher entsprechend – den nächsten Zug unternimmt. Weiterhin bieten ihr ihre Fähigkeiten und ihre derzeitige Situation bestimmte Handlungsoptionen, wohingegen andere aufgrund der gleichen Erwägungen ausgeklammert werden können. Dem König eines Reiches, der über eine große Armee gebietet, stehen angesichts einer Bedrohungslage andere Möglichkeiten zur Verfügung als dem Oberhaupt eines nur schwach bewehrten, jedoch wohlhabenden Stadtstaates oder dem Häuptling eines kleinen, unbefestigten Dorfes. Während der erste womöglich die militärische Karte spielt, wird sich der zweite höchstwahrscheinlich nach einer finanziellen Lösung suchen und der dritte zum Improvisieren gezwungen sein.

Zu den Kriterien, die den Handlungsspielraum einer Figur in einer konkreten Situation bestimmen, zählen der Verstand, die Physis, die Zahl der Freunde und Verbündeten, zeitlicher Druck, Verlustgefahr, Emotionen, Erfahrungen, mentale Stärke (Mut und Furcht), zur Verfügung stehende Hilfsmittel, Waffen, übernatürliche Fähigkeiten, spezifisches Wissen, Vermögen usw. Die Möglichkeit, für die der Autor sich letztendlich entscheidet, muss glaubwürdig sein und sowohl den Umständen als auch dem Charakter und den moralischen Prinzipien der Figur entsprechen. Außerdem muss die Figur im Rahmen ihrer maximalen Kapazität agieren. Und mit jedem Schritt, den die Figur unternommen hat, fallen einige Handlungsoptionen weg, wohingegen neue hinzukommen. Bildlich gesprochen begibt sich jeder Protagonist auf einen Weg, auf dem es keine Umkehr gibt. Regelmäßig lässt er einige Abzweigungen links und rechts liegen, sodass diese von nun an unerreichbar sind, während von Zeit zu Zeit wieder neue auftun.

Allein der Autor bestimmt, wie und in welcher Reihenfolge Ereignisse geschehen, Informationen enthüllt werden, Figuren in der ein oder anderen Art agieren oder in den Besitz wichtiger Informationen, Verbündeter oder Hilfsmittel gelangen usw. Wesentlich ist, dass die einzelnen Schritte, die letztendlich den Plot ergeben, zueinander in einem kausalen Verhältnis stehen und für den zentralen Konflikt relevant sind. Eine Szene, die keinen erkennbaren Bezug zum Rest des Plots aufweist, sollte auf den Prüfstand gestellt werden. Umgekehrt sollte der Autor darauf bedacht sein, nichts auszulassen, was für das Verständnis des Lesers wichtig sein könnte.

Das größte Augenmerk muss beim Entwerfen des Plots auf das Ende der Geschichte, auf die Auflösung des zentralen Konfliktes gerichtet sein. Wenn der Autor den finalen Showdown und dessen Ausgang von Anfang an plastisch vor Augen hat, dann ist er in der Lage, die ganze vorhergehende Handlung in diese Richtung zu lenken und die erforderlichen Umstände im Detail zu planen. Es verlangt zuweilen ein hohes Maß an Akribie, alles richtig einzufädeln, die Spannung sukzessive zu erhöhen und auf den richtigen Punkt zu fokussieren und dafür zu sorgen, dass alle relevanten Figuren schließlich zur selben Zeit am gleichen Ort sind oder aber gute Gründe für ihre Abwesenheit haben. Kennt der Autor das Ende hingegen nicht, dann werden sowohl seine eigene Motivation, Kreativität und Leistungskraft als auch diejenige seiner Figuren wahrscheinlich unterhalb ihrer Möglichkeiten bleiben.

Das Gleiche, was wir für den Höhepunkt der Geschichte postuliert haben, gilt im Übrigen für den Schluss jeder einzelnen Szene, insbesondere für wesentliche Momente, Wendepunkte, Zwischenhöhepunkte, dramatische und einschneidende Ereignisse, besonders emotionale Szenen u.ä. Auch auf diese sollte die Handlung in einer konzertierten Weise zusteuern, d.h. solche Ereignisse sollten wie Mini-Schlussszenen behandelt werden.

Die Entwicklungsstadien der Figuren und der Verlauf einer Geschichte

Parallel zu der Aneinanderreihung von zusehends größer werdenden, sich ausweitenden Konflikten sollte der Autor die verschiedenen Entwicklungsphasen, bzw. das Wachstum der Protagonisten einplanen. Wie wir bereits festgestellt haben, lebt eine gute Geschichte zu einem großen Teil von ihren starken Figuren und deren faszinierenden Wirkung auf den Leser. Damit die Figuren diesen Anforderungen genügen, ist es von grundlegender Bedeutung, dass diese stets am Rande ihrer maximalen Kapazität agieren. Da die Konflikte, denen sie ausgesetzt sind und die sie auf die eine oder andere Weise bewältigen müssen, im Verlauf der Erzählung größer werden, ist es unerlässlich, dass auch die Figuren daran wachsen und ihre Anschauungen und Fähigkeiten entsprechend anpassen und entwickeln. So wird beispielsweise ein Feigling nach und nach mutig, eine träge Figur übernimmt Verantwortung, ein Pazifist lernt das Kämpfen, ein Einzelgänger schließt Freundschaften, ein Jüngling wird zum erfahrenen Magier usw. Entsprechend den neuen Fähigkeiten der Figuren ändert sich auch die Art und Weise, wie sie künftig mit Konflikten umgehen. Diese Entwicklungen sollten keinesfalls sprunghaft geschehen, sondern ebenfalls unter dem Aspekt der Kausalität verknüpft sein und inhaltlich plausibel sein.

Hinsichtlich des idealen Verlaufs eines spannenden (Fantasy-)Romans gibt es selbstverständlich keine Blaupause, die auf ausnahmslos jede Geschichte anzuwenden wäre. Ansonsten wären der schöpferischen Fantasie des Autors und der Vielfältigkeit der einzelnen Werke sehr enge Grenzen gesetzt. Nichtsdestotrotz gibt es einige grundsätzliche Hinweise, Konventionen und Verfahrensweisen, die von den meisten Autoren gerne herangezogen werden und deren Beachtung sich bewährt hat.

Eine Geschichte sollte – so paradox das klingen mag – *vor* dem eigentlichen Anfang beginnen. Damit ist gemeint, dass der Autor zu Beginn des Romans die Ausgangssituation beleuchten sollte, ehe er auf den zentralen Konflikt zu sprechen kommt und die dynamische Handlung einsetzt. D.h. mitnichten, dass er sich in langen, ermüdenden Aufzählungen verlieren sollte, sondern dass er dem Leser die Protagonisten und deren Rolle in der Umgebung, in der sie leben, in passenden Szenen vorstellt. In diesen Szenen können sich die Figuren kleineren Hindernisse gegenübersehen, die sie lösen müssen und die dem Leser viel über ihre Fähigkeiten und ihren Charakter verraten.

Nach einer Weile tritt dann ein Hindernis auf, das den zentralen Konflikt, den der Autor in seiner Prämisse formuliert hat, andeutet. Von nun an sind alle Widrigkeiten, die auftreten, Teile dieses übergeordneten Konfliktes, bzw. stehen mit diesem in einem logischen Zusammenhang. Eine Ausnahme können lediglich Subplots darstellen. Der Leser lernt folglich die Antagonisten und die Mächte, die die Welt bedrohen, kennen und fragt sich, wie es den Helden wohl gelingen wird, mit diesen fertig zu werden.

Ein Spannungsroman zeichnet sich dadurch aus, dass die Figuren andauernd damit beschäftigt sind, sich irgendwelcher Probleme und Widrigkeiten zu erwehren. Die Probleme weiten sich nach und nach zu einer Krise aus, die irgendwann so groß geworden ist, dass sich der Leser gar nicht mehr vorstellen kann, wie die Figuren diesem Dilemma noch gewachsen sein sollen. Allerdings wird er gerade deshalb fasziniert sein und weiterlesen, da er ja unbedingt wissen will, wie die Geschichte weitergeht, für welche Handlungsalternativen sich die Protagonisten entscheiden und welche Lösung sie für ihre Probleme letztendlich finden werden. Der Höhepunkt der Krise bedeutet, dass die Chancen der Figuren, ihr Ziel zu erreichen, augenscheinlich gegen Null tendieren. Man kennt dies von unzähligen Filmen: irgendwann in der zweiten Hälfte ist ein Moment gekommen, an dem, von melancholischer Musik untermalt, die Stimmung der Figuren im Keller ist, da sie ein Scheitern, ein internes Zerwürfnis, Selbstzweifel u.ä. verdauen müssen und am liebsten alles hinschmeißen würde. Alles, was sie sich bis dato aufgebaut haben, scheint zerronnen. Die Perspektive strahlt Pessimismus aus und alles weitere Bemühen erscheint sinnlos.

Diese Stelle im Plot stellt gleichzeitig einen Wendepunkt dar, denn nun ist der Druck auf die Figuren so stark angewachsen, dass die Entscheidung nicht weiter hinausgezögert werden kann. Die Helden ergreifen ihre letzten, verzweifelten Maßnahmen, und es kommt zwangsläufig zur Resolution, d.h. der Auflösung des zentralen Konfliktes. Die Resolution (*Peripetie* in der griechischen Tragödie) sollte dabei höchst explosiv ausfallen und eine überraschende Wendung beinhalten. Z.B. wächst der Held über sich hinaus und überwindet den unbesiegbar erscheinenden Bösewicht (Apotheose), verfehdete Völker und Figuren verbünden sich gegen den gemeinsamen Gegner oder eine dritte Partei greift in das Geschehen ein oder wechselt die Seiten. Die Auflösung des zentralen Konflikts ist sozusagen das Ziel, und der Rest der Geschichte ist der Weg dorthin.

Halten wir zur Orientierung folgende Schrittfolge des Plots fest:

1. Die Ausgangssituation wird beleuchtet. Noch ist alles gut.
2. Der zentrale Konflikt wird thematisiert, indem die Helden mit einem ersten Problem konfrontiert werden.
3. Das Problem weitet sich aus, sodass die Helden sich immer größeren Hindernissen ausgesetzt sehen. Gleichzeitig entwickeln sie neue Fähigkeiten.
4. Die Chancen der Helden erreichen einen Tiefpunkt. Sie befinden sich in einer Krise, aus der sie wieder herausfinden müssen.
5. Es kommt zur entscheidenden Konfrontation, und der zentrale Konflikt wird aufgelöst.

<u>Die beiden wichtigsten Plotstrukturen</u>

Ein guter Romanschriftsteller ist von vornherein darum bemüht, seinem Plot eine nachvollziehbare Struktur zu verleihen. Wenn er weiß, welcher Systematik seine Geschichte gehorchen soll, wird es ihm in schwierigen Situationen bedeutend leichter fallen, die richtige Entscheidung hinsichtlich des Fortgangs der Handlung zu treffen oder frühzeitig zu erkennen, wenn die Erzählung abzuschweifen, auf Irrwege zu geraten oder widersprüchlich zu werden droht. Die beiden bekanntesten Plotstrukturen stellen *die Reise* und *der Wettstreit* dar, wobei es sich bei beiden lediglich um grundlegende Muster handelt und es zahlreiche Möglichkeiten an Variationen, Diversifikationen und Kombinationen gibt.

Bei dem Arbeitskonzept der *Reise* hat der Protagonist ein Problem, welches den zentralen Konflikt darstellt, und die Lösung dieses Problems stellt das Ende der Geschichte dar, bzw. das Ziel, worauf die Reise hinsteuert. Auf dem Weg zwischen dem Aufwerfen des Problems und dessen Überwindung stößt die Figur auf eine Reihe vielfältiger Hindernisse und Schwierigkeiten.

Die meisten Bücher der Fantasy-Subgenres *Low Fantasy, Sword & Sorcery, All-Age-Fantasy, Dark Fantasy und Vampir-Fantasy* sind nach diesem Konzept aufgebaut, ebenso wie Kriminalromane und Thriller. Bezeichnend für die *Reise* ist, dass ein Protagonist (oder eine kleine Gruppe von Hauptfiguren) im Fokus der Erzählung steht, fortwährend von einem ungewöhnlichen Schauplatz zum nächsten wechselt und sich dort um die Lösung einiger Fragen kümmern muss: Welches sind die Besonderheiten dieses Ortes? Was existiert an diesem Ort, das ihm bei seinem Problem nützlich sein könnte? Wo liegen die Gefahren? Wer ist hier als Feind anzusehen, und welche Taten unternimmt dieser gerade? Gibt es an diesem Ort möglicherweise Helfer und Verbündete? Welche ihrer Fähigkeiten kann die Figur hier einsetzen? Wie kann sie den Ort wieder verlassen? Gibt es etwas, das sie hier verrichten oder finden sollte? …

Ist es dem Protagonisten gelungen, bzw. hat er sich entschieden, diesen Schauplatz zu verlassen, wird er sich als nächstes an einen anderweitigen, höchstwahrscheinlich noch gefährlicheren und schwierigeren Ort begeben. Hinsichtlich der Wahl der Örtlichkeiten existieren unbegrenzte Möglichkeiten, der Autor kann hier von seiner Fantasie, seinen Vorlieben, seinen Erfahrungen und seinem Wissen freien Gebrauch machen. Wo immer die Reise auch hingeht, so bleibt das Ziel allerdings stets das gleiche, nämlich der Auflösung des zentralen Konfliktes wieder ein Stück näher zu kommen.

Der Wettstreit hingegen begnügt sich nicht damit, einseitig die Sichtweise einer einzigen Figur nachzuzeichnen, sondern beschreibt abwechselnd die Erlebnisse von mehreren an dem Konflikt beteiligten Parteien. Der Erzähler gleicht einem Reporter, der neutral und unbeteiligt über die Fähigkeiten, Beschränkungen, Motive, Denkprozesse, das Handeln usw. beider (oder mehrerer) Parteien berichtet. Ein Ich-Erzähler ist für diese Art der Plotstruktur ungeeignet, da es regelmäßig zu Szenenwechseln und demnach einer veränderten Erzählperspektive kommt. In einem späteren Kapitel werden wir darauf noch einmal zu sprechen kommen.

Die Dramaturgie des *Wettstreits* gehorcht dem physikalischen Prinzip von Aktion und Reaktion. Damit ist gemeint, dass jede Handlung der einen Seite, die dazu dient, sich in Hinblick auf den zentralen Konflikt einen Vorteil zu verschaffen, unwillkürlich eine Gegenhandlung der rivalisierenden Seite herausfordert. Auf diese Weise entsteht eine andauernde Jagd (oder eben ein *Wettstreit*) um eine Verbesserung der eigenen Position, was beständig zu neuen Höhepunkten und Zuspitzungen in der Geschichte führt. Bei dem klassischen Wettstreit zwischen Held und Schurke ist es beispielsweise möglich, dass der Protagonist in einer Szene einen Zwischenerfolg landet, indem er einen Sieg im Kampf erringt oder einen neuen Verbündeten gewinnt. In der nächsten Szene oder im darauffolgenden Kapitel kann es demnach zur Reaktion des Antagonisten kommen, indem dieser eine wichtige Waffe für sich gewinnt, Verbündete oder Schützlinge seines Gegners unterwirft oder durch Drohung oder Bezahlung korrumpiert usw. Auf jeden kleinen Erfolg einer Partei folgt ein Rückschlag, indem sich anschließend die Gegenpartei ihrerseits einen kleinen Vorteil verschafft.

Theoretisch können mehrere Figuren und Parteien an diesem Spiel teilnehmen, wobei deren Methoden höchst unterschiedlich sein können und es außerdem möglich ist, dass diese sich nicht einmal persönlich kennen. Die Aufgabe des einen besteht auf jeden Fall immer darin, den jeweils nächsten Zug des anderen zu erraten und gleichzeitig dessen Verteidigung zu durchbrechen, indem die eigene Stärke erhöht wird und die Möglichkeiten des Gegners herabgesetzt werden. Beim Duell guter Held gegen Bösewicht sollte der Autor beim Leser den Eindruck erwecken, dass der Antagonist stets einen Schritt voraus ist, z.B. indem er über ein größeres Potential an Macht, Stärke oder Wissen verfügt, da dies der Spannung zuträglich ist. Ein besonderer Reiz des Wettstreits besteht für den Leser darin, dass dieser über den Wissensstand und den Blickwinkel beider Parteien sowie darüber hinaus sogar ein Wissen, das die Parteien noch nicht besitzen, verfügt und als Zuschauer in aller Ruhe verfolgen kann, wie es die Rivalen anstellen, an dieses Wissen, das ihnen einen Vorteil verspricht, zu gelangen. Vor allem epische *High Fantasy*-Romane, wie z.B. Martins *Game of Thrones* oder Abercrombies *Klingen-Saga*, sind nach der Struktur des *Wettstreits* aufgebaut, ebenso wie Dramen und Theaterstücke.

Einfach fällt die Zuordnung bei den homerischen Epen: während die *Ilias* ein klassisches Beispiel für den *Wettstreit* darstellt, ist die *Odyssee* sozusagen der Prototyp der *Reise*.

Zahlreiche moderne Fantasy-Romane gehen hin und vermischen beide Modelle oder wandeln sie für ihre Bedürfnisse ab. Sehr häufig findet man auch das Phänomen, dass sich der erste Roman einer Reihe stark auf eine oder nur wenige Figuren fixiert und demnach nach der Struktur der *Reise* aufgebaut ist, während in den Folgebänden immer weitere Hauptfiguren der Geschichte beitreten, sodass die Plotstruktur sich zusehends zum *Wettstreit* entwickelt.

Klassische Handlungsmuster in Fantasy-Romanen

Wie wir gesehen haben, definieren sich die einzelnen Teile des Plots am ehesten über die unterschiedlichen, sich allmählich steigernden Probleme, die sich den Figuren in den Weg stellen. Moderne Fantasy-Romane bemühen sich dabei, diese Hindernisse möglichst abwechslungsreich und interessant zu gestalten. Entsprechend sind die Helden stets gezwungen, ihre Fähigkeiten den Erfordernissen anzupassen und verschiedene Wege anzuwenden, um ihre Ziele zu erreichen.

Im Folgenden exemplarisch einige Motive und Handlungsmuster, die in der Fantasy so oder so ähnlich immer wieder anzutreffen sind. Diese sind für den zentralen Konflikt ebenso geeignet wie für eine einzelne Szene.

-*Problem:* Ein übernatürliches Wesen bedroht eine phantastische Welt. Um ihm zu widerstehen, bedarf es eines besonderen Gegenstandes, eines magischen Artefaktes. *Lösung*: Die Helden begeben sich auf eine Queste, in deren Verlauf sie verschiedene Abenteuer bestehen müssen. Schließlich bringen sie den hilfreichen Gegenstand in ihren Besitz und verwenden ihn erfolgreich gegen den Feind.

-*Problem:* Die Helden müssen einen körperlich scheinbar übermächtigen Gegner im Kampf überwinden. *Lösung*: Die Helden bezwingen den Feind unter Einsatz ihrer jeweiligen Stärken gemeinsam. Der Krieger schwingt sein Schwert, der Bogenschütze trifft mit seinem Pfeil, der Zauberer gebraucht einen passenden Spruch, Halblinge, Kinder und andere schwächere Figuren nutzen ihren Verstand und bedienen sich ihrer Schnelligkeit oder einer List. Die Vielseitigkeit der Figuren ist demnach der Schlüssel.

-*Problem:* Eine fremde Macht schickt sich an, andere Reiche zu überfallen und zu versklaven. Zwischen den bedrohten Völkern bestehen große Differenzen, sodass an ein Bündnis nicht zu denken ist. Außerdem wird die Gefahr unterschätzt. *Lösung*: Die Helden unternehmen eine Vielzahl von Anstrengungen, um die betreffenden Völker miteinander zu versöhnen und von der Notwendigkeit einer Kooperation zu überzeugen. Sie decken Intrigen und Verrat auf, halten die Aggressoren durch Gegenwehr in Schach und organisieren die Hilfe durch Dritte (z.B. ein mächtiges Wesen, ein mysteriöses Volk usw.). Am Ende kommt das Bündnis zustande und hat Erfolg.

-*Problem:* Ein aggressives Volk überfällt die Heimat des Helden und unterjocht fortan ihre Bewohner. Der grausame Anführer der Angreifer verfügt über besondere Fähigkeiten. *Lösung*: Um dem Antagonisten als ebenbürtiger Herausforderer entgegentreten zu können, verlässt der Held seine Heimat und durchläuft eine Ausbildung zum Zauberer, Krieger, Drachenreiter, Attentäter etc. Dies kann in einer internatsähnlichen Schule geschehen oder in Form eines Einzelunterrichts bei einem erfahrenen Lehrer. Im Verlauf seiner Ausbildung hat der Jüngling sich zudem gegen Intrigen und Anfeindungen zu erwehren. Letztendlich ist er den Anforderungen gewachsen und befreit sein Volk.

-*Problem*: Eine weibliche und ein männliche Hauptfigur entstammen rivalisierenden Kulturen und empfinden Zuneigung zueinander. Ihre Beziehung wird von allen Seiten torpediert, und außerdem werden ihre beiden Völker durch weitere Feinde bedroht. *Lösung*: Die Protagonisten erweisen sich allen Hindernissen zum Trotz als außerordentlich charakterstark und lernen im Verlauf der Geschichte von den Stärken des jeweils anderen. Schließlich gelingt es ihnen, ihre beiden Völker von deren Gemeinsamkeiten zu überzeugen und außerdem gegen die äußere Bedrohung zu schützen. Als anerkannten Helden steht ihrer Beziehung nun nichts mehr im Weg.

Joanne K. Rowlings *Harry Potter und der Stein der Weisen* lässt sich in folgende Ereignisse und Handlungsschritte gliedern:

1. In einer Halloween-Nacht legt der Zauberer Albus Dumbledore ein Baby vor die Tür der Familie Dursley. Kurz zuvor wurden dessen Zauberer-Eltern von dem bösen Zauberer Volde-

mort getötet. [Prolog, Einführung in den Hintergrund der Geschichte]

2.Nach einem Zeitsprung befinden wir uns nun in der Echtzeit der Erzählung. Harry wächst in der spießigen Familie der Dursleys auf und wird von seinem Vetter Dudley schikaniert. [Die Geschichte setzt vor der eigentlichen Handlung, d.h. dem zentralen Konflikt ein.]

3.An seinem elften Geburtstag erhält Harry durch den zauberkundigen Halbriesen Hagrid eine Einladung, sein Studium an der Zauberei-Schule Hogwarts zu beginnen. Die Dursleys verweigern vehement ihre Zustimmung. [Konflikt] Dennoch setzt Hagrid sich durch und nimmt Harry mit in die Winkelgasse, um allerlei magisches Unterrichtsmaterial einzukaufen. Auf der Zugfahrt nach Hogwarts lernt Harry seine künftigen Freunde Ron und Hermine sowie seinen Erzfeind Draco Malfoy kennen.

4.Zu Beginn des ersten Schuljahres erfolgt die Einteilung der Schüler durch den Schulleiter Dumbledore und einen sprechenden Hut in die vier Häuser Gryffindor, Hufflepuff, Ravenclaw und Slytherin. Harry und seine Freunde kommen nach Gryffindor, während die provozierend und selbstgefällig auftretende Gruppe um Draco Malfoy Slytherin zugeteilt wird. Weiterhin werden den Neuankömmlingen strenge Verhaltensregeln mitgeteilt, die u.a. vom bärbeißigen Hausmeister Filch kontrolliert werden. [Auf diese Weise wird bereits eine Menge des späteren Konfliktpotentials thematisiert. Die Neugierde des Lesers ist unweigerlich geweckt.]

5.Aufgrund ihrer Streitigkeiten mit den Slytherins und ihrer eigenen Neugierde übertreten Harry, Ron und Hermine nach und nach einige der Schulregeln. Weiterhin geraten sie wiederholt mit dem zwielichtigen Zaubertränke-Lehrer Severus Snape aneinander, der aus seiner Abneigung gegen Harry keinen Hehl macht. Durch einen Zufall erfahren sie außerdem, dass der ausgesprochen wertvolle *Stein der Weisen* an einem geheimen Ort auf dem Schulgelände versteckt wird. Nach einem Beinahe-Unfall Harrys bei einem Quidditch-Spiel erhärtet sich der Verdacht, dass Snape im Auftrag (des am Leben befindlichen) Voldemorts versucht, den Stein der Weisen zu stehlen und Harry dabei aus dem Weg zu räumen. [Hierbei handelt es sich um den zentralen Konflikt dieses ersten Bandes. Die vielen Widerstände und Konflikte haben sich längst zu einer Krise ausgeweitet. Die Zeit läuft den Helden davon, der Druck nimmt zu und muss irgendwann zu seinem Höhepunkt gelangen.]

6.Die Überzeugung von Harry und seinen Freunden, dass jemand den Stein der Weisen stehlen will, wächst stetig. Eines Nachts machen sie sich daher auf den Weg zum Versteck des Steins, um ihn als Erste zu erreichen und den Diebstahl zu verhindern. Dabei müssen sie verschiedene Rätsel und Fallen überwinden. [Weitere Hindernisse stellen sich den Helden in den Weg, und der Höhepunkt steht nun unmittelbar bevor.]

7.Am Ziel ihrer Suche nach dem Stein der Weisen trifft Harry zu seiner Überraschung nicht auf Snape, sondern auf den bisher eher unscheinbaren Professor Quirrell, von dem der böse Voldemort Besitz ergriffen hat. Es kommt zum Kampf, in dessen Verlauf es Harry gelingt, Quirrell niederzuringen, ehe er anschließend bewusstlos wird. Als er wieder zu sich kommt, findet er sich im Krankenflügel wieder, wo er von Albus Dumbledore viele Hintergründe über Voldemorts Absichten erfährt. [Höhepunkt und Auflösung des zentralen Konflikts; anschließend Überleitung zum zweiten Band, in dem die Geschichte fortgesetzt wird.]

Für Stephenie Meyers *Twilight* lässt sich folgende Gliederung vornehmen:

1.Die 17-jährige Bella Swan zieht zu ihrem Vater Charlie, dem örtlichen Sheriff, in die Kleinstadt Forks. Obwohl sie sich anfangs mit dieser Situation wenig anfreunden kann, findet sie an ihrer neuen Schule bald Freunde, von denen einige Jungs um ihre Gunst wetteifern. [Die Erzählung setzt an, bevor der zentrale Konflikt thematisiert wird. Auf diese Weise wird der Leser mit Figuren und Hintergrund vertraut. Weiterhin werden die ersten Konflikte aufgeworfen.]

2.Bella beginnt sich für ihren ebenso ungewöhnlichen wie gutaussehenden Mitschüler

Edward Cullen zu interessieren. Anfangs geht er ihr konsequent aus dem Weg und scheint sogar eine Abneigung gegen sie zu empfinden. Dann aber rettet er sie mithilfe seiner übernatürlichen Schnelligkeit und Kraft vor einem Autounfall. Eine Erklärung dazu verweigert er allerdings. Anschließend trifft Bella Jacob Black, einen jungen Indianer vom Stamm der Quileute, der ihr von der Legende berichtet, dass die Cullens „kalte Wesen", also Vampire seien. [Der zentrale Konflikt – die Sympathie zwischen Bella und Edward und die Gefahren, die damit einhergehen – wird hier erstmals aufgeworfen. Anfangs fragt sich Leser nach dem Grund für Edwards ungewöhnlich scheues Verhalten Bella gegenüber. Dann erhebt sich die Frage über die Hintergründe von Edwards besonderen Fähigkeiten sowie, ob es sich bei ihm tatsächlich um einen Vampir handelt.]

3. Während eines Ausflugs in die Nachbarstadt Port Angeles wird Bella von einigen Männern bedrängt und abermals von Edward gerettet. Anschließend findet ihre erste längere Unterhaltung statt, in deren Verlauf Edward bestätigt, dass er und seine Familie Vampire sind. Weiterhin erzählt er ihr, dass er statt Menschenblut Tierblut trinkt und von allen Menschen – mit Ausnahme von Bella – die Gedanken lesen kann. [Konflikt: Bella fühlt nun eine große Zuneigung zu Edward und weiß, dass dies erwidert wird. Allerdings erkennt sie andererseits, dass eine solche Beziehung sie beide in große Gefahr bringen könnte und von Dritten nicht gerne gesehen wird.]

4. Bella und Edward verlieben sich ineinander und verbringen reichlich Zeit zusammen. Dabei werden einige Problem deutlich, die ihrem unterschiedlichen Wesen entspringen. Beispielsweise lehnt Edwards Schwester Rosalie Bella ab, da sie voller Neid auf deren Menschsein ist. Schließlich wird eine Gruppe fremder Vampire um den „Tracker" (Menschenjäger) James auf Bella aufmerksam und versucht von nun an, Bella zu finden und zu töten. Edward und die anderen Cullens bemühen sich daraufhin, Bella zu verstecken und den Gegner zur Strecke zu bringen. [Die Konflikte kumulieren zu einer ausgewachsenen Krise: die Beziehung zwischen den beiden Liebenden wird von mehreren Seiten torpediert, und Bella, ihre Eltern und die Cullens geraten in Lebensgefahr.]

5. James lockt Bella in eine Falle, indem er vorgibt, ihre Mutter in einem Ballettstudio gefangen zu halten. Bella entscheidet sich schweren Herzens dafür, ihr Leben zu opfern und auf diese Weise ihre Mutter und Edward möglicherweise zu retten. Schließlich kommen die Cullens gerade noch rechtzeitig, um den Tracker davon abzuhalten, Bella etwas anzutun. [Höhepunkt und Auflösung des zentralen Konfliktes des ersten Bandes der Reihe. Bella und Edward sind trotz aller Widrigkeiten schließlich ein Paar.]

6. Während ihres anschließenden Krankenhausaufenthaltes verlangt Bella von Edward, sie ebenfalls in eine Vampirin zu verwandeln, damit sie für alle Zeiten zusammen sein können. [Überleitung zum Konfliktthema des nächsten Bandes.]

John R.R. Tolkiens *Der Hobbit* beinhaltet folgende chronologische Ereignisse und Handlungsschritte:

1. Die Hobbits sind gemütliche, friedfertige und sesshafte Wesen, die im idyllischen Auenland leben. Bilbo Beutlin ist ein typischer Vertreter seines Volkes. [Beleuchtung der Ausgangslage und Vorstellung der Hauptfigur. Konflikte sind noch nicht vorhanden, doch ebnen die extremen Eigenschaften der Hobbits bereits dem Weg dafür.]

2. Eines Tages sucht der Zauberer Gandalf Bilbo auf. In seinem Gefolge befinden sich 13 Zwerge, unter ihnen Thorin Eichenschild, der Nachfahre des letzten Königs der Zwerge. Diese erzählen, dass sie ihren Schatz zurückgewinnen möchten, der ihnen vom Drachen Smaug gestohlen wurde. Bilbo soll ihnen dabei behelfen und als Bezahlung einen Anteil an dem Schatz bekommen. Zuvor hat Gandalf behauptet, dass es sich bei Bilbo um einen „Meisterdieb" handelt. Trotz aller Zweifel stimmt der Hobbit schließlich zu. [Erläuterung des zentralen Konflikts

des Buches: die Zwerge wollen mit der Hilfe von Bilbo ihren verlorenen Schatz wiederbekommen. Dabei steht ihnen ein Drache im Weg.]

3. Die Gemeinschaft reist ohne Gandalf, der einen anderen Weg nimmt, in Richtung Osten, zum Berg Erebor. In einem Wäldchen werden sie von Trollen überfallen, die sie gefangen nehmen und aufessen wollen. Durch eine List geraten diese in Streit und werden durch die Morgensonne versteinert. In der Trollhöhle findet Bilbo das Elbenkurzschwert Stich. [Das erste größere Hindernis tritt auf, und der Leser lernt die Figuren besser kennen.]

4. Nach der Elbenfürst Elrond den Gefährten Hinweise gegeben hat, wie sie in den Berg hineinkommen, machen sie sich daran, das Nebelgebirge zu überqueren. Dort treffen sie Gandalf wieder, der sie vor Orks rettet. Allerdings wird Bilbo von den anderen getrennt und findet zufällig einen Ring. Außerdem trifft er das hinterlistige Wesen Gollum, das ihn zu einem Rätselspiel nötigt. Als Gollum ahnt, dass Bilbo seinen Ring gefunden hat, will er ihn angreifen. Bilbo flüchtet daraufhin und stellt dabei zufällig fest, dass der Ring unsichtbar macht. Schließlich gelangt die Gemeinschaft auf die andere Seite des Gebirges. [Die Gefahren werden größer. Das Auffinden des Ringes ist gleich mehrfach von Bedeutung: es handelt sich um eine bemerkenswerte Szene, die dem Leser im Gedächtnis bleibt und die Grundlage für *Der Herr der Ringe* darstellt und Bilbo erhält mit der Unsichtbarkeit eine neue Fähigkeit.]

5. Die Gefährten werden von Orks und Wölfen attackiert und von Adlern gerettet. Ohne Gandalf gelangen Bilbo und die Zwerge danach in den Düsterwald, wo sie zunächst von Riesenspinnen eingesponnen und dann von den misstrauischen Waldelben eingekerkert werden. Bilbo kann sich mithilfe des Zauberrings verstecken und die anderen befreien, woraufhin sie in Vorratsfässern einen Fluss hinabtreiben und so nach Seestadt gelangen. [Die Hindernisse nehmen weiter zu. Der Leser kann sich auf diese Weise kaum vorstellen, wie es den Zwergen gelingen soll, ihr Ziel zu erreichen.]

6. Bilbo und die Zwerge gelangen bis in die ehemalige Zwergensiedlung ins Innere des Berges Erebor und nehmen sich einen Teil des Schatzes, der darin liegt. Smaug erwacht daraufhin und ist so wütend, dass er nach Seestadt fliegt, um die Menschen zu bestrafen. Dort wird er von dem Bogenschützen Bard getötet, wobei er allerdings große Verwüstung anrichtet. Die Zwerge können sich jetzt an dem Schatz, der ihren Vorfahren gehörte, frei bedienen. [Der Konflikt um den Drachen Smaug und den Schatz, den dieser bewacht, ist aufgelöst. Allerdings führt dies unverzüglich zum nächsten, noch größeren Konflikt.]

7. Die Menschen aus Seestadt und die Waldelben gehen zum Berg Erebor und beanspruchen einen Teil des Schatzes für sich, da sie auch unter Smaug gelitten haben. Thorin verweigert dies jedoch und erklärt sich zum neuen „König unter dem Berg". Bilbo hat derweil den Arkenstein, das Zeichen der Macht der Zwergenherrscher, aus der Höhle mitgenommen und bietet ihn Thorin als Gegenleistung für ein Einlenken an. Dieser „Verrat" macht diesen nur noch sturköpfiger und ruft seine Artgenossen zu Hilfe. Eine Schlacht zwischen Zwergen auf der einen und den Heeren der Menschen und Elben auf der anderen Seite steht unmittelbar bevor. Auch Gandalf kann daran nichts ändern. [Das aufgeworfene Dilemma scheint unlösbar zu sein, sodass eine Eskalation unvermeidbar ist.]

8. Unerwartet nähert sich ein riesiges Heer von Orks, woraufhin sich die bisherigen Streitparteien gegen den gemeinsamen Feind verbünden. In der Schlacht der 5 Heere obsiegen die freien Völker schließlich. Dabei wird Thorin allerdings getötet und mit dem Arkenstein auf der Brust begraben. Bilbo kehrt anschließend mit seiner Belohnung ins Auenland zurück und macht sich daran, seine Reiseabenteuer aufzuschreiben. [Auflösung des zentralen Konfliktes und Epilog.]

<u>Was man unter einem Subplot versteht</u>

Unter einem *Sub*- oder *Nebenplot* versteht man eine Geschichte in der Geschichte, d.h. einen Erzählstrang, der streng genommen kein unmittelbarer Bestandteil der Prämisse ist, sondern parallel dazu existiert. Er widmet sich demnach einer eigenen Frage und geht dieser mit einer eigenen Handlung nach. Ein guter Subplot erfüllt mehrere Funktionen.

Zum einen lockert er die strenge Struktur des Hauptplots auf und bringt zusätzliche Spannung und Unterhaltung mit sich. Wenn die Helden beispielsweise von einem Abenteuer zum nächsten hetzen, dann kann die Bewältigung eines ganz anderen Problems als nette Abwechslung dienen und der Geschichte mehr Würze verleihen. *Harry Potter* ist voller gelungener Subplots, wie die Quidditch-Turniere, der Häuserwettstreit oder die Konkurrenz zwischen Harry und Draco Malfoy. Wettbewerbe, Romanzen und Rivalitäten sind im Allgemeinen gute Möglichkeiten, um diese Ziele zu erreichen.

Zum anderen kann eine Nebenhandlung dem Leser die Protagonisten näherbringen, sodass diese mehr Persönlichkeit und Tiefe erhalten. Wie wir bereits festgestellt haben, lassen sich die Eigenschaften eines Charakters am trefflichsten über seine Handlungen definieren. Der Leser lernt eine Figur kennen, indem er erlebt, wie diese auf einen Konflikt reagiert. Zu diesem Zweck können den Protagonisten durchaus Hindernisse in den Weg treten, die mit dem zentralen Konflikt des Romans nichts gemein haben. Die Entwicklungsschritte und Lernfortschritte, die die Figuren in einem Subplot machen, kommen ihnen dann selbstredend in der Haupthandlung des Romans zugute und besitzen eine gewisse Relevanz.

Ein typisches Muster besteht z.B. darin, dass der Protagonist am Ende des Subplots etwas lernt und dieses Wissen für seine Bewältigung des zentralen Konfliktes gebraucht. Ein anderes Modell sieht vor, dass ein Subplot mit dem zentralen Konflikt endet, quasi indem der Protagonist mehrere Fliegen mit einer Klappe schlägt.

Die Gefahr bei Subplots besteht anderseits darin, dass der Autor sich zu sehr in Nebenschauplätze verliert und zu weit von der eigentlichen Geschichte abdriftet. Grundsätzlich gilt nämlich: jeder einzelne Satz, der in der abschließenden Romanfassung Bestand hat, muss dazu dienen, die Prämisse zu beweisen, indem er auf die eine oder andere Weise einen sinnvollen Bezug zum zentralen Konflikt aufweist. Hingegen ist alles, was weder zur Geschichte gehört noch über die handelnden Figuren Aufschluss gibt, für den Leser letztendlich nicht von Interesse und birgt die Gefahr, dass dieser sich gelangweilt oder frustriert fühlt. Solche Teile sollten vom Autor auf ihre Notwendigkeit überprüft werden und ggfs. der Schere zum Opfer fallen.

Um herauszufinden, ob eine Nebenhandlung eine Bereicherung oder eher eine Belastung darstellt, können Sie sich folgende Fragen stellen:

-Bringt der Subplot Seiten der Figuren zum Vorschein, die man vorher noch nicht gekannt hat?
-Dient der Subplot der Entwicklung der Figuren?
-Was bewirkt der Subplot beim Leser? Unterhaltung, Spannung, Humor?
-Wie lang ist der Subplot? Nimmt er nur eine Szene oder ein ganzes Buch ein? Übt er sich in angenehmer Zurückhaltung oder ist er zu aufdringlich und lenkt vom Hauptplot ab?
-Was wäre, wenn Sie den Subplot streichen würden? Würde ohne ihn etwas fehlen oder hat er den Roman nur künstlich aufgebläht?

Ein gelungener Subplot ist ein erzählerisches Schmankerl, das der Unterhaltung, der Auflockerung, der Information des Lesers und der Lebhaftigkeit und der Entwicklung der Figuren dient. Idealerweise sind diese kleinen Geschichten so geschickt gesetzt, dass dem Leser zu keinem Zeitpunkt langweilig wird, da seine Aufmerksamkeit stets geweckt ist. Subplots runden einen Roman ab, gestatten einen tieferen Einblick in das Wesen der Figuren und phantastische Welt und machen aus einem geneigten Leser unter Umständen einen echten Fan. Wesentlich ist, dass ein Subplot letztendlich Auswirkungen auf den Hauptplot hat oder eine sinnvolle Ergänzung zu diesem darstellt.

In manchen Fällen kann man trefflich darüber streiten, ob eine Geschichte innerhalb des

Romans als eigenständiger Hauptplot, Teil des Hauptplots oder Subplot bezeichnet werden sollte. In *Der Herr der Ringe* oder *Game of Thrones* etwa agieren mehrere Protagonisten, bzw. Gruppen von Protagonisten zur gleichen Zeit an verschiedenen Schauplätzen und verfolgen eine eigene Agenda. Da diese für die Prämisse des gesamten Werkes jeweils gleichermaßen wichtig sind, handelt es sich mitnichten um Subplots.

Kann man den Plot nachträglich verändern?

Der Plot ist lediglich eine Arbeitshilfe und nicht die Bibel. Er stellt eine Richtlinie dar, die Sie bei Ihrer Arbeit an Ihrem Roman leiten und unterstützen soll. Dabei kann er sich im Verlauf des Romanprojektes durchaus verändern, anpassen, wachsen und ggfs. noch verbessern. Der Autor hat den Plot entworfen, und er allein kann ihn auch jederzeit wieder verändern, wenn er der Meinung ist, dass eine andere Version besser funktioniert. Allerdings muss er dabei beachten, dass jede kleine Änderung unter Umständen viele weitere Änderungen in der Geschichte erforderlich macht.

Nehmen wir einmal an, Sie schreiben an Ihrem Roman, orientieren sich dabei an Ihrem Plot und entdecken plötzlich eine vielversprechende Abzweigung, d.h. eine Änderung des anvisierten Handlungsablaufes, die Ihnen vielversprechend erscheint. Noch einmal: der (normale) Plot ist keine Zwangsjacke, sondern ein Hilfsmittel, von dem der Autor allein nach seinem Gutdünken und seinem Urteil Gebrauch macht. In dieser Situation ist es demnach ratsam, sich ein frisches Blatt Papier zu nehmen und einen alternativen Teil des Plots zu erfassen. Dabei muss ihnen klar sein, dass es in den meisten Fällen nicht genügt. das neue Ereignis an einer beliebigen Stelle einzufügen und den Rest in unverändertem Zustand zu belassen, da der Aufbau der Geschichte ja dem Prinzip von Ursache und Wirkung unterliegt. Daher ist es gut möglich, dass eine einzige noch so geringe Variation der Geschichte an einer Stelle viele weitere Anpassungen an anderen Stellen erforderlich machen kann.

Wenn Sie sich dazu entscheiden, Ihren Plot zu verändern, sollten Sie sich daher stets Gedanken über die Folgen machen und alle potentiell betroffenen Handlungspunkte und Szenen noch einmal gewissenhaft durchgehen. Andernfalls kann es leicht passieren, dass man sich früher oder später in eine Sackgasse manövriert oder zu wenig plausiblen Erklärungen gezwungen wird, was vom Leser ganz sicher bemerkt wird. Wenn Sie am Ende Ihres veränderten Plots noch immer der Meinung sein sollten, dass dieser besser funktioniert als der alte, dann steht nichts im Wege, ihn von nun an konsequent zu benutzen. Andernfalls können Sie immer noch zu Ihrem ursprünglichen Entwurf zurückkehren und haben nichts als ein wenig Zeit investiert.

Schreiben ist ein kreativer Prozess, und ein begeisterter Schriftsteller hat stets den Blick für neue Ideen, Wege, Verbesserungen und Details. Improvisation gehört zum Geschäft. Allerdings sollten Sie nicht Ihr Ziel aus den Augen verlieren, d.h. bleiben Sie stets bei Ihrer Prämisse, Ihren Protagonisten und den herausragenden Merkmale Ihrer Welt, eben bei demjenigen, was Ihre Geschichte ausmacht, sofern nicht ein zwingender Grund dagegen spricht. Nicht jeder Gedanke, selbst wenn er noch so gut erscheint, wird in Ihrem Roman seinen Platz finden können. In diesem Fall ist es womöglich angebracht, die Idee fürs Erste festzuhalten und für Ihr nächstes Buchprojekt aufzusparen.

Kann man auf den Plot verzichten?

Beim Plot handelt es sich um den Aufbau und die Gliederung einer Geschichte. Während die Prämisse, die Erschaffung der Figuren und Völker sowie der Weltenbau in erster Linie durch die Fantasie und die Kreativität des Autors entstehen, ist die Aufgabe, die Szenen in eine sinnvolle Reihenfolge zu bringen, eine Sache der Logik und damit eine eher nüchterne und manchmal mühselige Angelegenheit. Ist es demnach nicht möglich, auf eine Handlungsskizze zu verzichten und einfach munter drauflozuschreiben?

Ein Fantasy-Schriftsteller muss von Hause aus mehr als beispielsweise ein Verfasser von romantischen Erzählungen oder klassischen Kriminalromanen zahlreiche Elemente unter einen Hut bringen. Er ist beispielsweise gezwungen, sich Gedanken über die Gesetzmäßigkeiten, die Eigenschaften der Figuren und Völker, die gesellschaftlichen Normen, Magie und Artefakte usw. innerhalb seiner Welt Gedanken zu machen. Zudem verfügen die meisten phantastischen Romane über einen gehobenen Umfang, bzw. sind Teil ganz Buchreihen und Zyklen. Der Plot stellt die wichtigste Orientierungshilfe dar, um in diesem Dickicht den Überblick zu behalten. Wenn der Autor ihn zur Verfügung hat, dann ist er stets über den Fortschritt der Handlung, die verschiedenen Schauplätze, den Status der Figuren usw. auf dem Laufenden.

Mit anderen Worten: es ist für einen ambitionierten Spannungsautor auf jeden Fall schwierig, völlig ohne eine durchdachte Strukturierung auszukommen. Und ein Anfänger, der sich dem Schreibhandwerk erst seit wenigen Jahren widmet, profitiert erst recht einen vergleichsweise ausgefeilten Plot.

Darüber hinaus: wer glaubt, mit dem Verzicht einer Handlungsskizze viel Zeit einsparen zu können, der wird früher oder später vermutlich feststellen, dass es ihm schwer fällt, die Übersicht zu behalten, dass er nicht mehr weiß, welche Figur gerade was tut, an welcher Stelle er mit den verschiedenen Subplots stehen geblieben ist, dass er gerade im Begriff ist, sich selbst zu widersprechen, indem er gegen Logik, Kausalität oder zeitliche Abläufe verstößt usw. Die Zeit, zu einem späteren Zeitpunkt solche Fehler zu korrigieren, immer wieder Einzelheiten nachzuschauen und womöglich ganze Kapitel umzuschreiben, kann die Zeit, die man im Vorfeld für das Niederschreiben des Plots benötigt, leicht übertreffen.

Hat ein Autor erst einmal eine Übersicht über die anvisierte Erzählung skizziert, dann vermittelt ihm dies ein gewisses Maß an Sicherheit und entlastet ihn von dem Druck, zu viele Dinge im Kopf behalten zu müssen. Auf diese Weise kann er seine Arbeitskraft ganz frei von Hektik und Druck auf das Schreiben konzentrieren.

Etwas anderes ist es, eine einzelne Szene über den Plot hinaus zu verfassen. Wenn Sie diesbezüglich einen guten Einfall haben und dieser ihnen unter den Nägeln brennt, dann spricht nichts dagegen, diesen in sich abgeschlossenen Teil der Geschichte auszuformulieren und danach in Ruhe zu schauen, ob und wo Sie ihn verwenden können. Tatsächlich ist es sogar denkbar, beim Schreiben mit der Schlussszene einer Erzählung zu beginnen, um auf diese Weise genau zu wissen, wohin die später noch festzulegende Handlung steuern soll.

Ist es demnach möglich, auf einen Plot zu verzichten und gänzlich intuitiv einen großartigen Fantasy-Roman zu verfassen? Definitiv. Aber definitiv macht man es sich auf diese Weise ein gutes Stück schwerer.

Übersicht über die Legenden aus Munda

Die Legende von Arthilia
Band 1: Die Invasion der Orks
Band 2: Das Goldene Schwert
Band 3: Die Rückkehr der Elben
Band 4: Das Schwarze Schwert
Band 5: Der Große Krieg

Die Legende der Mucklins
Band 1: Die Zaubersteine
Band 2: Das Orkland
Band 3: Die Rückkehr nach Arthilia
Band 4: Der Herr der Dunkelheit

Die Legende der Paladine
Band 1 – 3

Der kleine Mucklin
Ein Zungenbrecher-Kinderbuch

Ebenfalls vom Autor erhältlich:

Fantasy-Schriftsteller werden!
Band 1 - 2
(Ratgeber)